新疆大学马克思主义理论学科建设
与理论研究系列丛书

红色文化

媒体融合传播研究

卜令全　马晓娜　著

Research on the Integrated Media
Communication of Red Culture

社会科学文献出版社
SOCIAL SCIENCES ACADEMIC PRESS (CHINA)

"新疆大学马克思主义理论学科建设与理论研究系列丛书"
序言

　　建设一流学科需要高水平的人才队伍，也需要高水平的科研成果加以支撑。正如习近平总书记在新疆大学考察调研时强调："要突出优势特色，打造高水平师资队伍，提升科研创新能力，推动新疆大学'双一流'建设不断迈上新台阶。"

　　新疆大学马克思主义理论学科自进入一流学科建设行列以来，坚持以习近平新时代中国特色社会主义思想为指导，以国家重大需求为导向，坚持立德树人根本目标，对标一流学科建设要求，以铸牢中华民族共同体意识为核心，坚持"本色+特色"的原则，形成了鲜明的学科特色。新疆大学马克思主义理论学科瞄准党和国家重大战略需求，贯彻落实新时代党的治疆方略，在科学研究、人才培养、社会服务等方面取得了一系列标志性成果，学科建设有了显著成效和长足进步。但是，要实现习近平总书记的殷切希望和要求，真正建成高水平的一流学科，还需要做更大的努力和长期的奋斗。

　　为进一步落实习近平总书记重要指示精神，推动马克思主义理论学科高质量发展，促进马克思主义学院整体实力不断提升，使"双一流"建设不断迈上新台阶，新疆大学将在社会科学文献出版社出版展示新疆大学马克思主义理论学科建设成效和马克思主义理论研究成果的系列丛书。

　　"新疆大学马克思主义理论学科建设与理论研究系列丛书"的陆续出版,不仅会在宣介、推广近年来学科建设成果方面产生积极作用,而且必将在不断凝练学科方向,加强基础理论研究,力争将新疆大学马克思主义学院建设成为中国一流、有一定国际知名度的马克思主义学院方面发挥极大的促进作用。

（中国人民大学马克思主义学院教授，博士生导师，

新疆大学特聘教授）

目　录

第一章

红色文化的本体研究

　　红色文化是中国共产党在领导中国人民进行革命、建设和改革的历程中创生而成的富有生命力的先进文化，是中国特色社会主义理论体系的重要组成部分。从理论维度看，红色文化内容丰富，要义深刻；从历史维度看，红色文化积淀深厚，赓续发展；从实践维度看，红色文化根脉传承，凝心铸魂；从价值维度看，红色文化价值多元，效果显著：对于构建整个社会主义先进文化大厦具有重要的支撑作用。基于此，对红色文化本体的全面认识，是系统建构红色文化媒体融合传播机制，有效传承与弘扬红色文化的前提。

第一节　红色文化本体研究的理论维度

　　长期以来，学术界从多方面、跨学科、广角度深入探索了红色文化的内涵，积累了大量的学术成果。当前我国文化正处于多元化蓬勃发展的阶段，多种文化思潮交织并存。在这样的背景下，分析并系统整理红色文化的研究脉络，对我们在未来的文化探索中辨明方向、发挥优势、规避不足至关重要，也更有利于进一步推动红色文化研究向更深层次的领域迈进。

一 关于红色文化的元理论探讨

(一) 红色文化概念阐释

对于红色文化概念的界定，学界基本遵循了共通的四重逻辑。一是红色文化的创造主体是中国共产党及其领导下的全国各族人民。二是红色文化诞生的时间跨越了新民主主义革命、社会主义革命和建设以及改革开放和社会主义现代化建设的关键历史时期。三是在红色文化的创造机制上略有争议，有学者认为其是在革命、建设及改革的实践活动中创造的，另有学者则强调是在革命实践中创造的。四是对红色文化客体的构成，普遍认为要从物质与精神两个视角来概括，并将物质形式视为精神内涵的载体。红色文化基本概念界定的系列研究，为我们深入、准确认识红色文化提供了宝贵的理论参照与思路镜鉴。总体上，对红色文化界定需要在现有相关认识的基础上从主题内容、范畴类别以及新的发展视角做深入讨论。

从主题内容看，红色文化主要分为四个阶段。第一阶段是 1840～1921 年，中华民族在帝国主义与封建主义的双重枷锁下，奋起抗争，奋发图强，书写了一段波澜壮阔的反抗与自强史。第二阶段是 1921～1949 年，在中国共产党的坚强引领下，全国人民凝心聚力，进行了艰苦卓绝的斗争，赢得了抗日战争的胜利、推翻了旧政权、建立了新中国，实现了民族独立与解放的宏大目标。第三阶段是 1949～1978 年，中国在这期间确立了社会主义基本制度，在国家百废待兴、资源匮乏的境况下，全国人民同舟共济，奋力拼搏，致力于社会主义建设。第四阶段是 1978 年至今，中国共产党顺应全球发展潮流与国内新时期的需要，开启了改革开放和社会主义现代化建设的伟大征程，不断探索并推进中国特色社会主义，书写着国家繁荣富强与民族复兴的辉煌篇章。

从范畴类别看，根据一般的文化形态分类，红色文化可细分为物态文化、制度文化、行为文化及心态文化等多个层面。具体而言，物态文化层面涉及红色文化框架下物质生产活动及其实物形态的总和，包括日常生活中的衣饰、饮食、居住、交通、器物等可直接感知的具体实在的事物；制度文化层面则是指中国共产党及其领导下的各民族在新民主主义革命、社会主义革命与建设以及改革开放和社会主义现代化建设等历史时期里，通过社会实践累积建立的规则体系等；行为文化层面是指中国共产党及其领导的各族人民在红色文化熏陶下形成的特定社会性、集体性行为，如红色事件纪念活动、红色文化体验活动等；心态文化层面则是红色文化深层影响力的体现，包括在红色文化熏陶下人们的价值观、审美取向、思维模式，以及由此催生的文学、艺术作品等。

从发展视角看，要在彰显文化自信中发展红色文化。站在历史的新起点上，应该用什么样的精神引领红色文化的前进步伐，应该用什么样的视角深入剖析红色文化的内涵，应该用什么样的措施推动红色文化的繁荣发展，是必须回应的问题，因为这直接影响到红色文化未来的发展轨迹以及建设社会主义文化强国战略的贯彻和落实。一个国家的自信心在很大程度上源于文化自信，这种自信源于文化主体对其民族文化深厚的认同感，对此，要充分发挥文化自信在推动红色文化发展中的动力作用。红色文化扎根于中国近代革命传统的沃土之中，成长于社会主义革命和建设时期、改革开放和社会主义现代化建设新时期，繁荣于中国特色社会主义新时代，铸就了中华儿女不忘初心、勇于担当的精神伟力，是中国人民、中国共产党以及中华民族对自身文化的信仰与认同。为此，我们要基于红色文化发展的实际情况，凭借自身潜能彰显文化发展的独特性，走适合自身条件的红色文化发展之路。这是一个持续凝练社会主义核心价值观、不断提升文化的综合竞争力及国际影响力，确保文化保持持久旺盛的生机与活力的理论和实践过程。

质言之，红色文化是中国共产党领导全国各族人民在长期的革命、建设与改革的历程中逐步积淀而成的，体现了中国共产党及广大劳动人民的理想、信念、道德准则与价值观念，是对美好生活的热切追求与憧憬的文化总和，通过多样的文化形式记录了这一历史进程与现实境况，构成了一个丰富的文化集合体。

（二）红色文化特征探讨

红色文化的特征是指其与其他文化样态有着根本区别的基本属性。一般认为，红色文化的特征极为突出，是一种不言自明的客观事实，因而在很大程度上被视作无须详尽证明或阐述的事实。然而，这一认知偏差导致学术界对红色文化特征探究的深度不够。此外，学术界对于红色文化概念内涵与外延的不同解读，也进一步加剧了分歧。

有的研究①从科学性、时代性、开放性、价值性、大众性、创新性等方面概括红色文化的特征，而有的研究②对此持有不同的看法，认为红色文化有一般性特征（社会历史性、现实性、稀缺性、可复制性）和独特性特征（内涵的革命性、主体的独特性）两种区分，如果我们能遵循个性与共性辩证统一原理，便能在理解红色文化特征方面形成更多共识。

红色文化是具有共性的文化，从共同性与差异性的辩证统一关系来看，红色文化代表共同性文化、人民的文化，蕴含着共同追求、共同记忆、共同奋斗、共同牺牲，因而红色文化认同能够在尊重差异性的前提下，不断增进共同性，铸牢中华民族共同体意识，推进中华民族共同体建设。

（三）红色文化价值研究

红色文化作为一种先进的文化形态，其价值可阐释为红色文化客体对主体（国家、集体以及个人）的需求的满足。红色文化作为社会主义主流文化的重要组成部分，其所表现的思想理念、行为理念、伦理规范和道德风范具有先进性，其所展现的爱国精神、奉献精神和民主精神能够鼓舞人心，推进社会主义核心价值体系建设。

学术界对红色文化价值的研究主要集中在三个方面：一是从宏观视角出发审视红色文化的价值；二是从多维度视角出发详细解析红色文化的具体价值，其中包括政治价值、经济价值、文化价值、管理价值、生态价值以及道德价值等；三是聚焦红色文化中某一特定价值进行深入研究，其中关于教育价值的讨论尤为热烈，主要从培养爱国主义情感、弘扬民族精

---

① 沈成飞、连文妹：《论红色文化的内涵、特征及其当代价值》，《教学与研究》2018年第1期；李强：《红色文化的本质、特征及传播路径》，《社会科学家》2020年第7期。
② 马静、刘玉标：《浅议红色文化的基本特征》，《湖北民族学院学报》（哲学社会科学版）2012年第5期。

神、传承历史文化等方面展开深入探讨。由此观之，红色文化价值是多方面的，不仅是中国革命文化的重要组成部分，更是中华民族精神的显要体现。在当代社会，我们应该深入挖掘红色文化的价值，加强红色文化教育，让红色文化传播的群体更加广泛，通过向不同群体传播红色文化展现红色文化的多元价值，为中国式现代化发展注入精神动力。

（四）红色文化功能分析

红色文化在中国特色社会主义现代化建设中扮演着至关重要的角色，这一事实表明，它必然具备与之相匹配的功能特性。大多数学者尽管未曾直接采用"功能"这一术语，但不约而同地探讨了红色文化所发挥的功能与作用。例如，有学者认为红色资源具有政治引导、文化传承、道德示范、意识形态、教育教学、历史镜鉴等六大功能。[①] 该论断深刻表明，我们应当着力挖掘红色资源中的教育潜能，致力于让主流文化主导思想文化领域以有效抵御西方文化霸权的侵蚀；建立一个涵盖全产业链的红色文化产业生态系统，将红色文化教育的辐射范围从校园、家庭延伸至整个社会，充分发挥红色文化的育人功能。

红色文化根植于独特的历史背景，在相应的关联领域中呈现出不同的功能。红色文化与马克思主义中国化、时代化、大众化的互动，旨在深入剖析红色文化与马克思主义文化理论的本质联系；讨论红色文化融入思想政治教育，核心在于激活红色文化的教化效能；探讨红色文化与红色旅游的互动发展，则侧重于突出其经济效能的发挥；讨论红色文化与社会主义核心价值观以及文化软实力，则是为了彰显其文化影响力；探究红色文化在反腐倡廉工作中的作用，则是为了强调其政治导向功能。红色文化跨越时空，在时代发展中具有深远的历史价值和现实意义。

二　关于红色文化与现实问题的关联研究

在对红色文化的研究中，学术界曾归纳出多个相关的概念，诸如革命

---

① 张颢：《红色资源与马克思主义中国化、时代化、大众化论纲》，《马克思主义研究》2011 年第 8 期。

文化、革命传统、革命精神、红色遗产、红色资源及红色基因等。尤其值得注意的是，在新民主主义革命期间，毛泽东已运用革命文化与革命传统的提法，同时，革命精神早就成为学者们的研究焦点，这表明红色文化长久以来一直是学术界的关注重点。目前学术界对于红色文化的探讨主要围绕理论与实践两大层面进行，理论层面聚焦于解析与红色文化紧密相关的理论议题，实践层面则侧重于考察红色文化与当下实际问题的关联。

（一）红色文化与马克思主义中国化、时代化、大众化

红色文化是特定历史阶段的产物，是与马克思主义在中国的具体实践相契合的经验智慧，是熔铸每一个中国人血液中的精神标识。红色文化与马克思主义"三化"的内在逻辑可以从三个维度进行呈现。

一是关于红色文化与马克思主义中国化生成历程与形态的关联。红色资源作为红色文化的物质与精神载体，其生成历程和多样形态直接反映了马克思主义如何在中国特定的历史阶段与社会环境中落地生根，体现了马克思主义基本原理与中国具体实际相结合的全过程，在一定程度上说明红色文化不仅是马克思主义中国化的表现形式，也是其实质性内容的具体展现。

二是关于红色文化与马克思主义时代化的内在关联。学术界多从社会主义核心价值体系与文化关系的视角出发，认为红色资源与社会主义核心价值体系紧密联系，红色资源承载了红色文化所体现的社会主义核心价值观，彰显了马克思主义与时俱进的理论品质，推进社会主义先进文化建设，同时还展现了马克思主义文化理论如何在新的时代背景下回应当下社会的发展需求，以实现理论的时代化转换。

三是关于红色文化与马克思主义大众化的内在逻辑。目前的研究主要聚焦在二者的内生关联上。红色文化既是马克思主义大众化的直接产物，是理论与群众实践相结合的成果，同时也是这一过程的基础和动力来源，可以不断激发新的思想火花。研究者们还探索了如何通过弘扬红色文化来进一步推进马克思主义大众化的具体路径，这包括加强红色文化传播平台建设、创新传播方式、融入教育体系、开展实践活动等，旨在使红色文化成为引导社会风尚、凝聚民族精神、推动社会进步的重要力量。

（二）红色文化与思想政治教育

红色文化与思想政治教育研究主要涉及红色文化的教育价值和功能，即弘扬红色文化有利于夯实未成年人价值观的形成基础；铸牢大学生作为有理想、有本领、有担当的时代新人的思想之基；提升军队、干部等群体的"政治三力"，从整体上提升不同群体的思想政治素质，属于红色文化的传统研究范围。

一是对未成年人思想道德教育的重要价值。发挥红色文化之于未成年人的思想道德教育作用，应该从红色文化自身文化属性进行考量，针对未成年人群体特点来加强红色文化铸魂育人作用。探索红色文化育人新模式，为红色文化入心注入创新动力。深挖红色文化内容外延，增强红色文化产业发展的内生动力。

二是对大学生思想政治教育教学的重要价值和功能。大学生是思想政治教育研究领域最活跃的主体。红色文化如何最大发挥其在高校的育人功能，也是学术界常见的热点话题。这不仅是由红色文化在大学生思想道德教育中的重要地位所决定，还可能与众多学者来自高校有关。一般研究认为，红色文化资源因其特殊的文化属性，内含众多的教育元素，对大学生的思想政治教育而言是不可多得的优质教育资源。因而关于红色文化在教育阵地的应用现状、红色文化与课堂的深入互嵌的效度分析以及当前红色文化进入高校深入课堂面临哪些困境与可探索的实践路径的研究，已有丰富的文献研究资料。

三是对军队的教育价值。中国共产党领导下的革命军队是红色文化的重要创造者。红色文化的内核包含着党建与军队建设的深厚思想精髓，比如，坚持党对军队绝对领导的根本原则及坚持全心全意为人民服务的根本宗旨。这些思想精髓对于新时代推进国防和军队现代化建设依旧具有不可估量的意义，这也是习近平总书记屡次强调军队必须继承红色基因的关键所在。

四是对干部教育的重要意义。筑牢拒腐防变的"思想之基"，加强干部队伍党性修养与理想信念，也是红色文化铸魂育人的重要一环。红色文化内涵丰富、教育意义重大，从思想政治教育的视角出发，目前学术界的研究主要涉及的领域涵盖了红色文化资源融入干部教育的具体实践路径、因地制宜实施教育策略等方面。

（三）红色文化与社会主义核心价值观

红色文化是中国共产党领导人民在长期的革命、建设、改革实践中形成的宝贵精神财富，蕴含着深厚的爱国情怀、集体主义、艰苦奋斗、勇于牺牲等价值观念，这些价值观念正是社会主义核心价值观的来源和生动体现，进一步说明了弘扬红色文化对社会主义核心价值观的培育和构建的正向引导作用。对此，学界围绕红色文化与社会主义核心价值观的探讨主要集中于以下三个维度。

一是从学理层面阐释了红色文化与社会主义核心价值观的内在逻辑，在此基础上探索红色资源的开发利用，从而构建培育社会主义核心价值观的可行路径。红色文化记录了百余年党史中发生的重要历史事件，具有很强的吸引力、感染力、传播力，尤其是其中蕴含着丰富的精神财富，给人精神上的洗礼。红色文化所传递的力量，能在潜移默化中引导我们坚定信仰，增强对社会主义核心价值观的认同，在实践中自觉践行社会主义核心价值观。

二是深入研究红色文化的丰富内涵，整合红色文化资源，将红色文化融入教育实践，广泛创建红色文化教育基地，开展红色研学，讲好"我"身边的红色文化故事。红色文化的爱国底色是社会主义核心价值观重要的思想之源，弘扬红色文化是培育和践行社会主义核心价值观的内在要求。依托红色文化厚植爱国情怀，不仅有助于进一步增强人民对社会主流价值观的认同，也是坚持中国特色社会主义道路的实践要求。

三是利用红色文化推进高校社会主义核心价值观教育，进一步彰显红色文化在高校中的导向作用。从红色文化教育的实践教学出发，将红色文化融入国民教育与先进文化建设中，不断增强社会主义核心价值观教育的时效性。关于这部分的研究，学界主要聚焦于红色文化的内涵认识、红色资源的开发利用、红色文化在思政课教学中的缺位现象以及在校园文化和社会实践中红色文化引导力度不足等问题，推进红色文化不断融入思政课教学、校园文化以及社会实践等。

（四）红色文化与文化软实力

红色文化是中华优秀传统文化的重要组成部分，学界将研究目光主要聚焦于如何依托红色文化提升文化软实力方面。

首先，从文化软实力的宏观视野进行理论研究。在国家软实力的构成中，文化软实力居于核心地位，而红色文化是文化软实力的重要内容，对于国家发展建设具有举足轻重的推动作用。从文化软实力出发，现有研究从五个方面全面勾勒了红色文化与文化软实力的关系图景。一是揭示文化软实力与红色文化的内在关联性。二是探究了红色文化软实力的来源。三是分析了红色文化软实力的主要构成要素。四是将提升红色文化软实力这一目标导向作为研究的前置追问，在扩大媒体宣传、加强对外文化交流等方面提出对策和建议。五是探讨了"红色经典"对文化软实力提升的重要价值。

其次，从区域软实力的微观视野进行实践探讨。弘扬红色文化有利于促进区域经济增长、文化发展，进而增强区域软实力。学界主要从区域经济发展的视角出发，探究红色文化资源的开发、利用。一是如何将不同的红色文化要素巧妙地融入产业之中，从而促进区域红色文化产业的融合和发展。二是如何激活红色文化资源以促进区域红色旅游的发展。利用创新、创意手段赋能红色文化资源，为开发红色旅游项目注入动能。三是如何将独特的区域红色文化资源塑造为区域软实力提升的桥梁。

（五）红色文化与红色旅游资源

推进红色旅游发展对于充分挖掘红色文化的综合价值、发挥其全方位的社会效益起到了至关重要的作用。正因如此，发展红色旅游成为社会各界广泛关注与重视的焦点。

在红色旅游理论研究层面，一是展开了红色文化产生的时代背景的探源。以红色文化发展的必要性为切入点，相关研究从红色文化的思想政治教育功能、对区域经济发展的促进作用、道德建设的必要性以及文化传承四个方面进行了阐释。二是对红色旅游的基本内涵的界定。总体认为红色旅游资源包括历史遗迹、纪念馆、烈士陵园等革命遗址，也包括以爱国主义为核心的民族精神。红色旅游区别于红色旅游资源，红色旅游是一个动态的概念，其载体、内涵会随着社会的发展、旅游形式的更新而发展变化。三是关于红色旅游的主要特征的讨论。其中，"政府主导全社会参与、社会效益与经济效益并重、寓教于乐寓教于游、红色旅游资源为主打三大旅游资源相互衬托、拉动区域经济发展"的"五特征说"目前较有代表性。[①] 四是关于红色旅游功能的探究。主要是在红色文化功能研究的基础上对红色旅游的功能进行细化，着力探索红色旅游的政治教育功能、文化传播功能，尤其着重研究红色旅游的教育功能及其与思想政治教育、文化软实力、马克思主义大众化、社会主义核心价值观等的关系。

在红色旅游实践层面，学界对红色文化资源比较丰富的省份、城市的红色旅游发展展开讨论，探索特定区域红色旅游发展中的问题、发展模式、发展对策、发展战略，从经济学、管理学的理论视角提出了一些红色旅游资源挖掘、品牌塑造、产品研发、人力资源开发、区域合作等策略。这方面的探讨表现出明显的地域特征和文化独特性。以广东省为例，作为中国近代史启幕的重地及红色文化遗产的富集区，广东省红色旅游研究尤为瞩目。此外，位于广东省北部，与湖南省、江西省接壤的韶关市，因处于"红三角"地带而拥有深厚的红色文化底蕴，该地见证了多位革命领袖如毛泽东、周恩来、朱德、邓小平、彭德怀等在此战斗与生活的光辉历程，拥有丰富的精神遗产。

第二节　红色文化本体研究的历史维度

国内学界对红色文化进行了长时期、宽领域、多视角的研究。从研究的时间脉络来看，历程大致可分为四个阶段：1951~2001 年，以探讨红色文化精神层面为主；2002~2010 年，以探讨红色文化物质层面为主、精神

---

① 石培华：《发展红色旅游值得关注的几个问题》，《党建》2005 年第 5 期。

层面为辅；2011~2015 年，是重新凸显红色文化精神层面研究的阶段；2016~2021 年，是凸显红色文化传播价值性研究的阶段。总体上每一阶段均有不同的研究侧重点。

从历史演进来看，可将其划分为四个时期：新民主主义革命时期铸牢革命底色的红色文化；社会主义革命和建设时期彰显主流思想的红色文化；改革开放和社会主义现代化建设新时期适应时代转化的红色文化；中国特色社会主义新时代持续焕发新魅力的红色文化。每一阶段红色文化都反映出所属时代的需求。

一　红色文化研究的历史考察

在红色文化研究中，学界将革命精神的概念生成作为红色文化的研究起点，提炼出了革命文化、革命传统、革命精神、红色遗产、红色资源、红色基因等与红色文化内涵相似或相近的概念。这表明，红色文化相关议题早已成为学界研究的焦点所在。通过文献资料检索与统计分析，本书将红色文化四个阶段的研究文献进行对比，可以大致描绘出红色文化研究的历史脉络（见表 1-1）。

表 1-1　1951~2001 年、2002~2010 年、2011~2015 年、2016~2021 年红色文化研究比较

关键词	期刊论文（篇）				博硕士学位论文（篇）				图书（本）			
革命精神	464	113	157	402	0	4	2	8	97	8	9	28
革命传统	262	189	119	737	0	2	9	28	91	24	11	32
革命文化	35	34	29	583	0	4	5	37	75	12	7	6
红色文化	0	196	1033	1605	0	20	98	281	0	9	42	35
红色资源	0	172	391	563	0		37	226	0	3	10	19
红色旅游	0	1084	804	1681	0	78	118	342	0	119	60	46
红色基因	0	27	85	92	0	0	0	24	0	0	7	12
网络传播	42	68	33	174	0	16	29	43	0	0	8	27
红色文化传播	47	127	345	586	5	9	46	156	2	6	9	25
策略传播	94	159	286	467	6	11	24	58	3	8	12	24

资料来源：中国知网学术期刊库、博硕士学位论文库。

（一）1951~2001 年为以探讨红色文化精神层面为主的阶段

1951 年，《人民教育》发表的一篇名为《用革命精神实施新学制》的文章可以看作这一阶段的起点和开端。这一阶段学界的研究主要聚焦于红色文化的精神层面，探讨其如何为社会主义革命、建设和改革注入强劲的精神力量，如何发挥红色精神的政治功能、文化功能和教育功能等。关键词有革命精神、革命传统等。

从表 1-1 可知，这一阶段有关革命精神、革命传统研究的期刊论文分别为 464 篇、262 篇，图书分别为 97 本、91 本，除第四阶段以"革命传统"为主题的期刊论文的数量要多于第一阶段以"革命传统"为主题的期刊论文的数量，这一阶段以"革命精神""革命传统"为主题的期刊论文数量和图书数量在四个阶段中均处于最高峰。值得一提的是，红色文化一词最早出现在黄惠运、朱清兰于 1988 年发表的《井冈山时期的政权建设》[1]，欧阳友权于 1999 年发表的《湖湘文化与湖南文学的审美品格》[2]也提到了红色文化一词。虽然受新中国成立 50 周年、中国共产党成立 80 周年等重大节庆日的鼓舞，学术界对红色文化的兴趣和关注度有显著增强，然而彼时对于红色文化的深入研究尚未成为主流趋势。

（二）2002~2010 年为以探讨红色文化物质层面为主、精神层面为辅的阶段

2002 年，《老区建设》发表了《"红色资源"与扶贫开发》[3]一文，表明红色文化研究出现新趋势，预示着红色文化研究进入新篇章。这一阶段的研究在深化对红色文化精神内核探讨的同时，还逐渐加大了对红色文化物质层面的探索力度，并且尤为强调其经济价值与作用，特别表现在其对红色旅游产业的积极推动作用。此时研究的主要关键词是红色资源、红色旅游等。

从表 1-1 可知，这一阶段有关红色资源、红色旅游研究的期刊论文分

---

[1]　黄惠运、朱清兰：《井冈山时期的政权建设》，《吉安师专学报》1998 年第 2 期。

[2]　欧阳友权：《湖湘文化与湖南文学的审美品格》，《中国文学研究》1999 年第 1 期。

[3]　谭冬发、吴小斌：《"红色资源"与扶贫开发》，《老区建设》2002 年第 7 期。

别为 172 篇、1084 篇，博硕士学位论文分别为 3 篇、78 篇，图书分别为 3 本、119 本，与第一阶段同一主题的研究文献相比，文献数量大幅度增加。《2004—2010 年全国红色旅游发展规划纲要》① 的出台和实施，在一定程度上促进了学界对红色文化物质层面及其经济价值的研究。然而，现实实践活动中对红色文化的物质层面的开发和利用往往存在过度市场化、商业化问题，导致红色文化资源不能被可持续开发利用。至此，学界对红色文化物质层面的研究面临诸多挑战。

（三）2011~2015 年为重新凸显红色文化精神层面研究的阶段

《2011—2015 年全国红色旅游发展规划纲要》② 指出，"红色旅游作为政治工程、文化工程，必须突出强调其在加快构建社会主义核心价值体系中的重要作用"，"同时，红色旅游作为经济工程、富民工程，其发展必须遵循产业发展基本规律"。这意味着红色旅游项目应当侧重于彰显其"红色"特征并且以社会效益为主，同时合理兼顾旅游行业的经济效益。在这种背景下，学界在继续推进红色文化物质层面研究的基础上，又重新回到了红色文化精神层面的研究。主要关键词有革命精神、红色文化、红色基因等。

从表 1-1 可知，这一阶段有关革命精神、红色文化、红色基因研究的期刊论文分别 157 篇、1033 篇、85 篇，图书分别为 9 本、42 本、7 本，与前一阶段同一主题的研究文献相比，都有不同程度的增长。当然，这很大程度上得益于政府的积极推进和政策支持。例如，一批"红色经典艺术教育示范基地""中国共产党革命精神与文化资源研究中心"的设立，为红色文化精神层面的研究提供了强有力的平台。

（四）2016~2021 年为凸显红色文化传播价值性研究的阶段

随着互联网的发展，红色文化的传播方式也逐渐多元化，新兴红色话

---

① 《2004—2010 年全国红色旅游发展规划纲要》，中华人民共和国国家发展和改革委员会网站，https://zfxxgk.ndrc.gov.cn/web/iteminfo.jsp? id=112。

② 《2011—2015 年全国红色旅游发展规划纲要》，韶山市文化旅游广电体育和商务局，2014年 8 月 13 日，http://www.shaoshan.gov.cn/12351/12356/content_598663.html。

语权正逐渐建立，同时对红色文化的时代价值和文化内涵的认识也日益加深，彰显了其蓬勃的生命力与深远的发展潜力。截止到 2021 年，在中国知网以"红色文化"为关键词检索发现，其学术期刊文献总量达到 6007 篇，这也说明学术界对红色文化研究的高度重视。以"红色文化的传播价值"为主题检索发现，共 101 篇相关文献，其中有 14 篇出自核心期刊。表 1-1 显示，这一阶段有关红色文化传播的研究文献与前一阶段同一主题的研究文献相比，均有不同程度的增长。

二　红色文化发展的演进脉络

百年来，在中国共产党领导中国人民革命、建设、改革的历史进程中，红色文化逐步孕育并成熟、转化、升华。

（一）新民主主义革命时期：红色文化铸牢革命底色

对于红色文化的溯源，学术界一直保持争议。一方面，有观点认为其诞生要追溯至十月革命后马克思列宁主义传入中国之时，认为这是红色文化萌芽的起点。另一方面，部分学者强调红色文化的兴起与中国共产党的成立密不可分。实际上，在中国共产党成立前马克思主义理论已在中国有所传播，但彼时的"红色"元素还更多停留于理论探讨阶段，缺乏与本土革命实践的深度融合，尚未在广泛的社会层面形成影响力，因此，将其界定为成熟的红色文化尚不确切。作为红色文化的核心引领者和主要创造者的中国共产党，其成立才是红色文化真正兴起的关键和标志。简而言之，红色文化的生成与发展，是马克思主义中国化与中国共产党诞生相辅相成的结果。

历经大革命、土地革命战争、抗日战争及解放战争的洗礼，红色文化逐渐得到积淀与壮大。在此漫长的历程中，一系列标志性的事件和地点成为红色文化遗产的实物载体和历史见证，例如，中国共产党第一次至第三次全国代表大会会址，井冈山革命老区及其历史遗迹，红军万里长征途中留下的不朽足迹以及解放战争中诸多关键战役的遗址等。同时，党的三大优良作风、党的三大法宝以及在新民主主义革命时期制定的各项方针策略，共同构成了红色文化，承载着中国共产党领导下的革命历程与智慧结晶。

新民主主义革命深刻地铸就了红色文化的革命底蕴，从一定程度上审视，这一时期的红色文化几乎等同于革命文化。在此期间，中国共产党作为红色文化孕育与发展的中流砥柱，其主要任务是带领全国各族人民奋力推翻帝国主义、封建主义和官僚资本主义"三座大山"，携手共创新中国。所以这一背景下的红色文化，始终洋溢着高昂的斗争意志，生动展现了中国共产党坚定不移的革命信念与钢铁般的革命意志。

（二）社会主义革命和建设时期：红色文化彰显主流思想

新中国诞生后，在中国共产党的全面领导下，红色文化的辐射力与影响力逐渐由局部拓展至全国，上升为国家意识形态领域的主导文化，彰显主流思想。在这一阶段，随着新民主主义革命目标的圆满实现，党和国家的工作重心转向了社会主义建设。红色文化的内核也随之发展并不断丰富，融入了"社会主义建设"的新内涵。全国上下涌现出一大批红色典型人物，诸如雷锋、王进喜、焦裕禄等人，成为时代的楷模。这些先进事迹催生出多样化的红色精神：雷锋精神强调全心全意为人民服务，为了人民的事业无私奉献；大庆精神则强调爱国、创业、求实、奉献。纵览这一时期，红色文化已经进入相对成熟的阶段，不仅与国家政治理念紧密结合，更广泛地赢得了民众的认可，对社会道德风尚的塑造起到了显著的正面引导作用。

（三）改革开放和社会主义现代化建设新时期：红色文化适应时代转化

1978年改革开放后，中国加速融入全球交流圈，中西文化的互动、碰撞与融合趋势日益明显，国内外多元文化思潮给红色文化的主流地位带来了一定挑战。并且随着人们物质生活水平的提高，新一代青少年群体在改革开放的浪潮中成长，他们对于前辈所坚持的艰苦朴素、勤俭持家的生活态度往往感到陌生，甚至对革命前辈的英勇牺牲精神产生了疏离感和难以共鸣的情绪。同时，功利主义、享乐主义等外来消极思想的渗透，影响红色文化作用的发挥。因此，对革命时期形成的红色文化精髓进行创造性转化和创新性发展尤为迫切和重要。

首先，牢固树立红色文化的主流地位。1997 年，党的十五大报告首次指出要"建设有中国特色社会主义的文化"①。2011 年，党的十七届六中全会指出要"坚持中国特色社会主义文化发展道路"②。红色文化作为中国特色社会主义文化的重要组成部分，成为从国家战略层面重点支持与发展的文化。

其次，对红色文化进行深入解读，挖掘具有时代价值的红色文化内涵。1996 年，在纪念红军长征胜利 60 周年的大会上，江泽民同志对长征精神进行了全面而系统的阐述与总结。2001 年，江泽民同志在视察江西时，对井冈山精神作出了深刻阐述。2005 年 6 月 21 日，时任浙江省委书记的习近平同志在《光明日报》上发表了《弘扬"红船精神"走在时代前列》，首次提出并明确阐释了"红船精神"。这些都为红色文化的创造转化提供借鉴，彰显出红色文化与时俱进的品质。

（四）中国特色社会主义新时代：红色文化持续焕发新魅力

中国特色社会主义进入新时代，随着国家综合实力的显著增长，文化建设被放在了更加突出的战略位置。在此背景下，红色文化不仅是中国特色社会主义文化体系的精髓与支柱，也是不断提升国家文化软实力的关键力量。此时学术界对红色文化的探讨主要聚焦于四大维度：一是对其丰富内涵的深度剖析；二是探究红色文化的当代价值及其传承路径；三是分析红色文化对思想政治教育的影响；四是研究红色文化与社会主流文化、先进文化的互动关系等。

步入新时代以来，红色文化呈现出蓬勃发展的态势，呈现出前所未有的繁荣。与此同时，红色文化深入民心，化身为民众喜闻乐见的文化形态。例如，弘扬正面价值观的电影《战狼2》在票房上取得巨大成功，歌曲《我和我的祖国》广为传唱，电视剧《伪装者》等引发收视热潮，

---

① 　江泽民：《高举邓小平理论伟大旗帜 把建设有中国特色社会主义事业全面推向二十一世纪——在中国共产党第十五次全国代表大会上的报告》，人民出版社，1997，第 21 页。
② 　《十七大以来重要文献选编》（下），中央文献出版社，2013，第 562 页。

无一不彰显了大众对红色文化的深切认同与热爱。新时代背景下，红色文化的内涵不断丰富，传播手段亦日新月异。然而，也需要警惕那些可能会削弱文化正向影响的"暗流"。近年来，某些剧情失真、造型浮夸的红色题材作品时有出现。对此，党和国家坚持宣传红色文化，营造红色文化氛围。2019年，在全党范围内开展的"不忘初心、牢记使命"主题教育，再次强调了红色文化中"革命"本质的重要性。党的十八大以来，还利用多个重要历史节点举办纪念活动，如庆祝改革开放40周年、中华人民共和国成立70周年，纪念中国人民志愿军抗美援朝出国作战70周年等，这些庆典活动都是对红色文化主旋律的有力弘扬与彰显。

历经百年发展，红色文化的内核与边界不断得以丰富与拓展，其革命性、创新性、时代性及群众性得到了充分展现。红色文化也经历了从实践经验积累逐渐过渡到理论体系构建的发展过程，特别是在新时代背景下，学术界对红色文化的探索更加深入细致。学界关于红色文化的内涵、价值定位与功能作用、资源的开发利用及传播弘扬等多个维度的研究，已积累了大量的研究成果，标志着红色文化研究从自发探索迈向了学科自觉的新阶段。近年来，多所高校纷纷成立专门的红色文化研究机构。2016年，浙江理工大学在马克思主义理论一级学科下目录外，自主增设了红色文化研究作为二级学科，这一举措不仅反映了红色文化研究的成熟度，也彰显了其日益增长的学术价值。随后，2019年，全国红色文化战略联盟在上海大学成立，进一步推动了红色文化在学术研究与学科建设方面的发展与深化，开启了红色文化研究协同创新与高质量发展的新篇章。

第三节　红色文化本体研究的实践维度

长期以来，学术界对红色文化实践维度的研究持续不断，弘扬红色文化的途径和方法不断创新，比如，依托新媒体平台、将其深度融入党课教育、与高校思想政治理论课紧密结合、发挥地方特色红色文化优势、推进相关学科建设等。这些多元化的传播载体不仅有效促进了红色文化弘扬方式的创新，更为红色文化研究开辟了广阔的实践空间，提供了多维度的研究场景和海量的研究素材，极大地丰富和拓展了该领域的研究内容与视野。

一　红色文化学科建设

红色文化作为一门新兴且独具特色的学科，它在学科分类上区别于传统政治学一级学科下中共党史的学科定位，也与马克思主义理论一级学科下马克思主义中国化及中国近现代史基本问题研究等专业领域不同。对于红色文化学科的创建，浙江理工大学的马克思主义学院走在全国前列。早在 2016 年底，该校就创设了全国首家"红色文化研究"二级学科硕士点，打造了"红色文化育人"金名片。深入挖掘百年校史中的红色资源，打造全国高校首家集陈展、教学、研习于一体的"红色文化讲习馆"。建馆三年来，参观学习人次达 20 余万，入选全省首批"党员教育培训基地"。构建全方位、多层次、立体化的红色育人体系，培育打造了红色文化节、红色经典歌剧、红色会址模型、红色手绘地图等一大批红色文化品牌项目。浙江理工大学设立了全国首个红色文化二级学科硕士点，推出了全国第一本通论性红色文化教材，以有深度的红色文化研究、有特色的学科建设支撑红色文化课程体系。

该校自主设置的红色文化研究二级学科，包括三个研究方向，分别是红色文化基础理论研究、红色文化资政育人研究和中国共产党榜样文化研究，这个学科是对马克思主义理论学科的拓展和深化。尤其是该校渠长根教授主编的《红色文化概论》系红色文化研究最新理论成果，是国内第一本通论性红色文化教材，浙江理工大学已将这本教材运用于 2017 级新生互动课程中，在 2021 年召开的全国首届"红色文化研究与学科建设"学术研讨会上，渠长根教授阐述了红色文化学科建设的新思路。然而，红色文化作为一门正在尝试建设的学科，仍需要学者对其研究对象、研究方法、研究领域和学科话语体系构建等方面开展更深层次的探索，这也将是今后红色文化研究领域的重大研究课题和热点之一。

二　地方特色红色文化建设

中国共产党在革命、建设、改革的长期实践中留下的红色文化资源遍布祖国大地，尤其在那些革命火种曾燎原的历史现场，蕴含着丰富的红色文化宝藏。对这些烙印着红色记忆的地方特色红色文化进行发掘与弘扬，不仅极大丰富了红色文化的内核，也深刻展现了红色文化的时代价值与意义。

目前，有研究以福建特色红色文化为例，融合福建独特的革命历程、红色理论、红色精神、历史人物及红色遗迹等要素，揭示了福建"红旗不倒"的深层原因。还有学者则将陕西视为中国革命的重要发源地以及天然历史博物馆，巧妙地利用当地的物质遗产如革命遗址、历史文件、革命文物，以及精神财富如苏区精神、照金精神、延安精神等，将这些元素融入大学生党员教育，对于培育德智体美劳全面发展、忠诚可靠的社会主义建设者和接班人至关重要。地方特色红色文化在承载红色文化普遍价值之余，还具有地域特色和个性标识，研究既要通过剖析地方特色红色文化以深化红色文化的研究内涵，也要让红色文化的研究为地方特色红色文化探索指明道路，实现双向促进与发展。

三　红色文化产业发展

关于红色文化产业发展的研究，主要依托丰富的红色文化资源载体，不仅可以发挥教人、育人功能，还可以通过创新手段开发和利用红色文化资源，建立地方红色文化产业生态链，以此带动地区经济增长，获得经济效益。国家文化产业研究中心领导在谈到黄冈红色文化产业时强调，要通过整体规划来促进各部门之间的协同合作，以增强产业内部的协调性；同时，加强市场宣传与多元化开发，扩大红色文化产业的影响力，并且注重参与性和互动体验设计，提升产品的吸引力。比如，临沂依托沂蒙山区的红色资源，已成功打造包括文学、音乐、影视、戏剧在内的多元文化产品。另外，还有研究提出要以改革开放的理念指导红色文化产业发展，科学规划，完善基础设施，强化市场营销机制与建立健全保障机制，确保在尊重红色文化本质的基础上合理开发与利用，实现其独特的社会价值。总之，红色文化产业的发展策略需要平衡保护与开发之间的关系，确保在传承红色精神的同时，也实现文化价值与经济效益的双赢。

四 红色文化载体多元化发展

一是依托新媒体与网络技术。随着新媒体技术的飞速进步，学术界日益重视将红色文化与新媒体的最新发展趋势相结合，通过互联网、移动应用等渠道，有效地传播和转化红色文化内容，极大地提升了关注度、扩大了传播范围。关于如何更有效地弘扬红色文化，有学者从传播学角度出发认为应当积极采纳现代化的新媒体传播技术，不仅要加强高质量影视作品的创作和红色文化实体基地的数字化建设，还应重视虚拟与现实之间的融合互动，开创红色文化传播的新模式。同时，弘扬红色文化的关键在于创造出既吸引人又具有深度的作品，讲述引人入胜的红色故事，同时，要创新采用 VR（虚拟现实）、AR（增强现实）等前沿技术，利用动漫形式，依托"两微一端"新媒体平台，实现红色文化传播内容与形式的完美统一。这样的创新不仅坚持了贴近实际、贴近生活、贴近群众的原则，同时也能够适应新时代的发展需求，满足大众对红色文化日益增长的期待。

二是依托党组织建设。党的十八大以来，尤其是在加大反腐倡廉工作力度的背景下，利用红色文化来提升领导干部素质和加强高校学生党建工作尤为重要。有研究者从学校的党建工作角度提出，应积极将红色文化融入党支部建设、学生团体发展与学生会工作以及整个校园文化的营造中，使高校党建工作成为红色文化传承与创新的活跃平台。比如，以学生党支部的"三会一课"制度为例，强调通过加强和规范党内组织生活来强化党员管理，在弘扬社会主义核心价值观的过程中深入传播红色文化。

三是依托高校思想政治理论课的教学实践活动。当前，将红色文化与高校思想政治教育相结合进行研究已成为该领域研究的主要趋势，积极将红色文化融入思想政治理论课之中，通过编写教材、探索新颖教学方法及实施多样化教学实践等形式有效弘扬红色文化精神。目前，一方面，研究者从高校思想政治理论课教学方式与路径视角出发，强调必须运用创新转化与创新发展并重的策略，增强教学模式的多样性和吸引力，充分利用红色文化在促进学生主动学习、积极参与实践中的独特作用。另一方面，学术界提议对教材进行革新，主张将红色文化资源系统地纳入大学生思想政治理论课教学材料中，从而实现红色文化与课程内容的有机结合。

四是依托社会主义核心价值观的培育与践行来展开。红色文化和社会主义核心价值观在本质上是辩证统一、互为依存、互相促进的。学术界对此展开了多角度探讨，强调两者相互强化的作用。一方面，从社会主义核心价值观与红色文化关联的视角出发，强调红色文化作为社会主义核心价值观的理论根基，不仅指引着真理的方向，还承载着道德教育的重要功能；而社会主义核心价值观，则是红色文化在实践领域的体现与逻辑上的拓展。另一方面，红色文化的精神实质与社会主义核心价值观有着深厚的传承关系，是培育和践行社会主义核心价值观不可或缺的动力源泉。红色文化蕴含了革命时代先进社会价值观的精髓，为当代社会主义核心价值观的发展提供了丰富的历史底蕴和源源不断的活力。

五是依托以"文化自信"为主题的红色文化培训基地。坚定中国特色社会主义文化自信，始终坚定对中国深厚的历史文化遗产、革命文化精髓以及社会主义先进文化的自信。将文化自信作为积极传承和弘扬红色文化的途径，比如，在全国范围内建立红色文化教育培训基地，并且提升红色旅游体验，使之成为展示文化自信的重要载体。同时，文化自信的基石是文化自觉，而红色文化构成了文化自信的坚固基石，深刻理解红色文化的本质特征、普遍联系和发展规律，归根结底体现了对红色文化深层次的自信。

六是依托校地联合模式。这种模式关键在于地方高校可以充分利用所在地区独特的红色资源，将红色文化融入高校的教学实践中，以此激活红色文化的教育潜能。新疆大学在这方面做出了颇有成效的探索，通过与地方政府及相关部门建立合作机制，2018 年以来，已在乌鲁木齐、可可托海等多个地区设立了 5 个红色文化研究与实践基地。这些基地不仅促进了红色文化相关学术研究的深入发展，也成为实践教学的重要平台，极大提升了红色文化教育的实效性与影响力。

总之，要让红色文化更加贴近民众并赢得广泛喜爱，关键在于不断创新与丰富其传播方式与表现形式，使红色文化自然而然地渗透到人们的日常生活之中。利用多样化的载体来创新和推广红色文化，不仅能增强其吸引力和感染力，还能更有效地促使红色文化深入人心，使其入耳、入脑和入心。弘扬红色文化，有助于弘扬以爱国主义为核心的民族精神，增进"五个认同"。共同的红色历史记忆能够激发"团结就是力量"的共鸣。红色文化符号包括红色革命公园、革命精神的遗址、革命纪念日、革命英雄事迹等，能够强化中华民族共同体的政治身份标识。依托教育载体和途径，受众能够把对红色文化认同上升为中华民族认同、国家认同等一系列政治认同，从而铸牢中华民族共同体意识。

第四节　当代红色文化本体研究的时代价值

红色文化在各个时期占据重要地位，蕴含深刻价值。在红色文化时代价值的研究中，不少学者都将其统称为"社会价值"，认为它既包含政治价值、历史价值、教育价值，也包含经济价值；也有学者把社会价值与其余价值相并列。总体上看，学界对红色文化的价值研究主要体现在政治、经济、教育、历史、社会等价值层面。

一　政治价值

在探讨红色文化的时代价值时，必须首先考虑其政治层面的重要性，这是因为，一方面，红色文化内嵌了中国共产党的领导理念与执政思想；另一方面，研究红色文化要求将红色文化与党的政治理论、党的建设及发展实践紧密结合。

学者陈世润、李根寿从社会主义发展的必然趋势出发，强调红色文化在传播政治意识、引导政治行为、培育政治人才方面发挥着关键作用，同时它还促进了政治关系的和谐、维护了政治稳定并推动了政治进步。① 还有学者则从中国共产党主流文化的历史使命角度分析，指出红色文化不仅是党的政治理论演进的重要基础和参考，还承担着增强民众政治认同、稳固政治局面的重任。② 此外，还有研究从政治哲学的维度审视红色文化，将红色文化看作国家记忆的关键构成，认为其蕴含的历史记忆和集体记忆对于现代国家的构建具有根本性的意义，是塑造国家认同、巩固国家基础不可或缺的一环。③

二 经济价值

红色文化的经济价值主要涉及红色文化资源的开发和利用，比如通过发展红色文化旅游和文化产业来促进经济增长。陈世润、李根寿从宏观与微观两个维度进行了阐述，在宏观层面上，红色文化所催生的与特定社会意识形态相契合的经济文化、经济伦理及经济观念，能深刻影响社会的价值导向和经济活动模式；在微观层面上，红色文化凭借其现代意识渗透至经济活动主体之中，引导人们以先进的理念指导经济行为，从而在微观层面推动经济的发展和社会的全面进步。④ 苏东霞、文玉忠则从红色文化用马克思主义世界观和方法论指导人的实践活动的视角分析，强调红色文化所包含的集体主义精神、全心全意为人民服务的精神以及无私奉献的精神等为与社会主义市场经济的基本特征相符合的意识形态的形成提供了重要的内容，在这种意识形态的影响下，可以使社会主义市场经济更好地与社会主义基本制度相结合，沿着正确轨道有序运行。同时，还指出，红色文

---

① 陈世润、李根寿：《论红色文化教育的社会价值》，《思想政治教育研究》2009年第4期。
② 杨凤城、刘倩：《红色文化研究的源起、进程与前瞻》，《郑州大学学报》（哲学社会科学版）2024年第5期。
③ 张侃：《红色文化、国家记忆与现代国家建构的宏观思考——一个政治哲学的维度》，《福建论坛》（人文社会科学版）2017年第7期。
④ 陈世润、李根寿：《论红色文化教育的社会价值》，《思想政治教育研究》2009年第4期。

化建设不仅是进行经济建设的精神动力，还为经济建设创造良好的环境。[①]另外，还有学者指出，进入 21 世纪后红色文化已成为社会主义市场经济发展的推动力之一，在当前市场经济环境下，红色文化不仅代表着一种宝贵的文化资源，更是具有独特经济价值的不可复制的资产。

三　教育价值

红色文化的教育价值是指红色文化中蕴含的教育潜力，其首要任务是弘扬红色文化内在的先进精神与思想理念，旨在引导公众增强对红色文化教育价值的认知，进而内化于心、外化于行。党的十八大以来，不论是党的干部还是青年学生党员，都被要求深入学习、传承并践行红色文化，凸显了其在新时代教育体系中的重要地位。不少学者从青少年教育的角度，提出红色文化不仅是塑造青少年正确价值观念、强化理想信仰与增强社会责任感的有效工具，同时也是开展思想政治教育不可或缺的内容资源。这说明了红色文化的教育价值潜藏于其深层，能够深刻影响个体的思想道德观念，尤其在爱国主义、理想信念以及道德品行教育方面展现了显著的教育效能与意义。

四　历史价值

红色文化的历史价值不仅体现在革命与建设时期遗留的物质财富和精神财富上，更重要的是，它作为社会主义发展历程的鲜活印记展现了这一探索历程的连续性和必要性。目前，研究多聚焦于红色文化深刻揭示了选择社会主义道路的历史必然性，指明了社会主义道路是中国革命能够取得胜利的关键指引与智慧源泉。此外，还有学者从历史印证的角度进行分析，强调红色文化不仅是"没有共产党就没有新中国"这一历史结论的直接证据，同时也鲜明地证明了"只有社会主义才能救中国"的深刻道理，彰显了红色文化在理解中国近现代史进程中的不可或缺性。

---

① 苏东霞、文玉忠：《红色文化的社会价值思考》，《理论学习》2011 年第 7 期。

五　社会价值

红色文化的社会价值指红色文化对社会的整体进步与和谐发展起着至关重要的作用，且体现于政治、经济和文化等多个维度。大多数学者从红色文化的先进性与传承性出发，强调了红色文化作为社会主义先进文化的重要组成部分不仅是党领导下的中国革命、建设及改革开放辉煌历程的记忆载体，更是党的优秀传统与作风的延续。有学者还指出红色文化的核心本质在于其对新时代公民精神塑造的引领作用和代际相传的效应。

学术界对红色文化价值的探讨主要围绕上述五个维度展开，而每一种价值的研究都深深植根于红色文化的特征之中。值得注意的是，红色文化的社会价值作为一个综合性的概念，自然而然地蕴含其他各层面的价值。换句话说，红色文化的文化价值展现出多元化的特点，它不仅是中国革命历史的重要组成部分，更是中华民族精神的重要体现。在当代社会，我们应该深入挖掘红色文化的文化价值，加强红色文化教育，让更多的人了解和传承红色文化，从而更好地弘扬民族精神和推动经济社会发展。

第二章

从传统走向数字化的红色文化传播媒体变革

　　红色文化是历史合力的必然产物，是内蕴在中国人民心中的集体文化记忆，具有重要的政治价值、经济价值、文化价值以及社会价值。因此，对红色文化传播媒体变革进行深入分析，是思考新时代红色文化媒体融合传播适配性的重要工作。在传统媒介传播过程中，书籍、报刊、电视等是红色文化传播的主要载体，承担着弘扬红色文化的重要使命，对红色文化发展具有举足轻重的作用。但随着现代信息技术的发展，媒体环境发生了巨大变化，传播媒体开始大步迈向数字化，红色文化传播同样面临着从传统媒体向现代数字化媒体的应用转向。目前看，传统媒体与新兴媒体的融合趋势不可逆转，红色文化媒体融合传播进入发展快车道。

第一节　红色文化传播的传统媒介载体与形式

　　红色文化的传播形式丰富多样，书籍、报刊、电视等传统媒体被认为是红色文化传播的传统载体，传统媒体因其有着天然的政治资源并占据着主流的舆论阵地，在信息传播中不仅起着把关人作用，还具有议程设置的主导效能，是党和政府同人民群众沟通的桥梁与纽带。传统媒体通过强有力的舆论引导，在基本价值观上构筑社会底线，在基本评判标准上增进社会共识，被受众视为最可靠的红色文化传播媒介，具有受众范围广、可信度高、渗透性强等优势特征，在红色文化传播过程中发挥了不可替代的作用。

一 红色文化传播的传统手段与途径

（一）书籍报刊

书籍报刊是在人类漫长的历史中最为久远且稳定的传播载体，通过印刷技术将书稿内容进行一系列加工装订成册，是红色文化传播最常见的方式之一。在传播初期，红色文化传播媒介除了传统的口耳相传，主要是通过纸质载体进行传播，书籍报刊等纸质媒体具备其他传播载体无法替代的优势，书籍报刊的文本完整性使读者对红色文化内容有更全面的认识，为大众进行深度阅读创造了有利条件，有效避免了碎片化阅读。同时，书籍报刊储存时间长，许多红色文化典籍甚至经过数代人传承至今仍然保存完好，是穿越时代汲取先辈智慧的重要依托。

书籍报刊是传播红色文化的有效途径，在红色文化传播中被广泛使用。在第 29 届全国图书交易博览会延安分会场中，围绕"红色记忆·书香延安"这一主题，共设立 4 大展馆，展出以红色为主题的各类精品图书近 10 万册。其中，中国红色书店作为 4 大展馆之一，是最受读者欢迎的红色文化书籍区域，在这个展览区域有两本代表性的书，一本是《话说延安精神》，一本是《中共中央在延安十三年史纲》，这两本书不仅充分展示了延安厚重的红色文化底蕴，还让读者对延安精神有了深刻的理解。书籍的视觉效果和触觉感受都在不同程度上给读者以精神的洗礼和情感的共鸣，让文字的魅力不仅停留在纸上，更体现在文字抵达人们内心深处所获得的深度安宁。通过一本本好书和一场场活动打造主题鲜明的红色文化传播平台，对深刻启迪人们的思想，温润人们的心灵，达到知史、爱国的目的，进而凸显红色文化内容的必要性具有重要价值与意义。

除了书籍，报刊也是红色文化传播的重要途径。2021 年春季泰州举办了"红色报纸"展，展示了 200 余张旧报纸的复印件。在这些红色报纸中，出版时间最早的是毛泽东 1919 年 7 月 14 日在长沙创办的《湘江评论》

所刊登的毛泽东的署名文章《民众的大联合》。同时，其余的报纸也讲述了百年党史，再现了党史中的重要事件。比如，1920 年 11 月 7 日的《共产党》创刊号，在中国第一次喊出"共产党万岁"，对筹建中国共产党起到了重要推动作用，毛泽东称赞它"颇不愧'旗帜鲜明'四字"；1922 年 9 月 13 日《向导》周报创刊号，是中国共产党创办的第一个公开发行的中央机关报；1945 年 9 月 3 日《华美晚报》号外，发表"日降书昨晨正式签订"；1946 年 5 月 15 日《人民日报》创刊号；1949 年 10 月 2 日《解放日报》头条刊登"中央人民政府宣告成立"；等等。这场红色报纸展览吸引了当地大批党员干部前往观看，凸显了红色报刊既是传播马克思主义的思想阵地，也是宣传中国共产党革命事业的文化载体。它们多"诞生"于战火纷飞的革命年代，其创办及成长之路十分曲折，面临着敌人封锁、行军转移、设备简陋等重重困难，有的刊物甚至很快"夭折"，比如，周恩来主编的《觉悟》是 20 世纪 20 年代天津学生革命团体觉悟社的社刊，也是五四运动时期的著名刊物，但遗憾的是，《觉悟》仅出版了一期，第二期还未及付印，在觉悟社领导的爱国学生游行请愿活动中，周恩来和几位社员一齐被捕了，杂志存在了短短 9 天即停刊。一张张泛黄的老报纸，见证了一次次重大的转折点。山河破碎之际，心怀崇高理想的革命先辈以笔为枪，书写波澜壮阔的岁月，留下荡气回肠的绝响，也让身处新时代的我们，在追寻红色记忆中汲取前行的力量。

在学校，校报也经常刊登一些有关红色文化的文章分发给学生学习。为庆祝中国共产党百年华诞，引导师生积极学习党史，从党的百年伟大奋斗历程中汲取继续前进的智慧和力量，2021 年，北京印刷学院在学校新创大厦红色出版作品陈列室举办庆祝中国共产党百年华诞"百版红色报纸"专题展览，启动"永远跟党走"主题教育活动。报纸展展出的 200 多张正版报纸复制件是从 100 多万张报纸中精心遴选出的，时间跨度约 100 年，从毛泽东 1919 年 7 月 14 日在长沙创办的《湘江评论》，到 2020 年 10 月 30 日《人民日报》头版头条党的十九届五中全会召开的报道。红色报纸的展出，不仅体现了红色报纸是学校爱国主义教育的重要传播媒介，更凸显了学校对红色报纸这类具有时空跨度的传统媒介的重视态度。总体上看，虽然媒体数字化发展不可逆转，但红色报纸作为传承和弘扬红色文化的重要载体之一，依然具有极强的传播力与影响力。

不同时期的书籍报刊传达不一样的红色文化但有着同样的信仰，通过读红色书籍报刊来重温百年党史，不仅是弘扬优秀传统文化，更是一种红色精神的传承。当下计算机技术、互联网技术快速发展，但依然无法完全替代传统媒体。截至今日，红色文化、红色精神的纸质读物的年出版量仍持续扩大，可以说，传统媒体依然是红色文化最常用的宣传媒介。

（二）景区现场

红色景区是革命先辈艰辛奋斗历程的见证，是追寻红色记忆的基地。红色景区主要包括红色旅游圣地、红色革命旧址、红色博物馆、展览展示馆等。国务院新闻办公室统计，截至 2018 年 7 月，全国革命专题博物馆和纪念馆有 808 家，与近现代重要革命直接相关事件和人物有关的可移动文物有 49 万件套。我国登记革命旧址、遗址 33315 处，其中全国重点文物保护单位 477 处；抗战文物 3000 多处，长征文物 1600 多处。2019 年 10 月，国家文物局公布了第八批全国重点文物保护单位 762 处，其中，以革命文物、抗战文物和反映新中国发展成就文物为主的近现代重要史迹及代表性建筑 234 处，占总量的 30.7%。全国重点文物保护单位发生了结构性变化，有效推动了红色资源的保护利用工作，也为红色旅游高质量发展提供了有力支撑。目前，红色景区已经成为弘扬红色精神重要的载体与平台。

通过对红色景区现场的游览，可以走近红色历史，重温经典历史。以西柏坡为例，西柏坡位于河北省平山县中部，是河北著名的红色旅游景点，是解放战争时期中央工委、中共中央和解放军总部的所在地。经过多年建设和发展，西柏坡已成为全国著名的五大革命老区之一，有"新中国从这里走来"之美誉。西柏坡作为红色旅游的重要之地，不仅有丰富的红色资源，还有良好的自然生态资源。该景区每年接待游客量达 500 万人次。景区目前有西柏坡中共中央旧址、西柏坡陈列馆、西柏坡青少年文明园等景点。景区通过原址仿建、浏览展示等多种形式让广大游客在旅行中零距离感受红色文化，深刻感悟革命精神。相比书籍中抽象的红色历史，景区现场带来视觉、触觉、听觉等多维感官体验，将抽象化为具体，让游客对红色历史的感受更为深刻、生动。

西柏坡中共中央旧址，坐落在河北省石家庄市平山县西柏坡镇西柏坡村，建筑为砖木结构平顶房。这里有毛泽东、周恩来、刘少奇、朱德、任弼时等人的旧居。新中国成立前中共中央的许多重要会议在此召开，包括三大战役在内的一系列战役在此运筹和指挥，毛泽东的几十篇光辉著作在此诞生。作为革命旧址，西柏坡中共中央旧址已经成为青少年学习的实践基地，在实践中潜移默化地向青少年们灌输红色文化内涵。

如今很多地方还开设了革命专题博物馆并免费对市民开放，这些博物馆收录着革命年代保存下来的照片和红色历史文物照片等，给游客带来观赏的同时也传播了红色文化。红色景区成为红色文化的代言基地。

井冈山革命博物馆位于江西省井冈山市茨坪镇红军南路5号，该馆肩负着宣传井冈山斗争史和弘扬井冈山精神的神圣使命。2007年10月27日，井冈山革命根据地创建80周年之际井冈山革命博物馆竣工开馆，并于同年11月5日对社会免费开放。井冈山革命博物馆因不设大门被称为没有围墙的"红色博物馆"，这里珍藏着中国共产党人民军队的第一面军旗。除此之外，这里还有很多第一：井冈山革命根据地是中国共产党创建的第一个农村革命根据地，井冈山革命博物馆珍藏着第一份入党誓词（复制版）等。这是一座以井冈山的民居"围屋"为建筑主体造型，屋顶像一顶红军帽，馆内收藏文物3万余件，图书7000多册，历史图片1万余张，珍藏党和国家领导人、著名书画家及社会各界知名人士的墨宝真迹千余幅。馆内都是满满的红色元素，打造了一个丰富多元的红色文化资源阵地。井冈山革命博物馆已成为人们进行爱国主义和红色文化教育的生动课堂。比起书本知识更加生动，更让人发自内心地体会到革命之艰难，革命先烈之英勇，国泰民安之不易。

除上述在博物馆等固定空间内进行红色文化传播之外，还有一些流动的红色文化宣传阵地，也通过举办红色文化展览、设置红色文化专栏等与红色文化深度融合。这种阵地是在一种可变的空间内传播红色文化，因其在大众面前公开展示，也可以看作景区现场的一种呈现。例如，现在很多城市开始推出地铁红色专列，将红色文化引入地铁公共空间，把党的百年伟业与国家成就通过鲜明的主题浓缩展示到每一节地铁车厢，让市民随时可以接受红色熏陶。2021年是中国共产党成立100周年，南京大学为让学生们更好地从党的百年伟大奋斗历程中汲取智慧和力量，在学思践悟中坚定理想信念，2021年9月28日，一辆以"党史学习教育"为主题的红色地铁专列在南京地铁4号线开出，满载着12所高校的红色故事飞速前行。在这辆红色地铁专列上，全车共6节车厢，以红色、橘色为主色调，12所高校历史上的大事件、校史中的党史故事、学校开展党史学习教育的成果等遍布车身、车窗、椅背贴、拉手。一个个红色故事让乘客们快速了解了12所高校的校史，也让乘客对南京这个城市有深入的了解。

（三）红色文创产品

随着"文创热"的兴起，依托红色文化元素的红色公共文化产品也受到越来越多人的关注，并呈现出年轻化、潮流化的特点。这些公共文化产品结合红色文化内涵与当前的时代语境，让红色文化走进年轻人的内心，以"传承+创新"的方式来追寻红色足迹，传承红色精神。红色文创产品以红色文化为资源，用年轻视角将红色文化元素转化成文创产品，走进日常生活。

红色文创产品向大众所呈现的不仅是产品外貌，而且是产品本身以生动的表达方式传播的红色文化的精神内涵。每逢八一建军节，网上各大电商平台就开始售卖以红色文化为主题的各种军人文创塑像，包括陆海空军、通信兵、医务兵等，外观大气，深受大众喜爱。创作这样的军人塑像最终目的是献礼"八一"，致敬中国军人，弘扬红色文化，唤起大众的爱国意识。这些小塑像因融入红色文化元素而洋溢着满满的历史崇高感。像这样再现了百年峥嵘岁月里先辈们英姿的文创塑像还有很多，它们极富教育意义，将抽象的红色文化内涵转变为生动的视觉符号，焕发时代价值，为红色文化传播加分，也给大众带来文化与精神上的滋养。

在物资匮乏的年代，作为喝水用具的茶缸还是生活中的装点。办公桌和操作台，茶缸的影子随处可见。座谈会、茶话会、聚餐会，就连摆拍照相，茶缸都会扮作道具派上用场。随着生活水平的提高，更精致的茶具替代了茶缸，如今再见的茶缸，已成为怀旧的索引和文创的新品。"60后""70后"，甚至"80后"，都对茶缸有着不一样的情怀，家里、办公室内随处可见茶缸的身影，白色的茶缸与茶水便成为一代人童年记忆中的一部分。如今年少时的茶缸唤起了人们的回忆，这种传统文化的另类回归，唤起了年轻消费者潜藏在心底的文化归属感。大部分茶缸设计采取的是用现代正能量的文字配上革命年代的图片，以此用来重温革命年代的经典，对于传承和弘扬红色文化起到了很大作用。

（四）电视综艺节目

综艺是一种快餐文化，它贴近人们的生活，满足人们的精神需求，因而受到广大观众的喜爱。一直以来，青春选秀、明星 IP 是综艺吸引观众的不二法门，但这也催生了许多市场乱象。中国社会科学院新闻与传播研究所中国广播影视研究中心副主任张建珍认为，"既有意思又有意义是一档优秀综艺必须具备的基本条件，一档节目若是想拥有现象级的影响力，首先必须有承载主流价值观的责任与担当"[①]。制作观众喜闻乐见且符合主流价值观的电视综艺节目是十分必要的。

近年来，以党史为题材的节目逐渐成为主流，众多以党史为题材的电视综艺节目脱颖而出，从红船精神到井冈山精神，从长征精神到遵义会议精神……这一大批既有意思又有意义的党史宣传教育节目为红色文化的传播做出了不小的贡献。其中，《行进大湾区》"红色起点"系列节目以"寻访红色遗迹+历史场景重现+红色文化体验"为主线，通过专业的影视场景实拍，从历史到当代，既有笑有泪亦有声有色，成为首屈一指的"广东党史讲堂"。

观众在《行进大湾区》中可以观察到，无论是红色故事讲述人还是嘉

---

① 《「文化」重新定义爆款综艺》，人民资讯，2021 年 10 月 29 日，https://baijiahao.baidu.com/s？id=1714959390270231666&wfr=spider&for=pc。

宾，无论是在革命先烈故居还是在红色景点，所有的串联都是在行走中完成的，这是对红色历史的尊重和缅怀，更是通过行走实现对红色精神的一种传承，这也是节目的点睛之笔。《行进大湾区》并未拘泥于与红色故事的"形似"，而是将红色历史脉络融入现今的社会生活中，以此实现了对红色精神与新时代精神的深度融合与创新解读。《行进大湾区》通过展现革命先辈们的英勇斗争来映照当下的幸福生活，利用多样的表现形式，给当代青少年提供了丰富的红色文化体验，加深了他们对红色传统的理解和感受。

其他与红色文化相关的电视综艺节目有《致敬百年风华》《我唱新歌给党听》等。它们与《行进大湾区》一样，都是为庆祝中国共产党百年华诞而推出的。总的来看，虽然各大平台推出了一系列与红色文化相关的综艺节目，但数量较少，且相比其他选秀类、歌舞类综艺节目，以红色文化为题材的综艺节目的点击量和播放量都不尽如人意。因此，与红色文化相关的综艺节目在内容和形式上都需要作进一步的提升，以提高大众的接受度。

（五）红色文化艺术创作

艺术化的视角传播文化形态也是红色文化传播的主要方式。通过文学、美术、电影等艺术形式，结合视觉、听觉、肢体等非语言系统，运用富有创造性的语言、方式、方法及事物来传播文化，对于提高大众对红色文化的认知有重要价值。

1. 电影艺术

电影艺术是文化传播的重要渠道，相对于只调动人们视觉的书籍报刊来说，电影以其视觉听觉兼具、受众门槛低、耗时短的优势，深受人民大众的喜爱。不同时期的红色电影虽然在呈现效果、画质等方面有所差别，但对于红色文化的传播都发挥着重要作用。1955 年上映的红色经典影视作品《董存瑞》就向观众展示了一个英勇无畏、无私奉献、不怕牺牲的革命烈士的形象，无论是在当时，还是在现在，都发人深省，激励着一代又一代人。当然，由于当时的拍摄设备较为落后且后期剪辑技术还不够成熟，呈现出来的作品在现在看来可观性不强。

现代社会，人们对于电影的数量、质量的要求都不同往日。国家电影局发布数据显示，2021年我国电影总票房达到472.58亿元，其中国产电影票房为399.27亿元，占总票房的84.49%；城市院线观影人次为11.67亿，全年新增银幕6667块，银幕总数达到82248块，中国电影产业快速发展，全年总票房和银幕总数继续保持全球第一。[①] 统计数据显示，中国电影票房榜前十名中有四部均是以红色文化为题材的作品，其中，《长津湖》和《战狼2》分别位居第一和第二。[②] 可见，大众对于红色文化电影的接受程度高，且制作精良的红色文化电影无疑会增强人们对祖国的热爱之情并增进人们对中国共产党的认同。

毋庸置疑，这些电影的爆红，3D特效等技术的使用起到了重要作用。数字化技术已经渗透到电影制作的每一个环节，影响了传统电影的制作流程和生产模式。比如，在传统电影中，服装、道具、场景都是客观存在的实体，而现在，利用数字化技术，电影拍摄的场景不再全都是实体，而加入了虚拟场景，虚拟场景不仅可以突破时空限制，也便于后期修改。以电影《长津湖》为例，影片的视觉特效由来自世界各地的80多个特效团队共同完成，仅特效镜头就有4000多个。影片开场段落，除军舰上的麦克阿瑟为真实演员外，海战中所有的舰艇、飞机和场景均为特效制作，彰显了本片高概念电影的特质，在七连过乱石滩的段落中，所有角色必须隐藏在石块之中，林超贤导演就尝试将足球比赛中常用的"飞猫"索道系统运用到拍摄中，并且经过后期特效合成，实现了镜头在远景和特写两级之间的无缝衔接，最终呈现为4分钟的长镜头段落。[③]

近年来，中国电影界涌现出《长津湖》《我和我的父辈》《1921》《革命者》《悬崖之上》等一批优秀的红色文化精品，这些作品都使用了最新

① 《472.58亿元！中国电影全年总票房继续保持全球第一》，光明网，2022年1月1日，https://m.gmw.cn/baijia/2022-01/01/1302745379.html.

② 戎钰：《中国影史票房前十，吴京独占五席》，极目新闻，2023年2月12日，https://baijiahao.baidu.com/s? id=1757626597105795934&wfr=spider&for=pc.

③ 杜宜浩、孙佳山：《〈长津湖〉：视觉特效为主旋律战争片助力》，《南方日报》2021年10月24日，第A08版。

的如 3D、数字特效等技术，让观众有更好的观影体验，也赢得了好口碑和高票房。这些电影在题材风格、制作技术等方面不断创新，吸引着不同年龄、不同职业的观众走进影院，让红色文化潜移默化地滋养人们的心灵。电影中的一个个感人的故事和一帧帧精美的画面，令人心潮澎湃、思绪万千，让我们体会到了中国共产党的峥嵘岁月。

2. 红色歌曲

《礼记·乐记》曾记载："治世之音安以乐，其政和；乱世之音怨以怒，其政乖；亡国之音哀以思，其民困。声音之道，与政通矣。"这说明了音乐与社会和国家安定有着密切的关联。红色歌曲是记录劳动人民和无数共产党员艰苦奋斗、浴血抗战，把中国建设成如今的社会主义国家的生动史料，具有鲜明的时代特征和强大的号召力，是社会主义文化的重要组成部分。因此，推动红色歌曲的发展对于构筑人们的精神家园是十分必要的。

红色歌曲的创作常常紧跟中国革命、建设和改革的发展，能够体现出以爱国主义为核心的民族精神和以改革创新为核心的时代精神。按时代背景和歌曲内容可以把红色歌曲分为工农革命歌曲、抗战歌曲与和平建设时期的歌曲等几大类别。我们正处于和平建设时期，这时期的歌曲是中华儿女对党和国家的歌颂，是对社会主义、民族大团结、人民幸福生活的歌颂。如《星辰大海》《星火》《百年星火》等，这些歌曲都表达了人民对祖国的美好祝福。对于一个民族、一个国家来说，唱什么歌、哼什么调，反映了这个民族、这个国家的精神追求，反映了这个民族、这个国家的发展底气。建设社会主义文化强国，我们要积极开展学唱红色歌曲活动，努力发掘红色歌曲在新时代的价值。

3. 话剧、舞剧

为生动向大众传播红色文化，不少地方开始打造以"红色"为主题的原创话剧、舞剧。话剧以对话方式来展现剧情，有人物独白，有观众对话，将一个个真实的红色故事，栩栩如生地呈现。而舞剧与话剧不同的是，舞剧依靠音乐和肢体语言进行表达，将红色故事与飘逸的舞蹈动作结合起来，在有限的舞台空间内将历史人物演活，让观众能体会历史人物当时的内心感受，引起观众的共鸣。

为发扬红色传统，2021 年 10 月 19 日晚，大型红色话剧《火种》在广西梧州市文化展览中心演出。话剧《火种》的创作原型为梧州革命先烈谭寿林、廖梦樵、邓拔奇、李省群和覃超容等人，讲述了共产党人迅速恢复和重建广西党组织并策划武装反抗斗争的故事。① 话剧将水上民歌、大东酒家等梧州元素融入其中，展现了浓郁的地方文化特色。话剧《火种》的演出一方面是讴歌英雄，另一方面是通过话剧让人们对党史有更全面、深入的认识。

舞剧也是展示红色文化、传承红色文化的形式之一。2021 年 7 月 8 日，由中共海阳市委、烟台大学、胶东（烟台）党性教育基地共同出品的原创红色舞剧《地雷战》在胶东剧院首演。《地雷战》舞剧以海阳地雷战故事为主线，分为"引信""埋雷""造雷""爆雷""烟火"五幕，塑造了德高望重、大义凛然的老村长石大爷，沉着冷静、坚定果断的区委会雷主任，机智勇敢、耿直豪爽的民兵队长赵虎，柔情似水、飒爽英姿的女兵队长玉兰等鲜活的人民英雄形象，鲜活再现了胶东人民在面对外强侵略时的骁勇善战，深情讴歌了齐鲁儿女在中国共产党领导下的不屈斗志与家国情怀。引人入胜的红色故事和浓郁的革命氛围，使舞剧中的红色文化恰到好处地在观众心中留下了难以忘怀的深刻印象。

除了主要剧情元素，该剧还运用了海阳大秧歌作为主要艺术表达手段，双人舞、三人舞、群舞等多种舞蹈表现形式交织运用。演出时长为 90 分钟，演出过程中每一位演员都用心地去演绎自己的角色，将地雷战中的英雄形象展现得活灵活现，同时，带有地方特色的舞蹈，满足了观众的视觉感受，让观众在观看时跨越时空，与历史对话。

质言之，以书籍、报刊为主的传统媒体在内容生产上更为集权，传统平台更具有权威性，在信息准确性上更有保障。设计化、艺术化的创作更

---

① 陈雨燕：《发扬红色传统 传承红色基因——大型红色话剧〈火种〉在梧上演》，《梧州日报》2021 年 10 月 20 日，第 1 版。

为红色文化传播提供了一条审美化的路径，传统形态的红色文化传播媒体在当前的数字化风潮中依然具有很强的生命力和不可替代的价值。

二　红色文化传播传统方式的局限

传统传播方式在红色文化传承上有积极价值，但不可否认的是，在媒体技术发展的浪潮中，传统媒体在空间及时间上也表现出不可回避的局限。

（一）传播空间及人群局限

红色革命遗址大部分坐落在山区地带，大多地理位置偏僻、交通不便，想要带动群众学习红色文化，感受红色精神，就需要带领群众到现场去感悟，无法实现红色文化资源的跨地区传播。特别是革命老区，改革开放之后，囿于交通困难和思想保守等因素，错过了发展机遇，整体上经济薄弱，交通设施落后，道路狭窄，对参观学习造成负面影响，导致其独具历史价值和魅力的红色文化得不到最大范围的传播。此外，在红色文化书籍报刊方面，红色书籍报刊只有部分读者可以得到，无法覆盖那些因经济条件或获取渠道的限制而得不到书籍报刊的受众群体。另外，传统媒体的受众倾向于年纪较大的群体，很多红色文化内容只能传播到这类群体中，而无法覆盖移居网络平台的年轻人。

在这种情况下，通过多种媒体传播，让红色文化在网络道路上走出大山，走向更广泛的大众，是当下红色文化传播的现实需求。

（二）传播时效局限

传统媒体形式，以书籍报刊为例，书籍报刊需要经过采编人员多个环节的相互配合，才能够完成制作与发布，相比于电视、广播，在传播内容的时效性方面显现出劣势，与实时的"现场直播"与自媒体的自由度相比较，在时效性上的局限就更为突出。①

在新媒体没有出现的时候，红色文化的信息传播主要依赖于传统媒体，红色文化信息传播速度相对较慢，缺乏时效性。例如，利用传统平台

---

① 　同晔卉：《传统媒体与新媒体的传播差异探析》，《新西部》2017 年第 16 期。

去宣传一场大型的以红色文化为主题的展览，在此期间，要经过多层发布程序才可以呈现在大众面前，这时大众才可以了解当时的展览情况，大众不是在展会开始时观看，而是事后才从各个渠道去了解，此时大部分人可能已经失去了激昂的感情与浓厚的兴趣，难以接受红色文化深刻的熏陶，大众的情绪也难以再次调动起来。

（三）交流互动局限

书籍、报刊、电视等平台只是单向性、结果性传播红色文化信息，受众只是一个被动的信息接收者，没有信息选择权、参与权。即使很多广播、电视开通了电话热线、短信等与观众进行互动，但参与者很少。传统媒体受制于自身的条件，无法快速接收到受众对所传播信息的反馈，与受众的互动有限，难以及时回应受众的反馈，与受众缺乏必要的交流。[1]

（四）传播形式局限

当前红色文化的传承方式主要还是以图文、实物、雕塑等静态手段为主，呈现方式单一刻板，技术含量较低，缺乏新意，已经无法满足大众，尤其是青年人对红色文化学习的需求。

红色文化博物馆和遗址遗迹等局限在革命历史文物的展示摆放与简短说明，缺乏感官吸引力与情感体验性。现场讲解大部分也只是简单地陈述历史，较难实现大众对内容的共情。形式上的局限使红色文化传播缺乏互动性、趣味性，导致大众，尤其是学生群体将红色文化学习消极地当成不得不完成的学习任务，整体上缺乏对红色文化的兴趣，从根本上限制了红色文化的传播。

第二节 当代红色文化传播的数字化转向

互联网的出现，使旧的传播格局被打破重塑。个体在网络世界以节点的形式互联互动，形成了网络世界里的"地球村"。网络传播革命是对以

---

[1] 张洪良：《浅析传统媒体的优势与不足》，《西藏科技》2015年第5期。

往传播局面的颠覆，随着互联网从 Web1.0 到 Web3.0 的演进，大数据技术、信息技术等技术的全面发展，元宇宙、VR、区块链等新兴领域不断被开发，人类体察世界的视角被极大拓宽，科技爆炸带给我们思考生活的多元范式，同时也给社会制度以及传统伦理带来新的挑战。人类传播的未来陷入了紧张刺激的狂想之中。莱文森认为一切媒介都是"补救性媒介"，都是对旧范式的超越而非摧毁。而对人类传播阶段的划定，不是简单直白的线性叙述，也不是由低级到高级的进化，而是在具体历史细节中弹性而非线性的发展。

根据中国互联网络信息中心（CNNIC）第 48 次《中国互联网络发展状况统计报告》，截至 2021 年 6 月，我国网民规模达 10.11 亿人，互联网普及率达 71.6%。其中，网络视频用户规模达 9.44 亿人，占网民整体的93.4%，短视频用户规模达 8.88 亿人，占网民整体的 87.8%。这表明随着互联网、大数据、云计算、移动互联在生活中的广泛应用，大众的信息获取方式以及传媒思维发生了巨大变革，单一的传统方式已经不能满足红色文化的传播需求。新形态的媒体技术打破了传统媒体的界限，微信、短视频、网络直播等基于移动互联的自媒体平台和数字化平台应运而生。此时，数字化生产及网络化传播日益成为传统方式的有益补充，并与传统方式日渐融合，形成有机的红色文化传播媒体融合矩阵。

一　"两微一端"

"两微一端"在新媒体时代成为最常用的主流新型媒体，"两微"指的是微博、微信，"一端"指的是新闻客户端，更多的是指移动客户端，是与服务器相对应，为客户提供本地服务的程序。"两微一端"已经成为广大手机用户自主学习和获取信息的新渠道。

微信、微博是目前最受大众青睐的新媒体形态，而客户端是继微信、微博后又一获取信息的主渠道。2015 年 9 月 15 日，人民网舆情监测室发布国内首份"两微一端"融合传播排行榜，《人民日报》、头条新闻（新浪新闻中心）、新浪娱乐、人民网、《环球时报》等居媒体融合传播排行榜总榜的前五位，引领国内媒体融合发展大潮。之后"两微一端"在很多方面都受到重视，也取得了一定的成效。尤其是"两微一端"如今已成为政务新媒体发展新模式。

（一）"两微一端"用户普及率高，传播效果好

微信微博用户多，群体范围广。其中，微信用户在从学龄期儿童到老年人的每个年龄段中都占有一定的比例，微信公众号作为其主要信息发布模块，呈现出半封闭的部落性质，用户之间有相似的知识获取需求，用户黏性强，传播效果较好。① 微博与微信一样有着庞大的用户群体。微博作为最大的网络舆论场，在受众群体中普及率极高，一直是即时信息发布的主场。微博已渗透到网民中的各个年龄阶段，是青年人和中年人最受欢迎的互联网应用。20~39 岁网民是微博的核心用户群，也是微博用户中最活跃的群体。微博可以说是当下年轻人最常用的社交平台之一，截至 2022 年 2 月 11 日，微博下载安装数量已达到 105.6 亿次。每天都有数以亿计的网友在微博上围观、分享和互动。红色文化类的资讯常驻微博平台，并在特殊时间节点登上微博热搜。例如 2021 年建党百年之际，"庆祝建党 100 周年"话题的相关阅读，次数达到 4.5 亿次，讨论次数达到 20.6 万次。但是，与其他类资讯相比，红色文化的微博传播潜力还有待进一步挖掘。

除了"两微"，新闻客户端同样也很容易聚集大批用户，随着手机智能终端的发展，手机新闻客户端有效整合了各类新闻频道，受到大众的欢迎。数据显示，2021 年 1 月底，国家政务服务平台客户端实名注册用户数突破了 2 亿。截止到 2021 第三季度，微博平均月活跃用户数为 5.73 亿，微信及 WeChat 的合并月活跃账户数为 12.626 亿。当前，各个行业都积极引入"两微一端"传播模式，采用数字化方式进行宣传。

（二）"两微一端"可实现实时推送，即时互动

"两微一端"具有实时推送信息、即时互动的传媒新属性。一方面，信息发布快速，能够跨越空间第一时间为用户提供形式多元、内容丰富的

---

① 王艳玲、李宸：《微信公众号的传播特性及其营销优势》，《新闻爱好者》2017 年第 10 期。

红色文化。另一方面，大众也可以第一时间在平台上进行互动，自由表达想法、意见和观点。网民不仅自己点赞、评论与转发，而且还与其他网民进行互动、交流，实现信息的共享，促进红色文化的"一次传播"到"二次传播"甚至"多次传播"，系统评价模块还能进一步获取大众对红色文化信息的认知度和对平台满意度等相关信息。2021 年，中央广播电视台推出了《追寻——红色家书背后的故事》节目，并在微博上发布相关话题，引起了网民的关注并促进其积极参与，如追寻党史百年记忆、追寻红色家书背后的故事等，阅读量近 6 亿，同时与节目内容相关的微博浏览总量超过了 2000 万，在评论区网民可以自由表达所感所想，实现了红色故事的文本传播、情感传递和价值传承。

此外，可实时分享的媒体矩阵以及微博、微信、QQ、抖音、快手、博客、论坛、播客等社交平台也助力红色文化的内容生产与交换，其以方便、快捷灵活的优势给红色文化的传播带来了机遇。

（三）"两微一端"传播联动，实现媒介融合，高效传播

红色文化的传播必须善于采用多种传播媒介才能取得好的效果，同时，信息资源利用效率才能进一步提高。加强"两微一端"新兴媒体与传统媒体的创新联动，拓展红色文化宣传阵地，是有效提升红色文化传播效果的必要手段。传统媒体因其官方性、准确性，可以给新兴媒体提供真实可靠的信息，结合"两微一端"的数字化平台，助力红色文化高效传播。比如从传统纸媒到立体的新兴媒介，"两微一端"以立体动态的方式向大众传播红色文化，通过传统媒体与新兴媒体的有机融合，为红色文化的传播构建更为系统的传播体系，使红色文化的传播更加便利。①

顺应"互联网+"的发展趋势，"两微一端"已经渗入大众日常生活，构建了微传播的新模式。在"微时代"的背景下，"微传播"要求红色文化传播者转变传统的灌输式思维，从贴近实际、贴近生活、贴近群众的原则出发，选取平民化视角，多用受众喜爱的"微言微语"，制作和传播短

---

① 麻钱钱、卢丽刚、李曦：《基于"两微一端"的红色文化传播》，《湖南行政学院学报》2018 年第 4 期。

小精悍的红色文化微信息。[①]

二　短视频

短视频的视频长度以秒计数，时长多在 5 分钟以内，集文字、图片、影像、音乐于一体，主要依托移动智能终端实现快速拍摄与美化编辑，可在社交媒体平台上实时分享和无缝对接，能在短时间内给用户带来沉浸式体验。现在短视频头部平台有抖音、快手、B 站等。短视频凭借大量的日活跃用户、一分钟左右的时长、调动情绪的音乐和算法推荐机制成为传播红色文化的有力途径。通过短视频传播红色文化，枯燥的内容会变得生动化。低门槛的要求促使大量用户走进短视频，人们成为内容生产者、传播者，从被动接收信息到主动发布信息。

2018～2021 年，抖音短视频的用户规模与使用率逐年攀升。《中国传媒产业发展报告（2021）》指出，互联网行业备受关注的短视频领域已进入存量竞争阶段。《2020 年中国网络视听发展研究报告》显示，截至 2020 年 6 月，短视频用户规模为 8.18 亿人。短视频用户规模逐渐逼近互联网总用户规模，短视频行业已进入存量竞争的阶段。在新阶段，中老年短视频用户愈发受到重视。近年来，中老年人的互联网渗透率不断提升，数字化时代的中老年用户逐步成为短视频重度用户。数据显示，2020 年 3 月，抖音新安装用户中 46 岁以上用户占比达 14.6%，快手 40 岁以上中老年占比也提升至 10.3%。[②]"宅经济"为媒介消费带来了更充足的时间与流量，头部短视频商业平台出现抢夺中老年用户的趋势。

短视频传播红色文化要讲究"精"。用短视频传播红色文化、讲述红色故事，并不是简单地拍个视频上传了事，在内容上要精雕细刻，在表现形式、拍摄手法和制作技巧上也要精益求精，让红色短视频更加有深度。例如，红色文化依托短视频的微剧情，增加趣味性，用幽默的方式讲

---

① 骆郁廷、陈娜：《论红色文化的微传播》，《江淮论坛》2017 年第 3 期。
② 崔保国、徐立军、丁迈主编《中国传媒产业发展报告（2021）》，社会科学文献出版社，2021，第 149 页。

述红色文化，增添风格匹配的背景音乐给人身临其境的感受等，多元化、艺术化的视频处理方式能够引起受众共鸣，从而让红色文化真正深入人心。

近年来，抖音短视频更加注重正能量的文化传播，这使红色文化迅速在短视频平台发展起来。抖音平台上主要是 3 分钟以内的视频，运营门槛低，人人都可以成为其中一员，拍摄制作成本低，一般都能获得可观的回报。同时，根据受众需求做垂直领域内容的输出，平台会根据用户喜好推荐助力品牌精准锁定受众，带来更好的用户体验，同时让品牌能够实现更大范围的传播。2022 年 3 月，在抖音平台上，仅"红色记忆"话题就实现了 15.4 亿次播放，这很大一部分得益于短视频内容制作的便捷性。2021 年 7 月 1 日是中国共产党成立 100 周年纪念日，这个时间段前后，抖音平台频繁发布很多与红色文化相关联的话题和视频。统计 2021 年 6 月 25 日到 7 月 1 日，建党节前一周，在抖音平台上搜索与红色文化内容相关的词"革命精神"就会发现，发布数据的综合指数呈上升趋势。综合指数是用来衡量该关键词在抖音的综合声量，基于抖音热词指数模型，通过相关内容量、用户搜索、观看、分享、评论等行为数据加权求和而得出。在建党节前一周，"革命精神"这个关键词的抖音综合指数呈上升趋势，到 7 月 1 日当天达到近七天来的最高点，大大地超过了平均值。再查看抖音上关键词"革命精神"的关联度。关联度取决于不同关键词同时出现的频率，进而确定关联度排名及涨跌幅排名。以 2021 年 6 月 28 日到 7 月 4 日为一个周期，因中间 7 月 1 日是建党节，所以可以看出抖音这个时间段内出现了很多与"革命精神"内容相关的词，如"追寻红色踪迹""红色记忆""赓续""红色故事"等，相关热词在抖音平台出现的频率极高。

当下大众都喜欢跟随短视频的潮流，用抖音短视频传播红色文化也受到大众青睐。武夷山市委组织部官方抖音号于 2020 年 5 月 14 日正式上线，"武夷山下党旗红"作为官方抖音号，里面有最新鲜的党建动态、最动人的党员故事、最多干货的微党课、最硬核的党建品牌和最丰富的红色文化。其现有粉丝数 4000 多，获赞数 2 万多。"武夷山下党旗红"抖音号通过制作一些精美的图片短视频，把最美红色文化展示在大众视野中，并且通过连续发布如"咱们村的那些事"视频，展现不同风景、人物，那些人、那些事不仅吸引网民感受红色文化的独特魅力，还带动了当地红色文化旅游产业的发展。

哔哩哔哩，英文名称是 Bilibili，是当前中国年轻群体高度聚集的文化社区和视频平台，于 2009 年 6 月 26 日创建，被粉丝们亲切地称为"B站"。B 站作为红色文化短视频传播的平台，最大特点与最大优势就是没有广告。在其他平台观看视频时，难免会遇到广告阻拦，跳过广告只能选择开通 VIP。B 站则完全不用。作为亚文化出圈的 B 站，得到无数青年人的青睐。B 站的弹幕，可以让观众产生情感共鸣，或搞笑或暖心。在一定程度上让观众产生归属感和情感认同。B 站的很多视频是由专业用户生产，不仅免费，还可以从各个角度和方向对同一个话题进行不同的解读。

2019 年 B 站举办了一场"亚文化出圈"的跨年晚会——"二零一九最美的夜"跨年晚会，该场晚会除了动漫、游戏、音乐、番剧等"传统的"亚文化元素，还特意添加了两档似乎"不合时宜"但又恰到好处的"主流节目"，分别是张光北携手军星爱乐团合唱《中国军魂》和《钢铁洪流进行曲》，以及爱国主义动画片《那年那兔那些事儿》第二季片尾曲演唱者南征北战带来的歌曲《不愿回头》和《骄傲的少年》。① 在这场跨年晚会中，只有红色经典是所有青年的共同记忆，也就从客观上消除了由个人喜好所限定的次元壁垒，在由 B 站所创造出的临时的大同空间中，青年处于无拘束的任游状态。另外，B 站中有很多 UP 主②将红色视频进行"二次创作"，或者一些 UP 主表达自己对红色文化的看法，并制作成一小段视频，这有利于提升红色文化的传播效果。利用短视频平台，使红色文化以人们喜闻乐见的形式深入人心，对增强民族文化自信、彰显中国特色、增强国家认同感具有重要的现实意义。

近年来，抖音、快手等短视频平台的用户十分热衷对经典红色文化作

---

① 胡良益：《亚文化出圈：B 站跨年，红色文化跨界》，《中国青年报》2020 年 1 月 13 日，第 2 版。

② UP 主即 uploader，上传者，是一个日本传入的网络流行词，up 是 upload（上传）的简称，指在视频网站、论坛、ftp 站点上传视频音频文件的人。

品进行二次创作，他们通过改编、混剪、模仿等手段对红色文化素材进行解构，改变其原有的话语和意义，创作了许多以红色文化为素材的小视频，增强了红色文化的"可读性"和"草根性"。这种文化参与和产品创作方式可类归为"文本盗猎"[①]式创作，是"文本盗猎"在移动网络场域的扩张和延伸。红色文化作品创作在过去一直由政府和相关文化机构主导，但如今短视频平台为观众提供了参与红色文化生产的机会，促使其创作了大量的红色文化短视频。以抖音的红色歌曲为例，用户在制作短视频时可以通过"选配乐"一键获取大量可供挑选的音乐素材。如果在浏览短视频的过程中遇到喜欢的红色音乐并想进行"二次创作"时，可以直接"拍同款"。而且音乐文本的选择和剪辑反映了用户的品味和志趣，传达了用户的情感和情绪，包含着用户对文本的理解和阐释。这种挪用和拼贴创作超越了原来的素材本身，虽然在文化真实性方面存在很大隐患，但不可否认的是，这种方式确实创造出了更丰富、更有趣的新内容。

三　红色文化网站

互联网技术使红色文化传播的形式和载体发生了重要改变。2018 年习近平总书记在全国网络安全和信息化工作会议上强调，要"主动适应信息化要求、强化互联网思维"，"善于学习和运用互联网"。[②] 互联网传播优势就在于能够借助虚拟的场域对红色文化进行跨越时间、空间的传播。

网络是目前广泛应用的知识传播渠道，网络信息浩如烟海，在网络上传播知识无疑面临更大的挑战。如何吸引受众的注意，如何在短时间内有效地达到传播目的，需要传播者对传播内容有更深刻的理解和富有创造性的表达，并对受众的需求有更精准的把握。在新媒体语境下，为了能够让人们了解更多的红色文化知识，应该构建红色网站，让大众在点击进入网站后，通过简单的页面搜索就能检索到自己想要了解的红色文化内容，这

---

① 米歇尔·德塞杜提出，盗猎是一种读者将文本打成碎片并带上明显个人风格重新组装的文化拼接，从有限的文本材料中抢救出针头线脚以表现自我的社会经验。
② 《习近平关于网络强国论述摘编》，中央文献出版社，2021，第 11 页。

对红色文化的推广、传播影响极大。目前也已经出现了能够满足即时红色信息获取的网站，如红色文化网、中华英烈网、抗日战争纪念网等。

红色文化网是中国红色文化研究会主办的网站，该网站一共分为十个板块，其中，首页的重点板块是"最新推荐"和"重点推荐"，其内容不仅包括红色文化，还包括关乎民生国计的一些内容。其后的九个板块在首页上均有呈现，方便读者了解各个板块的最新消息。值得一提的是，该网站提供了微信二维码，便于感兴趣的读者在手机端获得信息。在首页最下处还设有友情链接，方便读者浏览相关网站。当然，网站的设计也存在一些问题，如首页文字内容过多，在这个讲究视觉化效果的网络时代，单纯文字信息容易造成阅读疲劳，不能持续吸引读者阅读注意力。与红色文化网相比，抗日战争纪念网和中华英烈网就做得很好，这两个网站都有更丰富的融媒体矩阵，首页图文并茂，给人们提供了更好的浏览体验。

四　App 应用程序、小程序及公众号

手机移动端也有很多可以获取红色文化信息的渠道，例如，很多应用程序即 App、公众号、小程序都可以学习红色文化，简单明了、传播目标明确。手机移动端拥有庞大的用户群体，这些与红色文化相关的 App、公众号、小程序就有很大概率被用户关注或下载使用，在很大程度上加快了红色文化在数字化平台的传播速度。

红色文旅 App"红色文化旅游"是通过数字化、可视化等技术手段，聚合不同形态、介质的文旅资源和地理信息，建立了以红色文化为核心主题的文旅资源数据库，开发集成红色文旅信息服务、网上重走长征路健步竞赛、网上虚拟党建馆三大模块的红色文化主题游交互式信息服务平台。在该应用中用户点击搜索就能查看红色景区的发展历史与动人故事，还可以查询旅游攻略，记录旅游情景，根据了解到的关于红色景点的资讯制定相应的旅游计划等。

大型思政课 App"红色讲坛"是专为公共文化服务单位开展中国特色社会主义文化服务而研发的大型思政视频 App，以爱党、爱国、爱社会主

义、爱人民为主线，以政治认同、家国情怀、道德修养、法治意识、文化素养为重点，是传播红色文化的重要渠道。在"红色讲坛"的首页有重点专题、最新讲座，为用户提供大量的党建知识课程及专业视频讲解。同时提供在线学习答题，如文字题、每周一答、智能答题、专题考试等，可以进一步测试用户的学习成果。

"学习强国"App 自上线以来，成为传承红色基因、讲好红色故事、拓展红色内涵、践行红色精神的重要阵地。"学习强国"App 依托于互联网运营、平台推动和游戏化分享，最大的特点在于广泛链接和实时在线。对党员和党支部实行积分管理、指数管理、区块链管理和可视化管理，党员学习、党费交纳和参加活动等情况都由数字党建云平台自动记录、自动评分、自动积分和自动排名。"学习强国"App 推出的《心中装着百姓 一切为了人民——焦裕禄精神述评》《新华时评：共绘雪域高原美好新蓝图》等一大批主题鲜明、立意深远、见解深刻、铿锵有力的评论文章，为实现中国梦营造了良好的舆论氛围。

2021 年是中国共产党成立 100 周年。为配合在全党开展的党史学习教育，"学习强国"学习平台展播了大量红色影视经典，有微党史、电影、电视剧、纪录片等，传播效果好，展现给大家的电视剧《觉醒年代》就是其中之一。《觉醒年代》通过展现历史背景、讲述历史故事，真实再现了中国共产党创建的伟大历程。该 App 提供的红色革命题材类电视资源，全部是免费的，所以该 App 除了是一款提供学习资源的客户端应用，还可以看作影视播放器。通过在该平台学习，大家加深了对红色经典的理解。

除了上述 App，微信小程序也是传播红色文化的重要途径。微信小程序"红色淮北"既记录淮北地方党史又传播红色文化，不间断更新红色知识，内容丰富，兼具学习性、资料性、即时应用等特点，满足受众对史志的需求，也有利于受众与身边人分享互动。2022 年 1 月 18 日，上海红色文化资源信息应用平台"红途"小程序正式上线。在"红途"上，全市有16 个区级和 221 个乡镇（街道）级新时代文明实践中心入驻，内容更是丰富多元，包括"少年行"板块、数字全景场馆专区、一站式预约平台以及动漫形象 IP "红小兔"等。"红途"小程序资源展示更丰富、内容推介更智能、功能应用更亲民，大幅提升了红色文化对年轻用户的吸引力，在满足学习、体验、社交等需求的基础上，更具快速传播和集聚粉丝的能力。全新"少年行"板块，推出线上参观与线下打卡相结合的新模式，为更多孩子和家庭重温红色足迹提供指引。

另外，微信端还有很多传播红色文化的公众号，如"甘孜党史""红色文化网""红岩联线"等。以"甘孜党史"为例，"甘孜党史"的主题是弘扬革命精神，传承红色基因，重点内容是宣传党在甘孜的辉煌历史和甘孜州丰富的红色文化资源。通过公众号每日推送党史知识、红色故事，甘孜州红色资源的"知名度"得以提升。同时公众号服务区还开设了"中央党史""四川党史""党史学习教育官网"等多个学习平台，功能十分丰富。公众号持续发布信息，发表动态，与下方评论区的粉丝进行互动，有利于保持客流量的稳定。

手机移动端各类红色资源的传播方式，拥有庞大的用户群体，规模优势显著，有利于扩大传播范围，精准定位传播目标人群。未来也将成为红色文化传播的主要方式。

五　线上线下数字化体验空间

公共空间是信息发布的集散地，公共空间的知识传播主要集中在某些文化娱乐场所，例如广场、候车厅（站）、公园、博物馆、展览馆、发布会等，有临时和永久两种类型。区别于静态展示牌或单向播放的媒体，利用数字媒体的优势，这类场所中的红色文化传播形成了独特的数字化风尚。

（一）线下数字化展览

线下展览通过实物的展示、现场的讲解演示对展品进行宣传推广，是看得见摸得着的真实场景，直观明了，能够给观众留下深刻印象，取得良好的传播效果。

随着网络技术的发展，线下的博物馆展览在传统静止版面展示的同时，也将红色知识通过数字化的新形式进行动态呈现，让人们沉浸式观看，实现互动式体验。动态的影像信息和互动的体验手段，使红色知识鲜活灵动，更易被人们了解、吸收和消化。线下数字化展览大部分是在传统线下展览的基础上，结合数字化技术手段赋予展览区展示、社交、洽谈、互动的能力。数字技术的加入，增强了展览效果，提升了参观体验。红色文化展览的存在方式也因数字技术的广泛应用而发生持续的变化。

合肥渡江战役纪念馆运用多种数字化展示手段，营造出极具沉浸感的展示氛围。展厅中，将多媒体影像技术与现代时尚舞美艺术相结合来表现战场场面，空间中有漆黑的"天空"，有高高的桅杆战船模型，也有利用投影技术制造的虚拟的战船，观众在空间中行进，其视线被虚实场景团团围住，身边响起"炸弹声"，耳边不断响起"枪炮声"。现代数字化技术，使这些战争场景能够艺术化重现，让观众在半个多世纪以后的今天仍然能够感受到当年的波澜壮阔，就像与人民解放军进行了一场跨时空的会面。

红色文化不是僵硬的，它可以是有动感的。在铜鼓县大塅镇谭坊村，融入高科技元素的线下展览展示馆——秋收起义红色文化沉浸式体验馆，以弘扬红色文化为宗旨，以毛泽东在铜鼓领导秋收起义为主要内容，采用沉浸式投影及 VR 等现代技术，体验中心共分序厅、临危受命、领衔挂帅、奔赴前线、率军举旗、擂响战鼓、转兵南移、星火燎原八个展厅，再现了秋收起义"毛泽东在铜鼓"系列真实故事及历史场景，为游客打造富有科技感、时尚感、逼真感的红色文化体验之旅。

通过红色历史文化与现代元素相结合，线下数字化展览以这种新的形式出现在年轻人面前，充分利用现代高科技，生动形象地再现了红色历史故事，使红色文化更具有生命力与吸引力，做到见景、见物、见文化、见精神，在红色文化传播过程中具有重要作用。

2021 年 6 月 28 日，为迎接中国共产党百年华诞，由中共广东省委宣传部、中共广东省委党史研究室、广东省文化和旅游厅主办的"红色热土不朽丰碑——中国共产党领导广东新民主主义革命历史展"在广东省博物馆开幕。展览采用了数字化信息采集技术、数字化资源处理技术、人机互动技术等多种科技手段，为观众打造沉浸式、交互式、体验式、场景式观展体验。进入新民主主义革命历史展展厅，入口左侧即可看见一台高清数字化触控设备，观众通过触摸屏幕，可以翻页清晰浏览中共一大档案文件《广州共产党的报告》。同时该展厅还设置了体感互动区，创新引入红外线体感技术吸引观众进行互动。观众在屏幕前做出指定动作，即可实时带动显现画面上多组广州重要地标的古今影像资料，解锁更多元丰富的参观体验，深刻感受广州城市的历史变迁。

除此之外，传统媒体与新媒体叠加相融也是传播红色文化的重要方式。例如，一些革命战争或重大事件的发生地即红色遗址，如井冈山革命纪念地、延安革命纪念地和西安事变旧址等通过发挥传统媒体与新媒体融合优势，对基础的军事文化、军事装备、军事历史故事等进行展示；在革命战争遗址进行军事科目的训练，对基地发生过的历史场景进行模拟，营造逼真的战场体验；同时，结合基地遗留的营房等让参与者体验军旅生活，引导参与者感受当时的艰苦条件。随着数字技术突飞猛进，红色文化博物馆正逐渐加入一些强大的功能，如 AI 技术，AR、VR 技术等，通过这些数字技术还原真实场景，给受众带来更深刻的体验。进入新发展阶段，数字化技术的发展必然让线下真实的革命文物重新焕发出适应新时代的新活力。

（二）线上数字化展览

线上数字化展览是利用计算机图形学技术构建的数字化展览馆，以传统展馆为基础，利用虚拟技术将展馆及其陈列品移植到互联网上进行展示、宣传与教育活动，突破了传统意义上时间与空间的局限。从线下展览到线上展览，不再受交通、天气、突发事件的影响和限制，长达几天的线下展览可以直接在线上观看。对观众而言，不需要到现场，只需一台电脑、一部手机就可以轻松逛展。

线上数字化展览结合移动网络数字技术，为红色文化的传播开辟了广阔的空间。集线上展览与线下展览优点于一体的数字线上展厅，让人们足不出户隔着屏幕就可以观看展览。网上展馆充分体现了互联网开放、共享、多元的特点，采用虚拟现实技术和多媒体互动手段，全方位、数字化呈现实体展的全部内容。同时，还突破了实体展的时空局限性，利用图文、视频、三维模型等，对重点展品进行延展和补充，加强了可视化的网络互动体验，使展览内容更丰富多样。解说词的制作更是可以采用先进的语音合成技术，由电脑和软件来完成制作。线上数字化展览对于观众而言，获取信息的渠道更加直观、更便捷、更有效。

2017 年 9 月 25 日，北京展览馆举办了党的十八大以来，以习近平同志为核心的党中央团结带领全党全国各族人民取得辉煌成就的大型成就展——"砥砺奋进的五年"大型成就展，在线下展览的同时，还规划设计了网上展馆。网上展馆与线下展馆同步同频，内容高度一致。分别设置规划了 11 个展区，第一展区是序篇，集中凝练展示党的十八大以来的重大决策部署和新面貌新气象；第二至第十展区分别展示经济建设、政治建设、文化建设、社会建设、生态文明建设、国防和军队建设、中国特色大国外交、"一国两制"实践、党的建设等方面取得的辉煌成就。最后的特色体验展区以"前沿科技"和"盛世景象"为主题，集中展示我国互联网领域的前沿科技进展，表现了伟大祖国欣欣向荣、繁荣昌盛的景象。

在庆祝改革开放 40 周年之际，"伟大的变革——庆祝改革开放 40 周年大型展览"在国家博物馆开幕。展览以坚持和发展中国特色社会主义为主题，紧扣改革开放 40 年历程，取得了良好的展示效果。为扩大大型展览的社会覆盖面，让受众能够随时随地观看展览，展览办委托中央广播电视总台中国网络电视台建设了展览数字化网上展馆，与实体展馆同步推出。网上展馆运用 3D 模型技术，通过媒体传播全息化与数字化全景式再现实体展的全部内容，采取多媒体互动叠加图文、音视频等形式，集纳 154 张场馆全景图、2325 张展板图片、225 个视频、34 个解说音频与歌曲，以及 1609 个图片与视频热点等，提供沉浸式、漫游式网上观展体验。通过三维全景建模和 WebGL 等技术、虚拟现实和多媒体互动手段，观众可以 360 度沉浸式、互动式了解展品。此外，线上展馆设有便捷的实时参与互动留言的入口，网友观展后可以随时发表观展感受、分享观展体验。

线上红色文化展览日渐增多。2020 年，武汉多所博物馆开展了"云游""云观展"等系列活动，在丰富市民文化生活的同时，更能让人了解武汉这座城市的"英雄底色"。武汉革命博物馆在官方网站和微信公众号上推出了"中国共产党纪律建设历史陈列馆数字展馆""武汉革命博物馆全景展馆""日出江城——庆祝武汉解放 70 周年展览数字展馆"等线上展览。其中，中国共产党纪律建设历史陈列馆数字展馆运用业内领先的 720 度激光采集技术，通过多媒体互动叠加图文、音视频等形式，观众可任意浏览 525 件（套）文物资料、700 余幅珍贵历史照片、200 余本近 1 万页电子书籍，解说全程音画同步，全景呈现实体展览内容，为观众提供深度代入的浏览体验。

六 线上直播

2020 年以来，直播行业兴起。网络直播凭借内容丰富、交互及时、零门槛等特点快速发展，各个平台掀起了直播的全民热潮。网络媒体的传播速度快、影响力大，受众则更广泛，在近乎人人都有手机的时代，手机端直播就更能体现出独特的传播价值。

线上直播除了作为社交平台，更多的是肩负起传播中国优秀文化、讲好中国故事的责任。网络直播技术的出现，扩大了红色文化的传播范围。不仅如此，其受众的年轻化以及审美的多元化，也反过来推动了红色文化表达方式的创新转型。

线上直播间的主播结合自身的革命经历，分享红色故事，与直播间的粉丝互动聊天，及时沟通，使红色文化得到了有效的传播。优秀红色文化借助网络直播实现了视觉、行为、场景的转译，打破了时空和语言隔阂，使红色文化获得了全新的传播方式，让观众也获得了全新的视听体验。

孙正开是河北省河间市的一名退休老党员，20 世纪 90 年代开始，他积极参与河间抗战历史资料的收集整理工作。2020 年 10 月，"河间融媒"找到了孙正开，希望他能在网上进行红色文化直播。从 2020 年 10 月 26 日第一期直播开始，孙正开每周一上午准时坐在家中，通过"河间融媒"进行红色文化直播，目前孙正开及其红色频道在快手平台上已经积累了不少粉丝。

由此可见，红色文化是我们党在革命、建设和改革实践中形成的宝贵财富。习近平总书记对传承红色文化高度重视，指出要"坚持政治性、思想性、艺术性相统一，用史实说话，增强表现力、传播力、影响力，生动传播红色文化"①，并强调"要运用新媒体新技术使工作活起来，推动思想政治工作传统优势同信息技术高度融合，增强时代感和吸引力"②。借助互联网等新技术，新媒体呈现出蓬勃发展的有利态势，有利于创新红色文化传播方式，让红色文化更生动更直接地触及人们的心灵。

七　红色文化严肃游戏

网络游戏除了具有一般游戏的自主性、虚拟性、体验性、自发性等特点外，还具有基于网络和虚拟社区的交互性、社会性、娱乐性和沉浸性等特点。近些年来，网络游戏越来越受到大众的喜爱。中国音数协游戏工委等发布的《2021年中国游戏产业报告》显示，2021年，中国游戏市场实际销售收入为2965.13亿元，较去年增收178.26亿元，同比增长6.4%；国内游戏用户规模6.66亿人，同比增长0.22%。作为一种距离年轻人最近，最受他们欢迎的传播形式，数字游戏对于文化的传承和发展有积极价值。

推动红色文化传播，结合严肃内容和趣味化方式的数字化严肃游戏是重要的路径。许多游戏开发商开始制作一些以红色文化为背景的游戏，这些游戏兼具娱乐性与交互性等特点，且符合主流价值观，对于传播红色文化具有积极作用。

《隐形守护者》是一款以红色文化为背景的角色扮演冒险游戏，于2019年5月正式上线。游戏用户扮演的"肖途"是一名潜伏人员，用户需要站在主人公肖途的角度，替他做选择，并且每个选择都会引发不同的结

---

① 《习近平在中共中央政治局第三十一次集体学习时强调 用好红色资源赓续红色血脉 努力创造无愧于历史和人民的新业绩》，《人民日报》2021年6月27日，第1版。
② 《习近平谈治国理政》第2卷，外文出版社，2017，第378页。

果。用户的选择会诞生千百种生死剧情。踏上这场隐形的战场，用户需要周旋于各方势力，获取情报，最终是否能顺利完成卧底任务全由用户自己的每个选择决定。这款游戏提供给用户充足的互动体验，玩家不仅是在玩游戏，也像是出演了一部以"肖途"为主角的电影，故事情节跌宕起伏，一波三折，代入感极强，给游戏玩家带来的内心震撼也是极大的，能让人们深深体会到在那个特殊的年代，作为一个潜伏者在面对种种选择时内心的挣扎。

《隐形守护者》制作精良，获得了不少奖项。据统计，截至 2019 年 12 月，《隐形守护者》在华为、OPPO、vivo、小米四个手机应用商店的下载量就突破了 184 万，可见其火爆程度。作为一种互动性强、体验感强的文化载体和传播媒介，高质量的红色文化数字游戏对红色文化的传播起着举足轻重的作用。

红色文化是一种具有中国特色、中国风格、中国气派的优秀文化，它见证了中国共产党领导人民群众实现民族独立和人民解放、国家富强和人民富裕的艰难历程。当前，红色文化相关的游戏设计出现了一些值得警惕的现象。例如，在商业利益的驱使下，一些游戏设计者将经典的红色场景、红色故事作为商业营销噱头，以娱乐化心态戏说红色文化，以营销目标开发红色文化，消解权威、颠覆传统、解构英雄，造成红色文化传播的庸俗化，消解了红色文化的崇高感和神圣性。因此，游戏化设计必须提高红色文化传播的严肃性。

要找到正确的方向与合适的方法，数字化游戏设计对红色文化传播才具有可行性和有效性。《隐形守护者》提供了一些成功的经验。第一，用户身份的角色代入对于打造红色文化的深度体验有积极价值。角色扮演可以增强受众互动式参与感，红色经典与用户自身紧密结合，受众不再是被动接受者，而是主动选择者，受众的选择决定了主人公的命运和结局，突破了原有小说、影视参与的单一维度。[①] 第二，结合游戏的体验和影视的

---

① 杜仕勇、徐莉军：《互动影像作品的传播特征——以〈隐形守护者〉为例》，《青年记者》2019 年第 29 期。

观赏优势，提高了影视作品的美感。《隐形守护者》将红色精神内核和影视化镜头语言深度融合，通过精彩的视听语言实现了美感形式和红色内核的深层次交融与碰撞，打破了红色经典与游戏之间的文化属性壁垒。第三，需要结合新时代语境，通过新形式对红色文化进行现代转化。新时代红色经典对时代的反思、对理想的解读需要符合当下语境。《隐形守护者》没有直接使用对象化的经典文本，而是以真实历史中的人物经历为参照，进行了符合当下语境的转化。特别是其中的人物台词精辟独到，甚至成为一些青年人的座右铭，如"纵使他们的躯干长埋地下，但是他们的牺牲不会白费，那些为国家、自由所奋斗的人会被深深记住，他们的精神永不凋零！"

总的来看，传统平台与数字化平台在红色文化传播的过程中都起着重要的作用，只是数字化的方式传播效果更明显、更受人欢迎。在媒体融合环境中，红色文化的传播逐渐由传统平台向数字化平台转型，要想红色文化得到有效传播，就要充分利用媒体融合在社会性传播方面的先天优势，综合利用各方资源，走融合发展之路。

第三章

当代媒体与传播发展现状

随着科学技术的时代演进，媒体持续嬗变并不断丰富。互联网传播技术及多样化数字展示技术使传播主体与传播渠道都发生了前所未有的巨变。传统技术随着数字化时代的到来被不断更新，新兴媒体传播生态应运而生，打破壁垒、协同传播、数据共享的系统化媒体融合传播格局逐渐形成。2014 年，中央全面深化改革领导小组第四次会议审议通过了《关于推动传统媒体和新兴媒体融合发展的指导意见》，自此，媒体融合上升为国家战略。习近平总书记指出："我们推动媒体融合发展，是要做大做强主流舆论，巩固全党全国人民团结奋斗的共同思想基础，为实现'两个一百年'奋斗目标、实现中华民族伟大复兴的中国梦提供强大精神力量和舆论支持。"[①] 也就是说，当前媒体传播发展要以巩固全党全国人民团结奋斗的共同思想基础为目标与方向，让媒体融合赋能国家现代化治理发展大计，这为当代媒体发展与应用指明了前进方向。

第一节　政策红利催发：媒体融合发展与文化科技融合发展的同频共振

习近平总书记指出："《吕氏春秋》里讲：'尧有欲谏之鼓，舜有诽谤

---

① 习近平：《论党的宣传思想工作》，中央文献出版社，2020，第 353 页。

之木。'谏鼓'、'谤木'就是为了收集舆论。陈胜、吴广起义时让人在帛上用朱砂写了'陈胜王'3个字塞到鱼肚子里，还让人学狐狸叫'大楚兴，陈胜王'，一来二去人们就相信了。这说明古人就很懂得发挥舆论的作用。"① 在新时代，科学技术推动新兴媒体发展，同时也促进传统媒体和新兴媒体的融合，舆论生态、媒体格局、传播方式千变万化。国家政策层面十分重视媒体自身融合发展及文化与科技融合发展，2000 年以来，国家相关部门接续出台多项政策，在媒体融合、文化与科技融合两个层面几乎同频开展实质推动。在国家政策驱动下，媒体融合实现了历史性跨越发展，在中国共产党的领导下，媒体融合实现了共时态地从县到省的媒体融合以及同各行业进行内容与技术上的创新融合发展，历时态地实现了传统媒体同新兴媒体的融合发展。

到 2035 年，我国将建成文化强国，国民素质和社会文明程度将达到新高度，国家文化软实力将显著增强。建设文化强国，就不得不提到文化软实力，文化软实力是指一个国家相较于以经济、军事、科技为基础建构起来的国家硬实力而言的精神力量。它以文化、价值观、国家形象等柔性力量，通过吸引、凝聚、濡化受众来达到对人的文化内化和价值取向的影响力。它是体现一个国家综合实力最核心的、最高层的内容。国家对媒体融合的大力支持，是促进国家发展的战略，同时也是建设文化强国强有力的支撑。日新者日进，日进者日强，在千变万化日新月异的今天，只有不断地推陈出新、与时俱进，加快文化与新技术、新媒体的融合，才能提高国家文化软实力，才能增强综合国力，才能使国家走向世界舞台。将红色文化作为一种价值观通过媒体融合平台传播，同样也是增强国家文化软实力必不可少的举措。

中国文化和科技融合发展战略研究报告重点阐释了文化与科技融合的新热点与新视野，为文化创意产业提供了新思路。文化与科技融合不是一个新话题，而是顺应时代发展的新动能，对文化在数字化时代的发展具有一定的促进作用。文化从字面意义上讲，是通过文字来化育人，其本质内

① 《习近平谈治国理政》第 3 卷，外文出版社，2020，第 316～317 页。

容不会变，而载体会随着技术不断革新而发生新的变化，文化与科技的融合发展正是为了在二者之间寻找更多的契合性，让文化与科技共生共荣谋发展促进步。

一 媒体融合政策的推进与发展

2008 年，国务院转发发展改革委等部门《关于鼓励数字电视产业发展若干政策》①的通知，提出在符合国家有关政策的前提下，支持国有资本参与数字电视接入网络建设和电视接收端数字化改造，为媒介融合打开了窗口。

在融合的窗口被打开之时，国家也在战略上趁热打铁，继续推进媒体融合发展。2014 年 8 月，中央全面深化改革领导小组第四次会议讨论并通过的《关于推动传统媒体和新兴媒体融合发展的指导意见》②，提出把媒体融合与中国社会转型和国家战略发展要求相结合，具有重大深远的政治意义和社会意义。该意见将推动传统媒体与新兴媒体融合发展上升到国家战略任务的层面，开启了我国媒介融合的序幕。同时也为在新时代推进媒体融合发展指明了前进方向，提供了根本遵循。该意见指出，推动媒体融合发展，要将技术建设和内容建设摆在同等重要的位置，提出要在遵循媒体发展规律的基础上，坚持传统媒体和新兴媒体优势互补，推动传统媒体和新兴媒体在内容、渠道等多方面的融合。要从多方面入手，着力打造有竞争力的新型主流媒体，确保媒体融合朝着正确的方向发展。国家政策层面对于媒体融合的重视无疑是给所有媒体人吃了一颗定心丸，同时也对媒体融合的发展起到不可估量的作用。

2016 年 7 月，新闻出版广电总局发布的《关于进一步加快广播电视媒

---

① 《国务院办公厅转发发展改革委等部门〈关于鼓励数字电视产业发展若干政策〉的通知》，中华人民共和国工业和信息化部网站，2008 年 1 月 1 日，https://www.miit.gov.cn/datainfo/fgk/gytyxyxhlycsfg/dzzzhrjfwy/art/2020/art_bac9ffc1579941aea67dec9c9b9f30e9.html。

② 《中央全面深化改革领导小组第四次会议审议通过〈关于推动传统媒体和新兴媒体融合发展的指导意见〉》，共产党员网，2014 年 8 月 20 日，https://news.12371.cn/2014/08/20/VIDE1408534807182577.shtml。

体与新兴媒体融合发展的意见》①，强调全国上下要以习近平总书记系列重要讲话为指导，坚持正确方向，坚持协同创新，坚持因地制宜。力争两年内，广播电视媒体与新兴媒体融合发展在局部区域取得突破性进展，形成几种基本模式。在"十三五"后期，融合发展取得全局性进展，建成形态多样、手段先进、具有竞争力的新型主流媒体，打造出数家拥有较强实力的新型媒体集团，基本形成布局合理、竞争有序、特色鲜明、形态多样并具有可持续发展能力的中国广播电视媒体融合新格局。

2017 年 1 月，中共中央办公厅、国务院办公厅印发的《关于促进移动互联网健康有序发展的意见》②，主要针对移动互联网行业，就其进一步发展应该遵循的要求、发展方式、存在的问题等给出了明确的说明，涉及市场准入制度、4G 普及和 5G 研发推进、物联网、中小微互联网企业创新等方方面面。该意见强调要坚持发展为民的基本原则，要充分发挥互联网优势，缩小数字鸿沟，激发经济活力，要让移动互联网信息服务真正为人民服务，让人民用得起、用得上。坚持改革引领，完善市场规则，净化市场环境，要释放市场的活力与能量。要坚持创新，全方位推进各个领域的创新，大力推动传统媒体与移动新媒体深度融合发展，加快布局移动互联网阵地建设，建成一批具有强大实力和传播力、公信力、影响力的新型媒体集团。该意见还指出应开放民间资本进入基础电信领域竞争性业务，推进移动通信转售业务发展，形成基础设施共建共享、业务服务相互竞争的市场格局。

同年 5 月，中共中央办公厅、国务院办公厅出台《国家"十三五"时期文化发展改革规划纲要》③。该纲要提到要提高舆论引导水平，做强做大

---

① 《新闻出版广电总局关于进一步加快广播电视媒体与新兴媒体融合发展的意见》，中华人民共和国中央人民政府网站，2016 年 7 月 20 日，https://www.gov.cn/xinwen/2016-07/20/content_5093191.htm。

② 《中共中央办公厅 国务院办公厅印发〈关于促进移动互联网健康有序发展的意见〉》，中华人民共和国中央人民政府网站，2017 年 1 月 15 日，https://www.gov.cn/zhengce/2017-01/15/content_5160060.htm。

③ 《中共中央办公厅 国务院办公厅印发〈国家"十三五"时期文化发展改革规划纲要〉》，中华人民共和国中央人民政府网站，2017 年 5 月 7 日，https://www.gov.cn/zhengce/2017-05/07/content_5191604.htm。

主流舆论。适应分众化、差异化传播趋势，加快构建主流舆论矩阵。推动媒体融合发展。扶持重点主流媒体创新思路，推动融合发展尽快从相"加"迈向相"融"，形成新型传播模式。发展壮大网上舆论阵地。遵循网络传播规律，强化互联网思维，加快网络媒体发展。加强重点新闻网站和政府网站建设。加强移动互联网建设和生态治理。该纲要还提到，在舆论引导能力提升的过程中要将重点媒体融合的发展放在首位，紧接着就是主流媒体内容的建设。通过对主流媒体创作思路的扶持，统筹推进媒体结构调整和融合发展，打造一批新型主流媒体和媒体集团。

2018 年 11 月，中央全面深化改革委员会第五次会议审议通过《关于加强县级融媒体中心建设的意见》①。该意见的出台意味着媒体融合的重点从省以上的媒体延伸到基层媒体，通过对基层媒体机构、人事等方面改革，调整优化媒体布局，推进融合发展，不断提高县级媒体传播力、引导力、影响力。

2018 年 12 月，国务院办公厅印发的《关于推进政务新媒体健康有序发展的意见》②，指出要坚持正确导向，坚持需求引领，坚持互联融合，坚持创新发展。到 2022 年，建成以中国政府网政务新媒体为龙头，整体协同、响应迅速的政务新媒体矩阵体系，全面提升政务新媒体传播力、引导力、影响力、公信力，打造一批优质精品账号，建设更加权威的信息发布和解读回应平台、更加便捷的政民互动和办事服务平台，形成全国政务新媒体规范发展、创新发展、融合发展新格局。

2019 年 1 月，习近平总书记在中共中央政治局第十二次集体学习时强调："推动媒体融合发展、建设全媒体成为我们面临的一项紧迫课题。要运用信息革命成果，推动媒体融合向纵深发展，做大做强主流舆论，巩固全党全国人民团结奋斗的共同思想基础，为实现'两个一百年'奋斗目

---

① 《习近平主持召开中央全面深化改革委员会第五次会议》，中华人民共和国中央人民政府网站，2018 年 11 月 14 日，https://www.gov.cn/xinwen/2018 - 11/14/content_5340391. htm。

② 《国务院办公厅关于推进政务新媒体健康有序发展的意见》，中华人民共和国中央人民政府网站，2018 年 12 月 7 日，https://www.gov.cn/gongbao/content/2019/content_5355471. htm。

标、实现中华民族伟大复兴的中国梦提供强大精神力量和舆论支持。"① 并且，这次集体学习还把"课堂"设在了媒体融合发展的第一线，采取调研、讲解、讨论相结合的形式进行。习近平指出："推动媒体融合发展，要坚持一体化发展方向，通过流程优化、平台再造，实现各种媒介资源、生产要素有效整合，实现信息内容、技术应用、平台终端、管理手段共融互通，催化融合质变，放大一体效能，打造一批具有强大影响力、竞争力的新型主流媒体。"②

山东师范大学新闻与传媒学院副院长常庆说道："总书记给我们在当下这样一个新时代，指明了新的一个方向。特别是进入这样一个大数据时代、新媒体时代，我们作为新闻舆论宣传者，更要与时俱进，更要抓住媒介发展不断变化的规律，来讲好中国故事，占领新媒体舆论宣传的制高点。"③ 中国传媒大学教授高晓虹说道："媒体技术革命带来了全球媒体格局的重组，而且带来全球新闻传播秩序的重建，这是一个千载难逢的机会，我们必须把握好，在全球传播新格局中要赢得与我国国际地位相适应的话语权和影响力。"④

推动媒体融合发展在党中央治国理政的大局中的重要性不言而喻，我们要以习近平总书记的重要讲话为依托和指引，站在推进国家治理体系和治理能力现代化的高度，深刻分析新形势下全媒体传播的重大理论和现实问题，系统阐述媒体融合的方向、目标和任务，推动媒体融合向纵深发展，做大做强主流舆论，掌握舆论场主动权和主导权。

2019 年 4 月，国家广播电视总局办公厅印发《总局办公厅关于建立

① 《习近平在中共中央政治局第十二次集体学习时强调 推动媒体融合向纵深发展 巩固全党全国人民共同思想基础》，《人民日报》2019 年 1 月 26 日，第 1 版。
② 《习近平在中共中央政治局第十二次集体学习时强调 推动媒体融合向纵深发展 巩固全党全国人民共同思想基础》，《人民日报》2019 年 1 月 26 日，第 1 版。
③ 《习近平这些话引起新闻工作者强烈反响》，央广网，2019 年 1 月 27 日，https://baijiahao.baidu.com/s? id=1623772527107456551&wfr=spider&for=pc。
④ 《习近平这些话引起新闻工作者强烈反响》，央广网，2019 年 1 月 27 日，https://baijiahao.baidu.com/s? id=1623772527107456551&wfr=spider&for=pc。

"国家广播电视总局媒体融合发展专家库"的通知》①。该通知主要以习近平新时代中国特色社会主义思想和党的十九大精神为指导，主要任务是通过建立"国家广播电视总局媒体融合发展专家库"，凝聚最广泛力量，汇集全行业智慧，贯彻落实好中央"推动媒体融合发展、构建全媒体传播格局"重大战略部署，为总局推进媒体融合发展决策提供重要参考，提升总局广播电视行业治理体系和治理能力现代化水平。建设初期，专家库包括"优秀专家学者"和"优秀行业从业人员"两个子库。

2019年9月，国家广播电视总局印发的《总局关于创建广播电视媒体融合发展创新中心有关事宜的通知》②，决定择优创建广播电视媒体融合发展创新中心，以改革创新的思路举措，汇聚各方力量、深入研究探索、强化应用示范，加快推进广播电视媒体与新兴媒体深度融合一体发展。

2019年11月，科技部出台的《关于批准建设媒体融合与传播等4个国家重点实验室的通知》③，指出为适应全媒体时代发展需求，推动媒体融合向纵深发展，强化科技支撑，批准建设"媒体融合与传播国家重点实验室""传播内容认知国家重点实验室""媒体融合生产技术与系统国家重点实验室""超高清视音频制播呈现国家重点实验室"等4个实验室。

2020年9月，中共中央办公厅、国务院办公厅印发的《关于加快推进媒体深度融合发展的意见》④，要求深刻认识全媒体时代推进这项工作的重要性紧迫性，坚持正能量是总要求、管得住是硬道理、用得好是真本事，坚持正确方向，坚持一体发展，坚持移动优先，坚持科学布局，坚持改革创新，推动传统媒体和新兴媒体在体制机制、政策措施、流程管理、人才

---

① 《总局办公厅关于建立"国家广播电视总局媒体融合发展专家库"的通知》，国家广播电视总局网站，2019年4月30日，https://www.nrta.gov.cn/art/2019/4/30/art_113_42608.html。

② 《总局关于创建广播电视媒体融合发展创新中心有关事宜的通知》，国家广播电视总局网站，2019年9月29日，https://www.nrta.gov.cn/art/2019/9/29/art_113_47596.html。

③ 《科技部关于批准建设媒体融合与传播等4个国家重点实验室的通知》，中华人民共和国中央人民政府网站，2019年11月6日，https://www.gov.cn/zhengce/zhengceku/2019-12/03/content_5457893.htm。

④ 《中共中央办公厅 国务院办公厅印发〈关于加快推进媒体深度融合发展的意见〉》，中华人民共和国中央人民政府网站，2020年9月26日，https://www.gov.cn/zhengce/2020-09/26/content_5547310.htm。

技术等方面加快融合步伐，尽快建成一批具有强大影响力和竞争力的新型主流媒体，逐步构建网上网下一体、内宣外宣联动的主流舆论格局，建立以内容建设为根本、先进技术为支撑、创新管理为保障的全媒体传播体系。让媒体融合服务社会治理，要发挥市场机制作用，增强主流媒体的市场竞争意识和能力，探索建立"新闻＋政务服务商务"的运营模式，创新媒体投融资政策，增强自我造血机能。要将媒体融合置于社会治理的语境中加以考察，服务于智慧城市建设，降低人民群众参政议政、参与社会治理的门槛，做到立足本土、精耕细作、服务百姓，能够更好地服务群众，帮群众之所需，解群众之所难，以期打造综合性的信息服务平台，实现公众利益最大化。该意见表明了媒体融合时代人才是根本，要大力培养媒体人才，实行更加积极、开放、有效的人才引进政策，提高主流媒体人才吸引力和竞争力。要优化人才队伍结构，把更多熟悉新媒体的中青年优秀人才充实到关键岗位，充分释放人才活力。该意见还指出新媒体人才要加强理论学习，提高政治水平，要具备较高的政治觉悟，牢牢把握正确的舆论导向，同时要有用户意识。在内容生产过程中要以受众为中心，通过了解受众的阅读喜好需求，利用各种媒介将信息以多元角度进行展示，适应用户个性化需求。媒体融合时代，内容不再匮乏，但是高品质内容依然是传统媒体立足的根本。要把握技术支撑。媒体融合离不开先进技术的支撑，先进技术和优质内容都是媒体的核心竞争力。对新技术的理解和掌握，有助于媒体人才生产优质内容，优化传播效果。要把握新媒体运营。和传统媒体的传播属性不同，新媒体通过后续用户、资源的运营，可以提高传播效果。

2021 年 3 月，广电总局印发《关于组织制定广播电视媒体深度融合发展三年行动计划的通知》[①]。该通知要求，地市级以上广播电视台要提高政治站位，树立改革思维，强化问题导向，抓紧谋划和制订本机构媒体深度

---

① 《广电总局印发〈关于组织制定广播电视媒体深度融合发展三年行动计划的通知〉》，国家广播电视总局网站，2021 年 3 月 16 日，https://www.nrta.gov.cn/art/2021/3/16/art_114_55414.html。

融合发展三年行动计划，明确任务书、时间表和路线图，严格高效组织实施，推动媒体深度融合工作取得实效。各省级广电行政部门要精心组织、分类指导本辖区内各广播电视台行动计划的制订工作，全力推进广播电视媒体深度融合发展进程。

从 2008 年国务院转发发展改革委等部门《关于鼓励数字电视产业发展若干政策的通知》为起点，到现今这一系列政策的支持，媒体融合实现了从零到现在的最后一公里。这一系列政策的出台，将媒体融合放到了国家战略的高度，也推动了媒体融合向纵深发展。习近平总书记指出："信息化为我们带来了难得的机遇。我们要运用信息革命成果，加快构建融为一体、合而为一的全媒体传播格局。"同时他还强调："要使全媒体传播在法治轨道上运行，对传统媒体和新兴媒体实行一个标准、一体管理。"① 社会各阶层深入贯彻落实党中央及各个部门印发的文件，坚持以政策为导向，在体制机制、流程管理、人才技术等方面加快融合的步伐，建立融合传播的矩阵。立足形势的发展，坚定不移推动媒体深度融合。

国家重视媒体融合的发展，大力支持数字化基建、大数据平台建设，以通达社情民意、传递主流声音、实现党心民意同频共振。在政治经济全球化的今天，世界比任何时候都希望听到中国的声音。加强媒体融合的发展，促进我国国际传播能力建设，讲好中国故事、传播好中国声音，向世界展现真实、立体、全面的中国，从而有效提升国家文化软实力，发展媒体融合也是建设社会主义文化强国的关键步骤。

二　文化和科技融合政策的推进与发展

习近平总书记提出科技创新与科学普及"两翼理论"以来，科技传播成为创新链的重要环境，也成为加快建设科技强国的重要议题。科技传播作为支撑和推动创新发展的重要基础，是展现科技成果、传播创新理念的重要窗口。在数字媒体时代，完善科技传播体系、优化科技传播方式具有重要意义。在全国科技传播建设体系中，各省区市积极借助数字媒体平

---

① 《习近平谈治国理政》第 3 卷，外文出版社，2020，第 318、319 页。

台,以多样化的形式展示和传播科技成果,从而赋予科技传播更强的前瞻性、专业性和亲和力,重视科技宣传建设,创新形式,主动作为,提高站位,拉高标杆,着力打好科技宣传主动仗。

在科技迅速发展的时代,媒体发展的数字化和网络化在很大程度上实现了更广阔的社会信息互联、更多维的信息展示以及更深层次的信息交互。不论在哪个层面,媒体的发展都为人民群众获得更强烈的幸福感和安全感开辟了新的空间,同时也推进了国家治理、产业变革、文化传播等领域的现代化。当然,红色文化的传播也与媒体的发展密切相关,媒体的变革促生红色文化传播的新方法、新路径、新策略。在媒体融合时代,多元媒体的丰富话语形式使红色文化变得更多维、立体、生动,多元媒体的融合使红色文化能够全方位、多领域地走进大众视野。

文化和科技的融合倡导将各类文化元素、内容、形式、服务,与科学技术的原理、理论、方法和手段有机结合,对传统内容层面进行创新性发展和创造性转化,创造内容、形式、功能与服务的新形态、新体系、新生态,以提升文化和科技自身的价值与品质。在各类高新技术持续发展的今天,文化和科技融合展现出巨大的活力和持续的生命力,行业发展备受关注的同时,也成为国家层面推进发展的重要策略高地,是近年国家政策制定、执行的热点领域。近 20 年,党中央、国务院、各部委连续出台相关政策,从政策层面推进文化科技融合进程。

在国家层面,党中央高度重视文化与科技的融合发展,在党的十八大和党的十七届六中全会上都明确提出,要加强文化科技创新,促进文化与科技融合,推动文化产业成为国民经济支柱性产业。从 2012 年起,国家相继出台相关政策,从战略角度推进文化和科技深度融合。

2012 年 2 月,文化部发布的《文化部"十二五"时期文化产业倍增计划》①,提出要发挥文化和科技相互促进的作用,深入实施科技带动战略,

---

① 《文化部发布〈文化部"十二五"时期文化产业倍增计划〉》,中华人民共和国文化和旅游部网站,2012 年 2 月 29 日,https://www.mct.gov.cn/whzx/tpxw/201202/t20120228_829389.htm。

增强自主创新能力，健全以企业为主体、市场为导向、产学研相结合的文化技术创新体系，培育一批特色鲜明、创新能力强的文化科技企业。支持产学研战略联盟和公共服务平台建设，既要加强对传统文化产业的技术改造也要加快推进新兴文化产业发展。

2012年5月，文化部印发的《文化部"十二五"时期文化改革发展规划》①，提出推动文化与科技融合必须积极运用高新技术，拓宽文化传播渠道，丰富文化表现形式，以科技创新为动力改善公共文化服务的提供方式和内容，实施文化与科技融合促进工程，研发一批具有自主知识产权的核心技术，推广一批高新技术成果，提升文化行业技术与装备水平，推动传统艺术与现代技术相互融合，加速改造提升传统文化业态，发展新兴文化业态，完善文化科技支撑体系，加大文化信息资源整合力度，提高文化系统信息化水平。

2012年6月，由科技部、中宣部、财政部、文化部、广电总局、新闻出版总署等六部委编制的《国家文化科技创新工程纲要》②，提出围绕促进社会主义文化大发展大繁荣的重大科技需求，深入实施科技带动战略，此举标志着中国的文化科技创新工程正式启动。同年9月，《文化部"十二五"文化科技发展规划》③指出要发挥与增强文化和科技的相互促进作用，实施科技带动战略，增强自主创新能力。

2013年伊始，《文化部"十二五"时期公共文化服务体系建设实施纲要》④提出，要促进公共文化领域文化和科技融合发展，强化公共文化服

① 《文化部关于印发〈文化部"十二五"时期文化改革发展规划〉的通知》，中华人民共和国中央人民政府网站，2012年5月7日，https://www.gov.cn/gongbao/content/2012/content_2218051.htm。

② 《科技部 中宣部 财政部 文化部 广电总局 新闻出版总署关于印发〈国家文化科技创新工程纲要〉的通知》，中华人民共和国科学技术部网站，2012年8月24日，https://www.most.gov.cn/xxgk/xinxifenlei/fdzdgknr/fgzc/gfxwj/gfxwj2012/201211/t20121101_97530.html。

③ 《文化部办公厅关于印发〈文化部"十二五"文化科技发展规划〉的通知》，中华人民共和国中央人民政府网站，2012年9月21日，https://www.gov.cn/zwgk/2012-09/21/content_2229739.htm。

④ 《文化部关于印发〈文化部"十二五"时期公共文化服务体系建设实施纲要〉的通知》，中华人民共和国文化和旅游部网站，2013年1月14日，https://zwgk.mct.gov.cn/zfxxgkml/ghjh/202012/t20201204_906367.html。

务的技术支撑，大力推进数字文化建设，将计算机技术、数字技术、网络技术、移动通信技术等应用于公共文化服务，创新文化表现形式，丰富服务内容，拓宽服务渠道。

继"十二五"之后，2015 年发布的《中共中央关于制定国民经济和社会发展第十三个五年规划的建议》① 指出，要加强网上思想文化阵地建设，推动传统媒体和新兴媒体融合发展，打造一批新型主流媒体。该建议提出，要坚定文化自信，增强文化自觉，加快文化改革发展。要求扶持优秀文化产品创作生产，加强文化人才培养，繁荣发展文学艺术、新闻出版、广播影视事业。要牢牢把握正确舆论导向，健全社会舆情引导机制，传播正能量。加强网上思想文化阵地建设，实施网络内容建设工程，发展积极向上的网络文化，净化网络环境。推动传统媒体和新兴媒体融合发展，加快媒体数字化建设，打造一批新型主流媒体。优化媒体结构，规范传播秩序。加强国际传播能力建设，创新对外传播、文化交流、文化贸易方式，推动中华文化走出去。

同样，2020 年，《中共中央关于制定国民经济和社会发展第十四个五年规划和二〇三五年远景目标的建议》也明确提出，"推进媒体深度融合，实施全媒体传播工程，做强新型主流媒体，建强用好县级融媒体中心"②。发展数字经济，推进数字产业化和产业数字化，推动数字经济和实体经济深度融合，打造具有国际竞争力的数字产业集群。加强数字社会、数字政府建设，提升公共服务、社会治理等数字化智能化水平。

2014 年 3 月，国务院发布《关于推进文化创意和设计服务与相关产业融合发展的若干意见》③。这个意见的发布体现了中央在新形势下对文化产

---

① 《中共中央关于制定国民经济和社会发展第十三个五年规划的建议》，中华人民共和国中央人民政府网站，2015 年 11 月 3 日，https：//www.gov.cn/xinwen/2015－11/03/content_5004093.htm。

② 《中共中央关于制定国民经济和社会发展第十四个五年规划和二〇三五年远景目标的建议》，人民出版社，2020，第 26 页。

③ 《国务院关于推进文化创意和设计服务与相关产业融合发展的若干意见》，中华人民共和国中央人民政府网站，2014 年 3 月 14 日，https：//www.gov.cn/zhengce/zhengceku/2014－03/14/content_8713.htm。

业和设计服务与相关产业融合发展的高度重视，加快文化和科技的融合，促进文化与科技双向深度融合。依托高新技术增强文化产品的表现力、感染力、传播力，强化文化对信息产业的内容支撑和创意提升。推动高新技术成果向文化领域的转化应用，加强对传统文化产业的技术改造，培育新兴文化业态。

同年，科技部出台《国家文化科技创新工程西部行动方案》[①]。此行动方案是科技部依托国家文化科技创新工程，组织实施国家文化科技创新工程西部行动。当前，国际文化和科技融合呈现加速发展态势，国家在战略层面启动实施国家文化科技创新工程，从政策支持、基地建设、项目支撑、创新体系建设等多个方面，推动文化和科技融合，有力地促进文化产业的发展，以科技引领的新兴文化业态发展势头强劲，成为推动地区经济发展和结构转型的重要动力。此方案提出，要加强文化和科技融合，创新文化产业发展的新模式，将西部资源优势转变为产业优势。该方案对于西部地区破除资源、环境等重大瓶颈制约，实现经济的跨越发展，探索创新驱动发展的新路径，具有重大意义。

2015 年 1 月，中共中央办公厅、国务院办公厅印发《关于加快构建现代公共文化服务体系的意见》[②]。该意见指出，要推进公共文化服务与科技融合发展，加大文化科技创新力度。围绕公共文化服务体系建设的重大科技需求，发挥文化和科技相互促进的作用，将公共文化科技创新纳入科技发展专项规划，深入实施国家文化科技创新工程。加快推进公共文化服务数字化建设。要结合"宽带中国""智慧城市"等国家重大信息工程建设，加快推进公共文化机构数字化建设。要加强科技成果转化应用，将科技成果运用于公共文化服务项目，结合优秀资源，开发特色数字文化产品。

---

① 《科技部办公厅关于印发〈国家文化科技创新工程西部行动方案〉的通知》，中华人民共和国科学技术部网站，2014 年 8 月 19 日，https://www.most.gov.cn/xxgk/xinxifenlei/fdzdgknr/qtwj/qtwj2014/201408/t20140819_115162.html。

② 《中共中央办公厅、国务院办公厅印发〈关于加快构建现代公共文化服务体系的意见〉（全文）》，中央政府门户网站，2015 年 1 月 14 日，https://www.gov.cn/xinwen/2015-01/14/content_2804250.htm。

2017 年，文化部编制了《文化部"十三五"时期文化科技创新规划》①。该规划提出，要坚持社会主义先进文化前进方向，弘扬社会主义核心价值观，实施创新驱动发展战略，以构建文化科技创新体系为目标，坚持价值引领、需求导向、创造为本、民生为先基本原则，力争到 2020 年，文化科技自主创新能力得到较大提升，文化科技支撑实力进一步增强，文化重点领域关键技术攻关取得重要进展，文化行业标准体系相对完备，文化科技基础条件明显改善，有效服务于文化事业和文化产业发展，基本形成以市场为导向，以需求为牵引，以应用为驱动，以文化科技企业为技术创新主体，以协同创新、研发攻关、成果转化、区域统筹、人才培养等为主要构成的文化科技创新体系。

2018 年 3 月，科技部、中宣部、中央网信办、文化和旅游部、广播电视总局联合印发《国家文化和科技融合示范基地认定管理办法（试行）》②。该办法发布的主要目标是规范国家文化和科技融合示范基地认定管理工作，引导和推动国家文化和科技融合示范基地建设，加快推进文化和科技融合，着力增强文化领域的科技应用和自主创新能力，推动文化产业和文化事业发展，牢固树立文化自信。该办法所称的基地分为两类，一是集聚类基地，二是单体类基地。集聚类基地必须是依托国家高新技术产业开发区、国家可持续发展实验区，以及相关部门认定的国家文化类园区等，并且具有明确边界范围和专业管理机构，能够聚集一批文化科技融合相关要素和企业，并为文化和科技融合发展提供相应基础设施保障和公共服务的特定区域。单体类基地，是指经科技部、中宣部会同中央网信办、文化和旅游部、广播电视总局认定的，在文化和科技融合发展领域取得突出成绩、具有先导性和示范性优势的企事业单位。

①　《文化部关于印发〈文化部"十三五"时期文化科技创新规划〉的通知》，中华人民共和国文化和旅游部网站，2017 年 5 月 3 日，https://www.mct.gov.cn/whzx/bnsj/whkjs/201705/t20170503_750902.htm。

②　《科技部 中宣部 中央网信办 文化和旅游部 广播电视总局关于印发〈国家文化和科技融合示范基地认定管理办法（试行）〉的通知》，中华人民共和国中央人民政府网站，2018 年 3 月 29 日，https://www.gov.cn/zhengce/zhengceku/2018-12/31/content_5435398.htm。

不论是集聚类基地还是单体类基地，它的申请条件都离不开基地本身在文化和科技融合领域的示范性和代表性。申请基地必须有明确的发展定位、目标和规划，对解决文化和科技融合"最后一公里"或补短板具有一定的探索性，且在文化科技创新价值链的技术研发与集成应用、技术标准制定、技术转移、产业技术联盟等方面在全国或本省及区域内具有代表性。

2019 年 4 月，文化和旅游部办公厅印发《公共数字文化工程融合创新发展实施方案》①。该方案指出，要加强现代科技应用，必须充分挖掘数字文化服务发展潜力，将文化与科技融合，推动公共数字文化工程全面融合发展，更好地发挥数字文化工程对现代公共文化服务体系的支撑作用。要统筹规划，融合发展，使数字文化工程适应移动互联网等现代科技的发展趋势。必须加强统筹规划和顶层设计，促进工程在平台、资源、服务方面的互联互通和融合发展。要加强云计算、大数据、人工智能等现代科技应用，创新公共数字文化服务业态，促进工程转型升级和服务效能提升。在数字化工程建设过程中，有力的组织领导和强化的政策保障必不可少，组织实施单位要按照融合发展的工作思路，依据能统则统、宜融尽融的原则，推进工程融合创新发展。通过现有资金渠道支持工程融合创新发展，重点支持公共数字文化资源整合、"两微一端"服务、智能服务、大数据分析评价等，促进文化和科技深度融合，全面提升文化科技创新能力，转变文化发展方式，推动文化事业和文化产业更好更快发展，更好满足人民精神文化生活新期待，增强人民群众的获得感和幸福感。

2019 年 8 月，科技部、中央宣传部、中央网信办等六部门联合制定印发了《关于促进文化和科技深度融合的指导意见》②。该意见指出，全社会要面向文化建设重大需求，必须牢牢把握文化科技发展趋势，努力打通文化和科技融合的"最后一公里"，激发各类主体创新活力，创造更多文化

---

① 《文化和旅游部办公厅关于印发〈公共数字文化工程融合创新发展实施方案〉的通知》，中华人民共和国中央人民政府网站，2019 年 4 月 16 日，https://www.gov.cn/zhengce/zhengceku/2019-09/25/content_5433092.htm。

② 《科技部等六部门印发〈关于促进文化和科技深度融合的指导意见〉的通知》，中华人民共和国中央人民政府网站，2019 年 8 月 27 日，https://www.gov.cn/xinwen/2019-08/27/content_5424912.htm。

和科技融合创新性成果，为高质量文化供给提供强有力的支撑。要坚持需求导向，以人民的需要为目标，利用先进的科技手段，促进服务模式的创新发展。坚持问题导向，要将文化和科技两种思维交替融合，以体系化思维攻克关键核心技术和系统集成技术。坚持统筹融合，统筹政府和市场作用，统筹基础研究与应用技术研究，统筹应用示范与成果推广，引领文化和科技深度融合。

该意见还提出，要以习近平新时代中国特色社会主义思想为指导，坚持社会主义先进文化前进方向，不断增强社会主义意识形态的凝聚力和引领力，促进文化和科技深度融合，全面提升文化科技创新能力，转变文化发展方式，推动文化事业和文化产业更好更快发展。到2025年，要基本形成覆盖重点领域和关键环节的文化和科技融合创新体系，实现文化和科技深度融合。要按照国家科技创新基地优化整合总体部署，建成若干目标明确、重点突出、协同攻关的文化科技领域国家科技创新基地，建成特色鲜明、示范性强、管理规范、配套完善的国家文化和科技融合示范基地，以及拥有知名品牌、引领行业发展、竞争力强的文化和科技融合领军企业，使文化和科技融合成为文化高质量发展的重要引擎。加强文化大数据体系建设，推动媒体融合向纵深发展，要利用物联网、云计算、大数据、人工智能等新技术促进内容生产和传播手段现代化，提升文化装备技术水平。

为贯彻落实科技部等六部门出台的《关于促进文化和科技深度融合的指导意见》，加快推动文化和科技深度融合，各地方相关部门积极响应，这充分体现了坚持政策引领的要求。

2017年9月，国家新闻出版广电总局印发的《新闻出版广播影视"十三五"发展规划》①，提出到2020年争取实现舆论传播力、引导力、影响力、公信力大幅提升，公共文化服务全面升级，对经济的拉动作用显著增强，"智慧广电"战略和新闻出版数字化转型升级行动全面推进，保障国

---

① 《国家新闻出版广电总局关于印发〈新闻出版广播影视"十三五"发展规划〉的通知》，国家新闻出版署网站，2017年9月20日，https://www.nppa.gov.cn/xxfb/tzgs/201709/t20170927_666175.html。

家文化安全的能力显著提高，传播中国声音、提升中国形象、产品服务走出去的成效和作用更加凸显等目标。

我们不难发现，2019 年，国家相继出台促进文化和科技融合发展的政策。从 4 月份出台的《公共数字文化工程融合创新发展实施方案》①，5 月份的《数字乡村发展战略纲要》②，再加上 8 月份的《关于促进文化和科技深度融合的指导意见》③ 来看，政策出台相当紧凑。并提出到 2025 年，要基本形成覆盖重点领域和关键环节的文化和科技融合创新体系，实现文化和科技深度融合。从这一系列的举措中，我们可以看到党和国家对文化与科技深度融合的重视程度，同时我们也更期待文化和科技深度融合后的新变化，也希望能够预见未来文化产业百花齐放的红火场面。从这积极的文化产业政策上可以感受到，中国的文化产业将在国家政策的"力推"下再次为创新中国特色文化产业做出新一轮的重要贡献。

综上，纵观我国媒体发展史，不同阶段的媒体发展都在一定程度上促进了文化的传播，但在以 5G 技术为背景的社交媒体时代，我们不能仅关注媒体融合发展给文化传播带来的积极促进作用，还要看到碎片化传播带来的"断裂式思维"、跨文化传播带来的"对抗式解读"等问题；我们一方面要加快媒体融合深度发展，以形成更好的传播态势，另一方面也要对我国优秀文化进行全新包装，以更完美的姿态讲好中国故事。

中国媒体融合逐渐从单点突破发展到系统攻坚的建设阶段，融合发展的深度与精度被提升到新高度。全媒体传播体系建设成为顶层设计的核心引领，各级媒体依托自身特点进行迭代升级，重大主题报道以及国际赛事展现出前沿媒体融合成果，县级媒体融合与地市级媒体的发展呈现出功能

---

① 《文化和旅游部办公厅关于印发〈公共数字文化工程融合创新发展实施方案〉的通知》，中华人民共和国中央人民政府网站，2019 年 4 月 16 日，https://www.gov.cn/zhengce/zhengceku/2019-09/25/content_5433092.htm。

② 《中共中央办公厅 国务院办公厅印发〈数字乡村发展战略纲要〉》，中华人民共和国中央人民政府网站，2019 年 5 月 16 日，https://www.gov.cn/zhengce/2019-05/16/content_5392269.htm。

③ 《科技部等六部门印发〈关于促进文化和科技深度融合的指导意见的通知〉》，中华人民共和国中央人民政府网站，2019 年 8 月 27 日，https://www.gov.cn/xinwen/2019-08/27/content_5424912.htm。

拓展新特点，智能技术引领下的 AIGC 逐渐融入媒体生产与传播全流程，跨界融合与垂直化传播提升媒体融合的传播力与影响力，传媒行业整体发展质量得到进一步提升。推进全媒体传播体系建设，持续发挥媒体的链接属性，以权威性与公信力传递主流价值与优质内容，以先进技术与前沿理念提升媒体的服务功能与治理效能，进而实现媒体深度融合发展。

第二节 科技发展赋能：科技革命引领媒体发展

新技术、新模式、新理念正深刻影响社会生产生活方式，也持续推动各个行业的快速变革，对于媒体发展来说也是如此。媒体发展之所以如此迅速，除了国家政策红利支持，更重要的是科技发展和创新的赋能，可以说，科技创新给媒体发展与大众文化传播带来了革命性的变化。

一 从传统到网络化、数字化

伴随着技术进步，媒体发展经历了从传统向数字化的巨大变革。面对迭代变迁，需要厘清媒体变化趋势与发展特点，才能充分地运用新技术去创新传播方式。

传统媒体是相对于近十年兴起的网络媒体而言的，是传统的大众传播方式，通过广播、电视、报刊、户外媒体广告等传统意义上的媒体向广大群众传播信息，是一对多的传播方式，起到告知的作用。其中，报刊得益于中国四大发明中的造纸术和印刷术，使文字消息不再依靠口口相传而通过报刊这种媒介广为流传；广播得益于留声机和无线电技术的应用，使信息不再以单一的文字形式存在而通过广播用声音触动着人们的听觉感官；电视得益于成像技术的突破和传输技术的不断发展，使信息传递的内容更加丰富，给人们带来更多的视听感受。但是，随着网络化、数字化媒体的出现，传统媒体形式的局限性展现了出来。

报纸等通过平面静态方式表现的传播媒体，考验大众的阅读能力，受众群体有限，时效性差，同时整体表现图片等直观信息的能力不强。杂志的视觉表现能力较强，具有艺术美感，针对性强，有稳定且明确的读者群，但是时效性差，内容呈现不灵活。广播时效性强，机动灵活，有很强的针对性，并在传播过程中能与听众实时互动交流，但依赖时间线性传播，转瞬即逝，保存性差，听众难以重复认知；电视是最具实力的传统媒体形式，视听兼备，内容丰富，选择性强，信息传播快，覆盖广，容量大，是功能最完备的大众传媒。但随着更具有优势的互联网的出现，电视观众也逐渐转移信息主场。

得益于第三次科技革命，网络的出现进一步拓宽了信息获取的渠道，为社会的发展注入强劲动力。随着移动通信技术的不断演进，移动互联网出现并得以发展，使信息获取不再局限于地点，增加了信息获取的便利性。互联网可以将每个人的联络范围无限扩大，远在天边发生的事情都可以通过互联网第一时间呈现在每个人的眼前。从 2020 年开始，网络直播兴起，互联网传播结束了无序扩张，除了手机等移动终端传播，电视媒体也开始集中发力，中央电视台以及湖南卫视、浙江卫视、江苏卫视、东方卫视等省级卫视的传播力逐渐增强，互联网发展生机勃勃，微信、微博用户数量不断增长，抖音、快手等短视频平台高速发展。可以说，媒体发展到当下阶段，互联网已经成为主流媒体之一。当下，从媒体形态数据看，传统媒体发展迟缓，数字媒体、网络媒体发展迅猛，总体上，传统媒体与网络媒体共同构成了当代信息传播的媒体集群（见图 3-1）。

数字技术发展给一直以来相对稳定的媒体集群格局带来了持续发展的驱动力。《中国传媒产业发展报告（2019）》数据显示，2018 年以来，全球报刊和图书出版市场日渐萎缩，在传媒产业的各细分领域当中，发展最快的部分出现在数字经济驱动的行业（见图 3-2）。数字化转型已经成为行业主潮，数字技术的影响力已经渗透到传媒业的各个领域和各个环节中。[①] 在这种情况下，数字技术与各类内容生产、信息传播相融合，各行业的传统传播模式在数字技术赋能下，内容生产方式、传播方式以及受众的接收方

---

① 崔保国、徐立军、丁迈主编《中国传媒产业发展报告（2019）》，社会科学文献出版社，2019，第 1~6 页。

式都发生巨大变革，可以说，前沿技术和内容生产的深度融合成为各领域创作与传播变革的助推器。

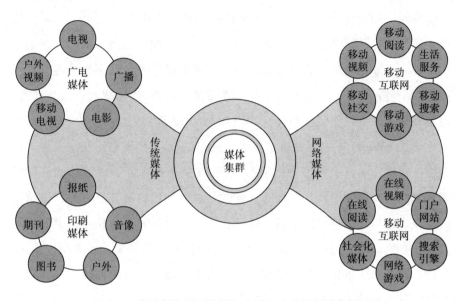

图3-1 传统媒体与网络媒体共同构建的当代媒体集群

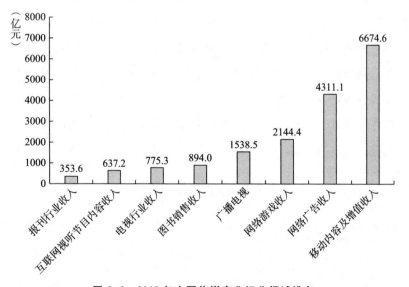

图3-2 2018年中国传媒产业细分领域排名

资料来源：崔保国、徐立军、丁迈主编《中国传媒产业发展报告（2019）》，社会科学文献出版社，2019，第3页。

两年之后的情况如何？是否在新趋势之上继续推进？《中国传媒产业发展报告（2021）》分析研判 2020 年中国传媒市场，得出结论，受新冠疫情影响，2020 年中国传媒产业的总体规模达 25229.7 亿元，仍保持增长，但增速有所下降。传媒细分领域呈现两极化发展态势，报刊、图书等传统领域业务受疫情影响收入有所下降，但网络广告、网络游戏等互联网业务在疫情背景下的"宅经济"中呈超常发展态势。① 电视收视时长回升，电视观众逐渐呈现年轻化趋势，2020 年与 2019 年相比，4~24 岁观众数量同比增加 10%。② 图书零售市场收缩，近 20 年首次出现负增长，实体书店萎缩，直播带动线上售书。③ 同时，在互联网传播中，手机等移动终端成为互联网主要媒体平台，手机网民数量与总体网民数量几乎追平，微信作为社交媒体持续领跑媒体市场，抖音、快手等短视频平台在疫情期间火速发展，直追微博，用户数量激增。④ 尤其是新冠疫情以来，环境发生变化，疫情加速从线下到线上的发展，大众的生活场景大量转向线上。在移动互联网覆盖整体趋于饱和的情况下，用户规模依然保持小幅增长，截至 2021 年 12 月，全网用户数量再次达到 11.74 亿新高。短视频使用时长已超越即时通信，成为占据人们网络时间最长的行业，增长势头迅猛。⑤ 线下的生活方式数据与线上数字化生活场景数据出现巨大比差。总的来说，数字化、网络化、社交化的媒体形态及传播方式持续推进，已经成为当代媒体传播领域的发展主潮。

随着移动性、可视化、互动性数字媒体的发展，在互联网上，信息传播的效率火速提升。目前，通过互联网、互联网+、5G 网络传输、全息成

① 崔保国、徐立军、丁迈主编《中国传媒产业发展报告（2021）》，社会科学文献出版社，2021，第 7 页。

② 崔保国、徐立军、丁迈主编《中国传媒产业发展报告（2021）》，社会科学文献出版社，2021，第 117 页。

③ 崔保国、徐立军、丁迈主编《中国传媒产业发展报告（2021）》，社会科学文献出版社，2021，第 66 页。

④ 崔保国、徐立军、丁迈主编《中国传媒产业发展报告（2021）》，社会科学文献出版社，2021，第 13 页。

⑤ 《QuestMobile2021 中国移动互联网年度大报告》，澎湃新闻客户端，2022 年 2 月 23 日，https://m.thepaper.cn/baijiahao_16803739。

像技术、5G+4K/8K 实时传输和 AI 快速剪辑等技术，信息接收者能够快速实时接收到讯息。在互联网技术的推动下，媒体提供的信息更具可视化、移动性、互动性和及时性，多种媒体协同实现了信息的全方位、宽领域传播。

《中国传媒产业发展报告（2021）》指出，5G、大数据、人工智能、区块链等科技创新是目前传媒生态变化的重要推动力。在互联网迅速发展的同时，数字化与智能化媒体也出现了快速的迭代升级。人工智能、虚拟现实、增强现实、大数据、云计算等技术催生新的媒体业态，在互联网传播之余，数字化、沉浸式、互动性、智能化媒体迅速加入当代媒体集群。

质言之，大数据、云计算等推动新兴媒体发展，在新兴媒体上，内容付费、数据服务等数字体验经济形态流行，各个行业的数字化进程稳步推进，数字技术与媒体发展深度融合，新兴媒体与内容生产、文化传播深度融合，在传统媒体的身边，数字媒体以独特身姿挺立，成为传播新生主力军。

二　从分立到融合

在各种媒体形态独立快速发展中，"媒体融合"吹响号角。随着新媒体的出现，传统媒体日渐式微，但是相对于新兴媒体一味追求曝光度和流量而言，传统媒体具有强大的权威性。传统媒体发布的内容虽然时效性不如新兴媒体，但是发布的内容有深度，并且有自己坚定的立场。新兴媒体时效性较强、形式多样，易于被大众接受。所以近十几年来国家大力倡导并推行媒体融合政策，推进各种形式的媒体融合发展。媒体融合时代，实现报刊、广播、电视等传统媒体与微博、微信、App、网站等新兴媒体相互融合十分重要。

"媒体融合"（media convergence），最早由尼古拉斯·尼葛洛庞蒂提出，是指各种媒介呈现多功能一体化的趋势。媒体融合是信息时代背景下媒体发展的理念，是在互联网迅猛发展的基础上与传统媒体的有机整合。数字技术的作用不只是催生新媒体，更为重要的作用是能够有效地促进传统媒体的数字化发展。数字技术的发展，一方面带来信息传播渠道、载体的多元化，另一方面又使这些渠道和载体不断融合，出现汇流现象。过去由不同媒体所提供的业务及服务，如今可由一种媒体提供。在人工智能、大数据与网络技术的推动下，传统的媒体和行业边界逐渐被打破，并且信息技术的每一步发展，都在技术、业务和市场层面推进了产业融合发展，平面媒体、广电媒体、音像、电信网络、互联网等产业互相交叉、渗透，产生了更为整合的传播平台。

媒体融合是分层次、分阶段进行的过程。第一层次是媒介互动，即媒体战术性融合；第二层次是媒介整合，即媒体组织结构性融合；第三层次是媒介大融合，即不同媒介形态集中到一个多媒体数字平台上。[①] 数字化技术能够整合传统媒体的信息表达方式，集文字、图像、声音、动画以及虚拟画面于一体，让传统媒体介质上的信息具有活力。顺应时代发展，现在的媒体融合不仅是简单的融合，而且是从时代战略全局出发，进一步将线上和线下相结合，将技术发展和平台发展相整合，坚持产品形态创新与内容创新并重，实现互联网与传统媒体、与各大行业紧密融合，搭建模块化、连动式的媒体矩阵，以形成跨媒介融合传播新模式。

从媒体形式上来看，媒体融合指向包括新媒体、自媒体以及传统媒体在内的多种媒体相互融合取长补短发挥价值的运营理念。充分利用媒介载体，把广播、电视、报刊等传统媒体与虚拟现实、大数据、区块链、5G、互联网、人工智能等新兴技术引领下的数字媒体相结合，充分利用传统与新兴媒体在传播效能上既有共同点又存在互补性的不同媒体优势，在人力、内容、宣传等方面进行全面整合，坚持"资源通融、内容兼融、宣传互融、利益共融"的新型媒体宣传理念。

从2014年至今，传统媒体在媒体融合方面快速响应、积极行动。在产品层面，传统媒体在客户端、中央厨房、数据中心、云平台等媒体融合的核心产品上不断发力。在新媒体环境下，传媒格局正在发生深刻的变化。以深度融合、整体转型为目标的媒体改革理念思路，促使媒体融合行业在内容生产、体制机制、行业理念等方面，发生了一系列的变革。

---

① 许颖：《互动·整合·大融合——媒体融合的三个层次》，《国际新闻界》2006 年第 7 期。

随着媒体融合进程不断发展，除传统电视媒体机构外，主流报刊、广播媒体机构都在全面搭建智能化新媒体平台，例如《人民日报》的"中央厨房"。"中央厨房"是人民日报社全媒体融合发展的核心平台，是集内容的生产、传播、运营于一体的新系统，主要任务是内容的生产传播，融合各种媒介，形成发展合力，实现内容传播效果的最大化。"中央厨房"有空间平台、技术平台、业务平台三个部分，其中，业务平台能在很大程度上保证重大报道的"一体策划、一次采集、多种生成、多元传播、全天滚动、全球覆盖"，实现了新媒体与传统媒体、网上与网下、母媒与子媒、国内媒体与国外媒体的四个"联动"。"中央厨房"不仅给《人民日报》及旗下各个媒体提供支持，它更是一个为整个媒体行业生产传播优质内容的平台。① 此外，在 2020 年的新冠疫情直播报道中，广电媒体直播采取"1+N"模式，形成了广播电视+客户端+社交媒体+短视频/直播平台等多渠道传播模式，最大限度地扩大了信息传播范围。通过客户端、短视频的方式，传统媒体信息传播的时效性、生动性、直观性明显提升，新媒体成为传统广电媒体机构的重要构件，其信息传播的影响力和权威性也得到了空前提高。2019 年 11 月 20 日，中央广播电视总台基于"5G+4K/8K+AI"等新技术，推出了总台综合性视听新媒体旗舰平台——"央视频"客户端，打造了中国首个国家级以短视频为主的 5G 智能化新媒体平台。采用5G 技术，凭借清晰、稳定、直观、持续的视频画面，取得了良好的传播效果，展现出强大的信息传播力。

到目前为止，我国媒体融合基本达到了"我中有你"的状态，传统媒体普遍使用了新媒体传播的技术手段，提高了自己的传播能力。《人民日报》、新华社、中央广播电视总台以及各地方主流媒体都做出了重大贡献。但这是不够的，因为新媒体、自媒体发展更快，传播挑战有增无减。随着技术的进步，传统媒体被新兴媒体取代的可能性极大。因此，为实现现有媒体"百花齐放"，需要坚持一体化的思维方式，将传统和新兴结合起来，

---

① 徐蕾、常晓洲、姚雯雯：《媒介融合背景下〈人民日报〉数字化转型研究》，《新闻爱好者》2018 年第 1 期。

一方面实现优势互补，另一方面在必要情况下进行资源的战略转移，在媒体初步融合的基础上推动媒体融合纵深发展。

第三节 媒体融合向纵深化发展：系统论
角度的媒体融合审视

媒体融合向纵深化发展要加强媒体融合的系统建设，不只是某个单一的媒体形态，而是关联所有的媒体形态的生态系统，实现媒体融合全面发展。习近平总书记指出："全媒体不断发展，出现了全程媒体、全息媒体、全员媒体、全效媒体，信息无处不在、无所不及、无人不用，导致舆论生态、媒体格局、传播方式发生深刻变化，新闻舆论工作面临新的挑战。"①从技术层面讲，全程媒体与全息媒体的实现，得益于手段的革新；而全员媒体的兴起，则意味着每个人都能成为信息的传播者。全效媒体的特性则指信息无所不在、无所不包以及无人不用，全方位地影响着人们的思维模式和行为习惯。故这一系列变化，共同促成了舆论环境、媒体结构和信息传播模式的深刻转型。对此，必须站在全媒体传播生态的整体框架下来深入剖析并把握这一现象。

在互联网飞速进步、媒体版图急剧重塑的背景下，运用系统理论进行解析尤为重要。一个健全的全媒体传播体系，应当立足于新兴主流媒体与网络平台、数据内容资源、传播主体与服务提供者，以及受众群体这四大核心部分。这些基本组成单元尽管本质上与以往保持一致，但它们的重心以及相互间的作用模式已发生了根本性的结构调整。为此，从系统理论出发，我们可以从三个方面来阐述媒体融合的深度形态：一是关系赋形，对社会中各种媒介关系进行一定程度上的重构，让各个要素重新定义彼此的联结与互动；二是技术赋能，探讨技术进步如何为媒体融合纵深化发展提供数字化支持，技术如何为媒体融合注入新的发展动能；三是媒介赋权，

① 《习近平在中共中央政治局第十二次集体学习时强调 推动媒体融合向纵深发展 巩固全党全国人民共同思想基础》，《人民日报》2019年1月26日，第1版。

关注媒介如何提升各参与方的能力与影响力，如何提升各个参与方的运转效能。

一　关系赋形

关系赋形（文艺学构架论）是基于有机体结构论的立论，强调系统要素从存在到演化最终形成变迁的动态特征。关系赋形表现出的是在系统有机构成的过程中，关系对于系统要素的序列影响。关系赋形带来的不仅是系统内要素的结构关系，还包括因为系统开放引入的系统外要素的作用和影响，由此带来媒介系统的优化与升级。[①]

据不完全统计，目前比较热门的数字媒体不下 30 种，如数字电视、直播卫星电视、移动电视、IPTV、网络电视、楼宇电视、移动多媒体、网上即时通信群组、对话链、虚拟社区、博客、微信等。在媒体形态越来越丰富的同时，数字技术也突破了以往媒体只能提供单一形态信息的限制，实现了信息传播模式由单一向多元发展。

在新兴媒介环境中，关系赋形为在不同媒体形态之间寻求一种结构上的平衡，并着力建构有利于集中媒介生产要素的服务平台，提供了全新而有意义的建构思路。例如，电子杂志是融合了杂志和互联网的一种媒体融合的形态，它兼具了平面与互联网两者的特点，且融入了图像、文字、声音、视频、游戏等，将它们相互动态结合来呈现给读者。此外，电子杂志还有超链接、及时互动等网络元素，延展性强。

因此，从深层的媒体融合关系上分析，媒体融合将以往分离的、单向度的媒体重新组合成超媒体结构，包括所有媒介及其有关要素的结合、汇聚，不仅包括媒体形态的融合，还包括媒介功能、传播手段、所有权和组织结构等要素的融合，这种融合对媒介功能、媒体形态、传播手段、符号系统等进行打散重组，重构出新的媒体样式，这个新的媒体样式表现出不同于融合之前的各个媒体，所对应的功能和所产生的效果不是不同媒体的简单相加，而是在其合力之上形成了更加集成、综合、深刻和广泛的

[①]　于海飞、张成良：《关系嵌入下融媒体形态的系统范式研究》，《中州学刊》2019 年第 6 期。

体系。

二 技术赋能

现代社会已经进入文化和精神的消费时代，体验成为人们追求的更高层次的消费需要。技术赋能就是利用各种技术让其他事物具备一些之前不具备的功能，以提升人的体验感。当前，数字技术为媒体发展、文化传播赋能，人工智能、虚拟现实、云计算、大数据等新兴数字技术给传统传播形式注入了新鲜血液，多媒体数字技术融文字、声音、动画和视频等多种感知功能于一体，将抽象文化转换为人们容易接受的认知图式，给受众带来新体验。数字科技的发展改变了人们的媒介接触习惯和生活方式，增强了人们在接收信息时的主动性、参与性、互动性以及个性化。

（一）新技术赋予受众更强的信息获取自主性

基于多元化的媒体融合平台，受众一方面可以收到来自媒体平台精准投放的信息，另一方面可以参与到创作过程中，这为受众提供了更多的选择和可能性。在智能化传播以前，受众想要获取信息，就需要在网页上自行搜索并筛选相关信息，在此过程中还会受到许多无效、虚假信息的干扰，这大大降低了信息获取的效率。而在现在的大数据和人工智能时代，各个媒体可以根据用户点击的信息内容或浏览信息的时长来分析用户的喜好和需求，使受众能较易获得个性化信息。通过先进的媒体及传播技术，媒体融合平台可以随时满足不同受众的个性化需求，从而达到"一对一传播"的效果，这种信息的双向流动可以减少用户搜索相关内容的时间，提升用户使用满意度。

（二）新技术赋予受众更具沉浸感的媒体感知

某些传统的单一媒体将身体分解成各个器官并介入不同形态的媒介，如音乐调动听觉、书籍调动视觉，这种分裂的感官体验不能给读者带来沉浸式的体验。媒体融合的这种沉浸感主要得益于虚拟现实、增强现实的快速发展与应用。虚拟现实技术能够通过创造虚拟的环境，凭借着身体与数字技术的交互作用，使使用者的身体能够在虚拟世界中实现"在场"，从而给使用者带来沉浸式的感官体验。身体借助技术能够感受到虚拟场景之中的知觉经验，获得类似于"面对面对话"的直面交流感受，传播内容从以往单纯的话语实践和言传知识，扩展到了更广范围的身体实践和意会知识，同时能够在广阔的场景中获得与环境互动的经验。①　在这个过程中，身体这一元素在传播链条中被激活。除此之外，三维可视化数字技术也可以增强媒体融合的互动性，这种传播形式突破了传统传播方式的时空局限，让人们有交流的冲动，极大地丰富了媒体形态，增强了传播的效力，并不断催生新的媒体形式。

（三）新技术赋予媒体信息传播更丰富的互动性和娱乐性

娱乐是人类本性回归的体现。在媒体融合的信息传播中，各信息要素与呈现形式的搭配和对比能表达出丰富而复杂的内涵，从而引起情感反应。尤其是基于互动媒体的信息传播，信息传播过程本身就充满乐趣，可以给用户提供各种形式的参与互动，最终让用户产生情感共鸣。互动形式的信息传播以多通道、多媒体、智能化人机交互的形式出现，基于数字技术，媒体能够捕捉人的各种感觉和动作通道，通过计算机实现实时反馈，而观众则以平行或不精确的方式"沉浸"在虚拟的计算机交互环境中，借助可接触或虚拟的人机交互界面，实现与媒体信息的对话与交流。这样的互动性、娱乐化的媒体特点对于信息传播来说是信息产品吸引用户、最终留住用户的突破点。

三　媒介赋权

在传统媒体时代，信息传播者与接收者之间是主动发布与被动接受的关系，接收者只能作为受众。在媒体融合时代，在新技术的运用下，这种传播关系发生了深刻的变化，主动与被动的关系被打破。

赋权也有人理解为"增权"。赋权是一种参与的过程，是将决策的责任和资源控制权授予或转移到那些即将受益的人的手中，从广义上来说，

---

①　刘艺璇：《虚拟现实中的身体在场》，《科技传播》2021 年第 3 期。

赋权是选择和行动自由的扩展，它意味着增加对影响生活的资源和决策的权力和支配能力。①

在传统的信息传播过程中，信息的内容制造者和接收者是两个独立的群体，他们权责分明。在此时期，由于资源垄断或专业限制，只有少数精英与知识分子享有传播话语权，是自上而下、一对多、点对面的单向传播时期。继之而起的大众传播对既往媒介叙事方式进行了重构，更加强调传播的互动性，推动主体之间新型作用关系的建立，多重的、散播的、去中心化及不稳定的主体逐渐替换了既往媒介中理性的、自律的以及中心稳定的现代主体。② 在媒体融合中，内容生产不再局限于专业人员和专业媒体机构，人人都可以成为信息的生产者、传播者。媒体平台上的内容生产由PGC（专业生产内容）逐渐向 UGC（用户生成内容）转变，UGC 逐渐成为媒体融合时代最重要的内容生产方式。内容生产是多媒体和多渠道的，生产主体的不同使内容表现出更多的个性化和独创性。当下，社会逐渐进入分众传播、窄众传播的个人传播时代，即传播者根据受众需求的差异性，面向特定受众群体或大众的某种特定需求，提供特定信息与服务。个人媒体时代的特点是信息由多点到多点传递，每个人都可能成为收发信息的载体。

在互联网时期，上一秒还是知识的接收者，下一秒就可能是知识的传播者。这体现了媒体融合赋予受众媒体传播的内容生产权、传播权和话语权，使以前的信息接收者突破了单一的仅接收信息的狭窄的封闭的权力界限，形成了一种从接收到制造再到传播的权力闭环。这种媒介赋权提升了用户的自主意识，增强了其独立性和能动性，在这种权力意识的刺激下，用户的媒介接触行为会发生转变，用户将主动掌握新的媒介工具，并通过技术完成信息互动与实践，信息不对称的前提正在消失，传播关系中传受双方的界限也逐渐模糊，"传受合一"的趋势愈发明显（见图 3-3）。③

① 肖荣春、白金龙：《移动的自留地：知识青年、新媒介赋权、场景生产与媒介素养——以大学生的新媒介使用实践为观察》，《中国青年研究》2011 年第 4 期。

② 荆立群、薛耀文：《融媒体视阈下红色文化的传播》，《编辑之友》2020 年第 3 期。

③ 郑孟兰：《资本、媒介与用户：新媒介赋权下的生态构建》，《东南传播》2021 年第 9 期。

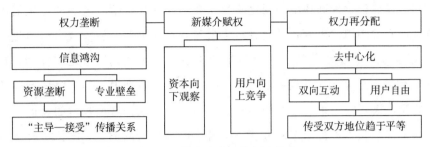

图 3-3 媒介生态下的权力格局

在互联互通的新技术的催生下，信息传播的主体不再是单一的人，而是各种数据平台、终端设备等智能化的"传播者"的融合。在红色文化的传播中，不再是电视、报纸等单一的媒介，而是利用各个数字平台以及将红色文化融入旅游业等进行传播。

人工智能和大数据的发展正在对媒体传统的资料收集、选题策划、市场调研、信息发布等流程进行重构，智能机器人写作、智能语音助手、信息数据的智能整合和分析等，已经广泛应用于各类平台。媒体融合除可以赋予受众内容生产权、传播权和话语权之外，还能借助人工智能等新兴技术使受众更加经济、便捷地产出内容。也就是说，信息接收者可以与 AI 协作，共同产出其想要传播的内容，这就是 AI 技术所形成的智能化媒体为用户的赋权。这说明赋权并非纯粹的资源或能力的输入，而是帮助主体认识并运用资源，在实践中改善自身劣势地位，进而转变既有权力格局的过程。①

随着信息化程度的不断提高，新一代人工智能技术正逐渐成为红色文化传播的新引擎，其强大的算法和数据优势正在改变红色文化的传播方式、手段、理念和模式，使其呈现出推送精准化、数据智能化、场景动态化、需求人性化等四大特征。② 相较于人类传承者，人工智能在学习效率和逻辑梳理方面有着极强优势，不仅能在短时间内掌握大量的原始数据和

---

① 郑孟兰：《资本、媒介与用户：新媒介赋权下的生态构建》，《东南传播》2021 年第 9 期。
② 麻钱钱、卢丽刚：《新一代人工智能技术条件下的红色文化传播特征及策略》，《湖北行政学院学报》2019 年第 3 期。

资料，还能根据外部环境的变化和受众在不同文化传播环境中的特定需求改变已有的知识输出方式。通过自主学习与算法调整，智能技术得以进入"自主操纵""自动合成"的全新生产阶段，从而完成从单纯"复制—粘贴"到自主"学习—优化—进阶"的跳跃。[①] 一般来说，传统媒体行业的内容生产需要经过采、写、编等步骤，而今天，人工智能技术的发展实现了机器代替人工进行创作的可能，丰富了内容生产的形式，降低了经济成本。许多互联网公司、媒体也纷纷引入机器人写稿，如 vlog、AI 合成主播、VR 报道，都带给用户全新的体验。在红色文化传播中，AI 合成主播讲解在中国共产党的诞生地上海首发的一份"红色地图"——《上海红色文化地图（2021 版）》，集中呈现上海 379 处红色文化资源。人们可以"按图索骥"，沿六条红色文化之旅路线，在城市"微旅行"中感受上海这座城市代代相传的红色基因。使用 AI 合成主播对红色文化进行播报，有全天在线、实时传递信息的优势，同时，AI 合成主播还能用多语种播报，帮助对外传播，且整个过程都是程序性输出，不需要人的参与，可以节省人力成本。

总而言之，深度的媒体融合走向系统开放与边界消融。媒体融合的生态通过网络化、数字化的技术手段，将以往分离的、单向度的媒体重新组合成超媒体结构。其中充满了消解与重构的力量，消解媒体之间的边界、制作者与传播者之间的边界，甚至是信息内容和媒体形式的边界，重构出独属于媒体融合自身的独特功能与价值。对于红色文化传播来说，媒体融合构建了新型的传播逻辑和关系，形成了媒体融合时代科技与文化相融合，传播与社交相融合，内容与平台相融合，传播者和接收者相融合，制作、传播与接受相融合的独特面貌。

[①]　喻国明、梁爽：《重构与挑战："深度合成"的传播影响与技术反思》，《山西大学学报》（哲学社会科学版）2021 年第 2 期。

第四章

媒体融合时代红色文化发展与传播的现实要求

　　红色文化是中国共产党在革命、建设和改革中形成的宝贵精神财富。党的十八大以来，习近平总书记高度重视红色文化的继承和发扬，多次强调要把红色资源利用好、把红色传统发挥好、把红色基因传承好。媒体融合时代，红色文化发展与传播面临新的机遇。发挥媒体融合的优势，使红色文化入脑入心，是加强社会主义核心价值观传播的有效途径，也是增强国家认同感和民族认同感的有效途径。

第一节　媒体融合环境中红色文化传播的多元载体

　　传承红色基因，传播红色文化，是全社会矢志不渝的使命担当。做好红色文化教育传播是把红色江山世世代代传下去的重要一环。文化的传播需要通过具体载体将集体认同和个体认同融合在一起，同时，红色文化的教育传播也需要用有形的、具体的现实载体去表现、去传承红色文化中蕴含着的精神内核与经典内容，实现集体认同与个体认同双重建构，从而建立起当代大众对红色文化真正的价值认同。在媒体融合的时代背景下，做好红色文化教育传播不仅要打造出有思想、有温度、有品质、有发展、有美感的红色作品，还需要做好载体建设，用合适的载体助力红色文化教育传播，才能使红色文化的精神内核真正内化为当代大众自身的价值行为取向。

一 图文载体

图文载体可分为广义与狭义两个层面。从广泛意义上理解，其涵盖了所有利用文字、图像、线条等象征性标识来承载文化信息或传达特定含义的媒介形式。相比之下，从狭义上理解，图文载体则特指那些主要依托汉字与图画来传递情感与意义核心符号的媒介实体。红色文化最常见的图文载体包括红色标语、红色美术作品、红色文学作品等。

一是红色标语。红色标语是在中国共产党领导下民众在公共场合用文字的形式来表达红色文化的简练且意义鲜明的句子和口号，同时发挥着宣传、激励、鼓动的作用，是强有力的宣传形式和载体。它往往用通俗的话语诠释重要的观念，要求语言简洁凝练、简明易记、讲究韵律、表达严密、易于传播、带有感染力和鼓动性。革命战争年代的红色标语就是如此，其承载着强烈的时代印记。例如，大南山革命根据地的红色石刻标语。1930 年，东江苏维埃政府从丰顺八乡山南来，在潮属大溪坝对面的顶狮埔，主持了"惠潮普工农兵第一次代表大会"，商讨如何在红五月夺取三县政权。其间，翁千积极响应号召，在石壁上刻下了"惠潮普工农兵第一次代表大会万岁""反对第二次世界大战""武装拥护苏联"等标语。除此之外，石壁上还刻有"实行全国总暴动""建立全国苏维埃政权""实行土地革命""准备夺取全广东政权"等标语，这些石刻印记共同构成了那个时代斗争的精神象征，也成为大南山区广大革命群众的指路明灯。

当代红色文化传播发展的图文载体，我们以高校教育为例展开讨论。

新时代大学生红色文化教育传播中所运用的红色标语在遵循一般原则的基础上，内容上更要守正创新，将红色文化的精神内核与经典内容用当代大学生喜闻乐见的话语体系进行表达，以充分体现新时代的风采风格，充分满足当代大学生的精神需求。其形式上不再苛求韵律，而是更讲究生动有趣。

不同的高校因其教育特色与地理位置的不同，基于其教育特色并遵循适应性原则，切实地选取与自身匹配的红色文化资源融入课程教学之中。举例而言，井冈山大学可利用其地理优势，通过开展"井冈山红色传说故事采风""朱毛挑粮小道"等实践活动，让学生亲身体验革命先驱的艰辛历程，深切体会革命成功的不易；湘潭大学则可依托伟人故乡的独特资源，激励学生学习领袖风范，树立崇高理想，勇于担当；西北农林科技大学作为农业特色显著的学府，应坚持"民以食为天"的宗旨，聚焦农业科技的创新与发展，强化农业教育，启迪学生厚植农村、农业、农民的情怀，激励其成为致力于解决民众生计问题的新一代。

同时，不同学科领域在融入红色文化时亦需各有侧重。哲学专业的教育可深入解析马克思主义中国化的发展脉络，引领学生领悟马克思主义的科学精髓及其历史使命，坚定"四个自信"，积极主动参与中国特色社会主义实践；历史学科应侧重讲述中国共产党领导全国各族人民，取得了新民主主义革命、社会主义革命和建设、改革开放和社会主义现代化建设的伟大胜利，开创了中国特色社会主义新时代的光辉历程，让学生领悟历史为何选择马克思主义、中国共产党、社会主义道路的内在逻辑；艺术类学科则可以创作红色主题的文艺作品，如策划兼具政治性、思想性和艺术性的音乐会、戏剧表演及红色艺术展等，以新颖的教学形式让学生在艺术熏陶中铭记革命历史，感悟革命精神。

最后，针对不同年级的学生，融合红色文化的方式也应有所区分。对低年级学生，应侧重于红色文化的基本知识普及，通过多彩的教学内容与互动方式提高其学习积极性；而针对高年级学生，则需强调红色文化与专业知识的融合，深化课程内容，拓展思维视野，引导学生深入理解红色文化的本质以及当代价值，把握其与党的光辉历史、民族复兴之间的内在联系，进一步增进大学生对红色文化的认同感，形成对价值观的共鸣。比如，前一段时间爆火的红色电视剧《觉醒年代》当中的一些经典语录：我们不光要呐喊，更要付出实际的行动；在现实中，上下求索，为天下找到一条新的出路；青年如初春，如朝日，如百卉之萌动，如利刃之新发于硎，人生最宝贵之时期也；让我们的子孙后代，享受前人披荆斩棘换来的幸福吧；为世界进文明，为人类造幸福，以青春之我，创建青春之家庭，青春之国家，青春之民族，青春之人类，青春之地球，青春之宇宙；等等。这些经典语录就可以作为标语进行教育宣传。

二是红色美术作品。红色的美术作品也是红色文化的重要表现维度之一，它们是革命先辈留下来的宝贵精神财富，为红色文化的教育传播提供鲜明且具体的资源素材。公众能够通过美术作品，如红色漫画，来直观感受革命先辈的艰辛历程和不屈不挠的斗争意志。红色美术作品的创作通常运用虚拟设定、比喻象征等技巧，以及幽默风趣的表现手法，褒扬歌颂，人物和事件，以此达到生动传达深层含义的目的。在实际创作过程中，要求立场坚定、内容新颖，充满时代感，除此之外，还要注重适宜有度地运用比喻、夸张等手法，正面歌颂时不能过度夸张英雄人物。比如，来自"伟大征程时代画卷——庆祝中国共产党成立100周年美术作品展"中的从正面歌颂无产阶级、歌颂中国共产党的作品——《而今迈步从头越》《启航——中共一大会议》；以及从正面赞扬抗疫英雄、歌颂抗疫英雄的作品——《致敬！用生命拯救生命的抗疫战士》《最高礼遇！以国之名，致敬！》；还有从反面讽刺、揭露西方帝国主义本质、种族歧视的作品——《两岁"恐怖分子"的葬礼》；等等。

三是红色文学作品。关于书籍新闻报刊类的红色文学作品也是红色文化的表现形式，它为红色文化教育传播提供了生动形象的材料。适用于红色文化教育传播的书籍新闻报刊不应仅停留在复述与回忆中，而是要让受众进行反思，烛照现实和未来。需要坚持"三贴"原则，即贴近青年、贴近实际、贴近生活。比如，描写学生运动、塑造革命知识分子形象和成长命运的优秀长篇小说——《青春之歌》。又如，2021年6月22日，刊登在《贵州日报》上的《困牛山，英雄山，忠诚山，信念山！贵州石阡县龙塘镇困牛山战斗遗址——四场穿越时空的"对话"》，采用了打破常规的叙事手法，以新颖独特的表达方式，促成了一连串横跨时代的"交流"，让当下的长征精神传承者与87年前困牛山上那场英勇战斗的光辉篇章，以及红军长征的艰难历程产生了深刻共鸣，再现了那段可歌可泣的历史。还有2021 年 3 月 7 日，在《湖南日报》重点刊登发表的《追寻百年红色足迹 走好新时代长征路》，该报道追随长征的脚步从韶山出发，踏上"红船"，翻越井冈山，走进遵义，迈向延安，抵达西柏坡，循着革命轨迹，探寻红色烙印，重温光辉历程。

二　语言载体

语言载体是红色文化教育传播的又一大载体，主要包括歌谣、戏曲舞蹈、影视作品等。语言是思维的媒介和载体，红色则构成了党建的基调。在中国近代历史的进程中，红色承载了深厚的政治意涵，彰显着无产阶级政党在政治活动和武装斗争中的价值导向与理念。红色语言孕育和产生于伟大建党实践中，且与党的百年历程紧密相连。它作为一种政治象征渗透于中国共产党领导下的革命、建设与改革的壮阔实践中，逐渐被大众广泛接纳并深入人心，最终演变成代表精神追求、信念支柱和理想境界的一种符号。这种红色语言是我党表明政治立场、团结革命队伍、彰显政党特质、制定革命与执政策略的关键文化标志，对于宣传、证明我党长期执政的历史合理性至关重要。红色语言作为政治话语体系的关键要素，其不仅表现为无产阶级政党为确立并巩固政权所创造和运用的一系列深入人心的象征符号与社会交流形式，还能借由这些语言符号引导大众的认知及行动。总的来讲，红色话语体系远远超越了简单的言语表达层面，它深刻反映着中国共产党的政治立场与意识形态对公众所产生的规范力和影响力，其演变和发展深受所处的文化背景、权力结构等因素的影响和制约。

红色歌谣基于语言媒介与音乐旋律的融合，其诞生源自广大群众适应革命时期、建设时期乃至改革时期的迫切需求，同时也得益于中国共产党的积极倡导与鼓励。当人们通过旋律直观地体会到红色歌谣所蕴含的情感与深意时，便会不由自主地引发各种遐想，进而唤起人们情感的共鸣，并在这一过程中内在地形成对红色文化的认同。正如列宁在谈及无产阶级经典战斗颂歌《国际歌》的深远影响时所言："不论你在世界的哪个角落，不论你使用何种语言，只要凭着《国际歌》，你就可以找到自己的同志。"①
歌谣等艺术形式不仅是促进人与人之间情感流通、思想对接及意志凝结的
最佳桥梁，也是传承红色文化不可或缺的媒介。

　　能够口口相传的歌谣，往往都采用了该民族或群体所独有、喜爱的方
式或曲调，体现了该民族的社会发展脉络、地域文化以及日常生活的风
貌，也是民众内心真实情感的自然流露。比如抗战时期，边区人民自编自
唱的一首歌曲——《上起刺刀来》，充分反映了抗战时期边区人民不怕牺
牲的大无畏英雄气概。如今，我们已经进入新时代，面向当代年轻群体的
红色文化教育传播的红色歌曲，在歌词撰写上要求与时俱进，反映当下，
充满时代气息，在曲调、形式上要求采用当代青年所喜闻乐见的编曲风
格。比如，歌手李玉刚为庆祝中国共产党成立 100 周年，赞扬歌颂祖国大
好河山，在网络平台发布歌曲《万疆》。这首歌曲一经推出，便得到了广
泛传播，30 天全网全平台播放突破 15 亿次。这首歌能够爆红，主要在于
歌词内容能够充分反映当下人民群众的心声。目前，我们国家人民的日子
始终那么踏实、稳定、和谐，那句"我何其幸，生于你怀"，很容易引发
共鸣。又如，张杰为助力北京 2022 年冬奥会所演唱的歌曲——《雪龙
吟》，其歌词——"我一声龙啸凌云志，热血燃冬扶摇起，看长城内外这
天地，山河云开笑容里，我一声龙啸跨东西，踏雪而来创奇迹，来双奥之
城感动你，神州铿锵亿万心"充分体现了北京冬奥精神，曲调高昂激扬，
并采用了当代青年喜欢的说唱形式。由此可见，它能够火爆全网，成为制
作冬奥短视频的必备 BGM（背景音乐）是有其必然原因的。

　　红色戏曲与舞蹈生动展现了人民群众丰富多彩的文化生活，彰显出人
们乐观开朗、积极向上的心态，更集中体现了人们振奋激昂的精神状态。
无论是戏曲表演还是舞蹈艺术，都是从日常生活中提取并升华素材，运用
节奏、造型、神态等表现手段，创造出富有情感表达力的艺术语言，并依
据美学原理进行提炼加工，展现出独特韵律美感和舞蹈化特点。这些都是
源于生活而又高于生活的艺术创造。当代年轻群体是文化体验主力军，面

---

①　〔苏〕贝奇科夫等编《列宁论文学》，曹葆华等译，人民文学出版社，1958，第 43 页。

向年轻人的红色文化传播尤其要注意这个群体的特点，针对年轻群体，红色文化教育传播的红色戏曲与舞蹈要求在以艺术和生活辩证统一为原则的基础之上，以当代青年为主体，借助科学技术手段，融合多种多样的艺术表现手法进行展现。比如，2020 年刷爆全网的双人芭蕾舞作品——《九儿》，这个作品出自湖南卫视推出的《舞蹈风暴》，由来自辽宁芭蕾舞团的青年演员王占峰和敖定雯所表演。这个舞蹈作品之所以能够在网络上掀起滚滚浪潮，除两位芭蕾舞者震撼的舞蹈表现力与扎实的舞蹈基础之外，更多的是因为融合了多样的艺术表现手法，舞蹈+歌曲、舞蹈+话剧、舞蹈+科技，用芭蕾舞精彩讲述了红色故事，把九儿姑娘的倔强比作那一片生命旺盛的高粱地，将她面对日本侵略者时，临危不惧、百折不挠的形象展现得淋漓尽致。

红色影视作品是红色文化的宣传利器，其特指那些专注于表现红色历史革命主题的影视作品，其题材主要涉及建党以来的重要历史革命人物与英雄事迹，包括电影、电视剧、动画等。近年来，随着庆祝新中国成立周年纪念以及中国共产党百年华诞等重要时刻的到来，弘扬红色文化、强化民族记忆成为影视作品的主流趋势，一大批相关题材的影视剧蔚然成风，广受观众喜爱，掀起了"主旋律献礼片"的播出热潮。但是，在媒体融合的环境下，部分红色影视作品在诠释经典时有所偏差，往往表现出文艺形象塑造和红色文化传播本体需求上的一些冲突，其在对人物形象的塑造上考虑文学性，而走向泛人性化的极端，从而造成角色定位混乱。例如，一些红色影视作品在创作中将英雄形象从神坛拉回人间的同时，也为他们添加了一些世俗眼光中的缺陷；而在揭露反派角色阴暗面的同时，往往又精心描绘出他们温情和忠诚的一面。以电视剧《林海雪原》为例，主角杨子荣首次登场时，展现的是一个平平无奇、身份卑微、散漫不羁、冲动行事的形象，他习惯哼唱小曲、小酌烧酒、爱开玩笑甚至偶尔使坏，其抗日除匪的行为更被赋予了为爱而战的现代情感色彩。至于座山雕这一原本狡猾狠毒、凶残无比的土匪头目，在改编中竟然将其转变为一个充满人情味有着慈父形象的角色。在红色文化教育中，这类红色影视作品不仅容易模糊一般大众对前辈先烈的正确认知，也容易动摇成长中的青少年群体正确的价值观和是非观。当代青年红色教育传播中的红色影视作品应以内容为王，实事求是，不能随意虚构故事情节，要做到遵循艺术规律的同时尊重历史，要符合生活的本质。比如，动画电影《小兵张嘎》就是在尊重原著并遵循艺术规律的基础上进行创新，加入了时尚创作理念，将红色经典与现实紧密结合，使"嘎子"的形象更符合现代审美习惯，从而荣获了中国动画电影的最高荣誉奖——电影华表奖。"完美无瑕"的英雄形象难以让年轻观众产生共鸣，因而也难以有效传递红色教育的理念。革命英雄坚韧不拔的精神固然能激发人们的敬佩之情，但他们温柔细腻的一面则更能触动人心。在角色塑造上，那些有缺点、有情感的人物才能更为鲜活、真实，更加接近日常生活，也更容易深刻地影响观众的内心。在这方面，电视剧如《恰同学少年》《亮剑》，以及电影《八佰》《长津湖》等作品，成功地展现了这种深度和多维性，将英雄的形象塑造得血肉丰满，将战士们的钢铁意志和英勇无畏的战斗精神展现得淋漓尽致。同时，在新时代媒体融合传播的背景下，影视载体要善于推动媒介融合，打破传播壁垒，实现融合式传播，从而最大化提升传播效果。比如，以红色影片《建国大业》的宣发为例，在其公映前，通过在线平台发布预告片、邀请媒体人士撰写评论、利用车载广播传播信息等多种手段预先造势，实施了一种全方位的"覆盖式"宣传策略。这一策略精准定位到广泛且最具代表性的公众群体，确保信息直接抵达受众的视听范围之内，以此来实现传播效应的最大化。

青年学生作为受众当中最潮流的群体，听得最多，看得最多，红色影视作品能对其产生巨大的传播效果。在红色文化的影视化传播中，将红色影视载体与短视频载体相融合，往往能获取更多的社会关注，达到良好的传播效果。据统计，截至 2020 年 12 月底，中国短视频用户的数量已达到 8.73 亿之巨。如此庞大的用户基数，为利用短视频平台传播红色文化提供了广阔空间。例如，截取电视剧《觉醒年代》中的部分片段，推广传播于短视频平台上，在短时间内便吸引了大量短视频用户的关注，能够带动他们去观看完整版的电视剧，进而能够带动一批近代历史书的热销。

三　活动载体

活动载体是指有目的地运用活动内在的思想性、科学性、趣味性和娱乐性，引导社会成员在积极参与活动的过程中，将主体赋予的教育信息由外部强制的"他律"转化为个人自愿遵循的"自律"的过程。这一过程让参与者在享受活动乐趣的同时接受教育，有利于提升个人的思想道德水平，并通过这种个体层面的变化，间接推动社会关系的调整优化和整个社会的积极变迁。在当下的红色文化教育传播过程中常见的活动载体主要有红色文化活动以及红色旅游。

（一）红色文化活动是增强红色文化教育传播效果的关键切入点

尤其在学校环境中，红色文化活动面向学生群体发挥了重要的引导作用。校园中的红色文化活动主要包括结合红色文化开展的教学活动、研学活动以及社团活动等。近几年，红色文化活动在高校中普遍开展，有效链接了红色文化与大学生群体。高校红色文化活动在氛围营造、品牌活动、学研融合、多元形式上进行了有效的探索和实践。

一是营造良好的校园红色文化氛围。良好的校园红色文化氛围是激发学生群体积极主动参与校园红色文化活动，传承红色基因的驱动力。应充分挖掘和利用校园内的红色教育资源，比如，悬挂名人箴言、红色励志标语，展示革命英雄的画像及光辉事迹，陈列伟人影像等，致力于创造一个沉浸式的红色文化教育环境，加深学生的感知与体验。比如，新疆大学马克思主义学院走廊内悬挂着卡尔·海因里希·马克思、林基路等伟人的肖像。

二是充分运用地方红色资源或红色校史打造富有自身特色的红色品牌活动。比如，以复旦大学校史馆内的《共产党宣言》展示馆"星火"党员志愿服务队为例，其 2018 年组建以来，已建立起一套成熟的队员培养体系。通过志愿服务讲解、组织专题宣讲会等多种方式，持续培育一代代能够讲述红色历史、弘扬红色精神、赓续红色基因的复旦人，将红色文化传播深植于每一位队员心中，形成校园红色品牌活动。又如，江西师范大学依托于丰富的红色历史，将其巧妙融入校史，学校的先骕楼、名达楼等建筑均以红色历史人物命名，旨在纪念与传承。校歌更是紧密融合地域红色文化底蕴以及学校独特风貌，强化红色文化认同。此外，江西师范大学马克思主义学院充分利用江西省红色文化富集的地域优势，组建了一支红色文化宣讲团。该宣讲团通过举办专题讲座、读书研讨会、实地参访调研以及亲身体验等多种途径，生动展现江西的红色故事与历史，让学生在亲身参与的实践活动中学习红色校史，实现了地方红色资源与校园红色文化教育的有机结合，共同培育学生价值观。再如，江西科技师范大学充分利用地方红色资源，积极推进红色基因进教材，开设"江西红色文化"等红色文化特色课程。

三是坚持以学生为主体，与学生专业学习相结合，与实现青年诉求相结合。比如，安徽省委党校携手合肥工业大学、安徽大学以及安庆师范大学，共同搭建了一个集学术研究与教育传承于一体的平台。此举不仅为大学生营造了浓厚的学术研究氛围，促进了学生科研能力的提升，还有效激发了他们对安徽地方红色文化进行深入探索的兴趣，极大增强了红色文化教育传播的实际成效。又如，新疆大学马克思主义学院开展的"与马克思主义相约在红湖"品牌活动以及河南许昌学院开展的"红色小课堂"品牌活动。"红色小课堂"品牌活动核心在于通过挖掘红色资源，讲述红色历史，弘扬红色精神，承担起传承红色基因的使命。该活动坚持将学生作为参与主体的根本原则，极大调动学生的积极性，通过学生自主编写剧本、参演、执导及录制的方式，创作出一系列以红色主题为特色的短视频作品。这些作品随后会借助抖音、微信等新兴的数字媒体平台，进行广泛的分享与推广，以达到教育与传播的目的。这样，既给予了学生展示风采的舞台，又提高了学生的专业素养，让学生在参与活动的过程中潜移默化地接受红色文化的同时又成了红色文化的传播者，大大提高了大学生红色文化教育传播的效果。

四是丰富校园红色文化活动的内容与形式。将红色文化经典以新颖且贴近当代大学生审美偏好的艺术形态重现，并主动融入校园生活与教学环节之中，使之成为校园文化活动的关键要素。比如，对热门影片《沂蒙六姐妹》进行创新性改编的话剧《永不凋谢的姐妹花》，此剧不仅受邀参与了湖南高雅艺术校园行的活动，还成功在中南大学、湘潭大学及保险职业学院等高校开展巡回演出，有效传递了沂蒙精神的核心价值：爱党爱军、开拓奋进、艰苦创业、无私奉献。此举不仅丰富了校园文化的内涵，也促进了红色文化在年轻一代中的传承与发展。

（二）红色旅游是开展红色文化教育传播活动的有效载体和理想方式

红色旅游聚焦于革命时期所遗留的纪念场所、标志性的建筑物，以及这些地点背后蕴含的革命历史、事迹和精神实质。红色旅游是以"缅怀前辈、激励当下、启示后人"为核心目的，同时紧密遵循党中央和各级政府的政策导向，有目标、有组织进行的红色文化教育与学习活动。当下我们的物质文化生活极为丰富，旅游成为满足精神生活的主要形式之一，通过旅游推进民族文化、地方文化的传播也是各地旅游事业建设的主要目标。对于红色文化传播来说，红色旅游无疑是春风化雨、润物无声的重要方式，将红色旅游与当今社会的多元化、开放性及当代大众追求个性、追求自我价值的普遍诉求相结合，将红色文化以旅游这一大众普遍喜欢进行的既时尚又具有文化品位的方式进行传播教育，集知识性与趣味性于一体，是开展红色文化教育传播的理想方式。运用这一实践活动载体开展红色文化教育传播，目前呈现出四个方面的趋势。

一是借助科学技术的力量，由"静态"展示转为"动态"体验。红色旅游的静态展示模式落后呆板、缺乏活力，很难给游客带来很强的震撼力，而借助高科技，采用更加鲜活且逼真的动态展现手法，将会给游客带来更加深切且难忘的体验。比如，标志性实景表演，包括延安市的《延安颂》与《延安保卫战》，井冈山市的《井冈山》与《岁月·井冈山》，临沂市的《蒙山沂水》等，这些实景表演通过营造革命历史现场的氛围以及传递红色文化的精神内核，共同打造了鲜明的红色文化标识，赢得了广大旅客朋友的青睐。其中，延安的经典旅游策划项目——《延安保卫战》，在枣园村落背后的天然舞台，借助现代科技力量，重现了1947年延安民众英勇抗敌、保家卫国的壮丽场景，宛如历史再演。据统计，2007 年《延安保卫战》吸引了超 11 万旅客，门票收入累计逾 340 万元，这一成就不仅是经济效益的体现，更是红色文化传播与教育成效的显著标志。

二是将红色资源与当地的其他资源如绿色、古色、土色资源等紧密结合。比如，红色旅游圣地——井冈山，它在拥有丰富且独具特色的红色旅游资源的同时也是一座绿色生态宝库。井冈山地区每立方厘米空气中负氧离子含量惊人，平均达 8 万个，局部区域负氧离子含量更高，达 16 万个，森林覆盖率高达 86%，植被种类繁盛，超过 3800 种。这里四季皆景，春日杜鹃烂漫，秋时红叶满目，冬日银装素裹，游人沉浸于这片红色圣地的文化熏陶之时，也亲身领略了井冈山的盎然绿意。对于毛泽东在此地开辟革命道路的睿智选择，旅客们无不感叹，而革命先烈们在这片美丽又艰苦的环境中奋斗的历史，更让人深感震撼。

三是将红色旅游的被动方式与主动方式相结合。红色旅游景区致力于在翔实生动的解说之外营造沉浸式的体验环境，促使游客由旁观者转为参与者，深刻感受红色文化的底蕴，并沉浸在浓厚的历史情绪中。在像井冈山、瑞金这样的革命老区，大规模的情景复现项目正如火如荼地推进，将活生生的历史融入旅游景点之中，旅客能够亲身体验春米，也能与编织草鞋的农民围坐田间，还可以穿上旧时衣衫，重新踏上毛泽东与朱德在黄洋界挑粮的崎岖山路，或是装扮成客家姑娘，乘一叶竹筏，在下七河中再现"小小竹排江中游"的经典场景。这些生动还原的历史瞬间，可以将游客瞬间移回那段激情燃烧的红色年代。通过这种亲历其境、主动参与的模式，游客在历史的足迹中得以寻得共鸣，在实践体验中领悟红色精神的核心，有效达成了红色教育的效果。

四是与高校合作，共建红色实践活动基地。比如，山西农业大学在刘胡兰纪念馆设立了实践活动基地，安排师生定期前往参访，接受爱国主义思想的熏陶。东北大学则与"九·一八"历史博物馆共建爱国教育平台，将博物馆转变为学生的鲜活课堂，通过现场教学讲述"九·一八"事变，增强学生对这段历史的认知及对和平的渴望。井冈山大学的志愿者服务队伍则在井冈山各景点提供义务讲解，向各地游客讲述这片土地上的辉煌过往。此外，湘潭大学、南开大学、南昌大学、井冈山大学及延安大学联手挂牌成立"全国红色旅游创新发展研究基地"，推动红色景区与高等院校优势融合，实现红色文化教育传播与旅游发展的双赢。这些红色实践基地的构建，为红色教育在校园外的延展开辟了路径，促进了高校思想政治工作与红色旅游景点的协同与互利发展。

四　"互联网+"载体

《国务院关于积极推进"互联网+"行动的指导意见》对"互联网+"的概念做了官方权威界定，其旨在"把互联网的创新成果与经济社会各领域深度融合，推动技术进步、效率提升和组织变革，提升实体经济创新力和生产力，形成更广泛的以互联网为基础设施和创新要素的经济社会发展新形态"[1]。当代红色文化教育传播最常见的"互联网+"载体主要有网络思想政治课、红色网站、"两微一端"平台等。

首先，以高校的网络思想政治课为例，网络思想政治课是思想政治理论课教学模式之一，是对思想政治理论课教学模式的创新，同时也是增强课程教学实效性的重要价值追求。基于思想政治理论课与大学生红色文化教育传播之间存在的本质关联，网络思想政治课是大学生接收、学习红色文化的关键平台，因此，充分利用这一资源是在大学生群体中提升红色文化教育传播实效性的应然之义。运用这一载体在大学生群体中进行红色文化教育传播时，有三个方面的原则要求。

一是重视红色教学资源的整合，以实现红色资源的科学运用。这样做能够优化网络思想政治课的红色教学内容，提升课程的整体吸引力和情感影响力，进而激发大学生学习红色文化的主动性和创新精神。同时，在选取和整合红色教育资源时，网络思想政治课需紧密贴合学生的生活环境与个人经历，深入探索红色教育实例与现实生活相结合的意义，确保教学内容与形式能够顺应大学生当前的心理认知范畴。例如，湖南省教育厅在

① 《国务院关于积极推进"互联网+"行动的指导意见》，人民出版社，2015，第1页。

2019 年推出的"我是接班人"系列网络公开课，每节课都围绕一个与时代紧密相连的重大主题进行课程设计，并邀请了钟南山、杨长风、杨孟飞等知名人士担任讲师。该课程不再局限于传统的黑板讲授和笔记记录，而是采用新媒体与先进技术，共同呈现如同"3D 电影"般的沉浸式教学，生动展现了红色教育的新面貌。

二是着力于打造网络红色示范课程。积极推动在线课程开发，采用大规模开放在线课程的教学形式，使全国各地的大学生能同时参与同一堂网络思想政治课，有效扩大红色教育资源的共享范围和影响力。诸如，西安交通大学推出的"中国红色文化精神"、延安大学制作的"红色经典导论"慕课以及上海大学开发的"开天辟地"等课程，都是此理念下的经典之作。

三是坚持"显性教育"与"隐性教育"相结合。一方面，网络思想政治课堂中的教师可以通过传授红色文化的相关知识、挖掘其深层含义，引导大学生深入了解并把握红色文化的精髓，促进他们充分吸收与把握课程内容。另一方面，依托互联网的便捷优势，将红色文化融入大学生的日常生活，激励他们自发关注"互联网+红色文化"的相关内容，使其在日常浏览与查询的过程中，无形中接受隐形教育，进而实现自我教育。比如，华中师范大学开设的名为"桂子山上思政说"的微信公众号。这一微信公众号云集了华中师范大学众多思政爱好者，并且由他们负责文案撰写和运营策划，设置了众多栏目，其中"好课开讲啦"栏目创新性地运用微信推文系统，紧跟学院重大活动步伐，如"学马列读原著"、"四史大讲堂"以及"同上一堂思政课"等，通过公众号的线上渠道发布课程预告、预热信息及往期视频，以及推出了一系列兼具深度与吸引力的思政类文章，从而为线下活动提供坚实的内容支撑与宣传推广。再如，清华大学马克思主义学院开设的官方公众号"清马来了"，该公众号兼备服务性与互动性的特点，为广大学子提供了理论学习的平台。显然，基于网络平台的微信公众号兼备显性教育与隐性教育的特性，在对外输送丰富的理论宣传教育资料的同时还运用鲜活的理论与真实的案例，因此，"清马来了"可以成功激发广大师生的学习热情与参与度。

其次，目前的红色网站亦是在线思想政治教育平台。红色网站是由相关教育部门依据网络特性和运作规则，旨在通过互联网媒介，系统性、策略性地宣传马克思列宁主义、毛泽东思想、邓小平理论、"三个代表"重要思想、科学发展观以及习近平新时代中国特色社会主义思想。这些网站确保党的重要决策、政策方向与政治立场得到准确传达，同时提升党员干部的理论素养，并在网上构建强化社会主义道德规范教育、培育具备良好信息素养的"四有"新人的重要网络阵地，具有传承和发展红色文化的作用，是红色文化教育传播重要的"互联网+"载体之一。运用这一载体开展红色文化教育传播时，需要注意四个方面的基本原则、方法。

一是强调地域特色与示范作用，深入结合红色文化的地方特性，强化内容的深层次建设。依据红色文化资源的主题差异性与性质多样性，可以创立一系列专题红色网站。例如，"红色经典艺术大讲堂"的课程平台、"红色教育基地网上纪念馆"等一系列信息化教育门户，通过举办红色经典文本读书会、鉴赏红色文艺作品、点评红色影视佳作等方式，营造浓郁的红色文化氛围。同时，各地党政机关的官方网站也应依据本地特色，增设红色文化专版，展现本土独有的红色文化财富，进一步增强红色文化的在线影响力与传承力。

二是打铁还需自身硬，要建立一支专业强、素质高的红色网站管理队伍。把红色网站打造成红色文化传播与创新的发源地、网络思想政治教育的核心战场，使其成为引导青年健康成长的方向标，除必需的技术设施如专业计算机和网络设备之外，还必须集结一批政治立场坚定、技术能力出众的管理人员。例如，从党员队伍中甄选熟悉网络技术和擅长处理信息的人才，并强化培训和悉心指导。唯有如此，才能有效建立、运营、维护并发展红色网站，吸引更多网民的关注，最终实现广泛传播红色文化、深化群众教育的目标。

三是突出红色基因，精心设计网页。在搭建红色网站时需坚定不移地秉承红色理念，鲜明地弘扬红色主旋律，确保红色基因的凸显。红色网站在内容与功能上别具一格，拥有其独特性，但在表现形式上则可灵活多样，例如，利用网络与新媒体技术，融合图片、文字、音频、视频及动漫等多种元素，以提升用户访问兴趣和浏览体验。在坚守正面导向的同时，应最大限度发挥网络育人的独到优势，灵活适应大众的心理特质、思维模式、行为模式及媒介使用习惯。在网页设计上，须巧妙平衡庄重与生动、传统与多元之间的关系，采用大众易于接受的形式，增强网站的感召力与亲和力，为理论传播增加趣味性。特别是各高校搭建的红色网站，更应注重反映学校本土特色，深挖本校文化资源，打造出具有鲜明特色的红色品牌网站。

四是秉持"以人为本"的原则，融合文化教育与文化服务的双重职能。红色网站的发展应植根于"以人为本"的核心思想，这意味着其网站不仅要明确"红色网站"的功能定位，还要扮演好教人、育人的角色，同时也要落实"服务育人"的理念，紧密围绕学习、生活、就业等方面的实际需求为大众提供指导，确保教育与服务并举，有效避免走向过度政治化或纯粹娱乐化的误区。正如"没有调查就没有发言权"，不开展深入细致的调研活动，红色网站便难以贴合现代人群的学习生活实际，进而成为空中楼阁。因此，在互联网开放包容的文化环境中，红色网站必须妥善把握红色文化内容与大众日常生活、心理需求以及思想情感之间的联系，将红色教育与心理咨询、职业规划等个性化服务深度融合，使教育寓于服务之中，体现其教育性和服务性双重特性，实现现实世界与虚拟空间的融合。此外，为保持红色网站的持久活力，还需不断更新内容、迭代设计，确保其紧随时代步伐，展现出鲜明的时代特征与持久的生命力。

最后，"两微一端"平台是当代大众经常接触的互联网平台，是开展红色文化教育传播的最佳载体之一。运用这一载体开展红色文化教育传播有四个方面的基本要求。

一是要贴近当代大众的实际生活需求，以多样化的形式增强传播教育的互动性。比如，华龙网打造的特色专题作品——《穿越直播·重返70年前英雄之城》，巧妙地将"抗战游戏""放飞和平鸽"等设计融入创意内容，主打"穿越直播"概念，带领观众重回抗日战争年代。参与者不仅能通过互动游戏体验"抗击日军"的情景，还能亲身"行走"于长征路上，最终在放飞和平鸽的仪式中，深切体会到那个时代中国人民的英勇不屈以及对和平的渴望。该作品将精湛的内容编排与新媒体技术相结合，将图文与影像无缝衔接，深刻传达出铭记过往、悼念先烈、珍惜和平、共创未来的宗旨，并通过互动体验，让大众沉浸于红色文化的熏陶之中。又如，为坚守诵读红色家书的传统，铭记初心与使命，南昌市委组织部、南昌市委宣传部、南昌日报社共同推出了《"全民诵读红色家书"新媒体掌上读本》，其巧妙地集旋律、音频以及文字于一体，创新性地利用网络媒介，使人们能够全方位体验红色家书的魅力，深刻感知背后的红色历史。该平台鼓励每个人成为故事的讲述者，鼓励其随时随地录制诵读红色家书，使其真切体验革命先驱的情感世界与心路历程。人们不仅能记录自己的诵读成果、分享链接至社交圈，还能以此吸引更多人参与到红色文化的传播中，进而大大激发公众的爱国情感和爱国热情。

二是要强化科技赋能，注重传播教育的趣味性。在媒体融合的背景下，红色文化+科技创新的传播策略大大提升了教育传播的效果。比如，在庆祝建军90周年之际，人民日报客户端推出的H5互动作品——《快看呐！这是我的军装照》，仅两天观看次数就超过两亿，风靡全网，树立了红色文化传播的新标杆。该应用允许用户上传个人照片，并借助先进的图像处理技术，自动生成身穿军装的形象，吸引了全国网民竞相定制个人专属的跨时空军装照。当前，H5技术已相对成熟且易于操作，进一步促进了红色文化以新颖、互动的方式深入人心。又如，新华社客户端充分利用并深入挖掘其庞大的图像资源，从数十万计的珍贵照片中精挑细选数百张经典照片，通过微电影的叙事手法将其巧妙串联，赋予静态画面生命与动感。这一过程巧妙融合了高水平的创意策划、高效率的项目管理及大数据分析等前沿科技，不仅提升了内容的解析度、扩大了覆盖范围，还实现了与受众的即时互动，赢得了广泛的社会赞誉。再如，光明日报客户端已超越以往传统纸质媒介的界限，全面拥抱移动直播、虚拟现实技术等新媒体手段，横跨报纸、网站、移动端、微信等多个平台，构建了多元、一体化的传播矩阵。该报创新推出的一系列红色品牌活动，都成为其媒体融合战略的亮点，有力推动了红色文化的传承与弘扬。

三是要多端合作，加强教育传播的融合性。比如，重庆市率先发起的"传箴言"活动，广泛吸纳公众以及通信运营商的力量，把积极向上、鼓舞人心的红色箴言推广至移动通信、互联网等新兴媒体领域，掀起了一场亿万民众热情参与的浪潮，甚至渗透到户外广告、电子屏幕乃至公共交通工具显示屏等处，实现了全方位信息覆盖。再如，江西网络广播电视台凭借其广播电视台的播放基础，与新媒体技术紧密结合，携手新华社客户端、新浪微博、今日头条等多个网络平台，共同开展了"庆祝八一"大型直播活动，吸引了超20万人次在线观看。这体现了在媒体融合时代，传统媒体与新兴媒体的深度融合不仅拓宽了传播渠道，还极大增加了与观众的互动频次。人们参与内容制作与传播的热情达到了新的高峰。加强多端合作以促进融合式传播是实现红色文化传播的关键。

四是要优化内容，突出传播教育的价值引领性。"两微一端"平台在内容甄选时，需紧密贴合社会主义核心价值观的内涵，确保传播活动与之相辅相成，着力培育和践行社会主义核心价值观。比如，在推送内容上，应该涵盖那些彰显为了保卫国家领土完整、争取民族独立和人民自由而英勇斗争的精神，体现无私奉献、以人民利益为先、不计个人得失的高尚情操，为社会主义中国经济发展和社会进步而进行艰苦创业的内容等。再如，《人民日报》接连推送关于"谷爱凌夺冠"的内容，推文中表达了谷爱凌坚持所爱、勇敢挑战的竞技精神，充分发挥了优秀榜样的传播效应。

第二节　媒体融合环境中的红色文化内容建设

随着时代的发展变迁，红色文化的传播方式已发生很大的变化。媒介的界限日益模糊，步入了媒体融合传播的全感官、全视觉时代。这场以媒介融合为特点的信息传播转型，既为红色文化教育传播开辟了新的道路，也带来了前所未有的挑战。一方面，媒体融合极大地拓宽了红色文化向大众传播的领域与空间，优化传播手段的同时还丰富了传播形式，显著提升了红色文化的感召力与影响力。另一方面，媒体融合环境下的信息海量化、快速裂变可能导致红色文化传播内容被大量信息所湮没，质量参差不齐的问题也日益凸显，加之信息不对称现象与传播门槛的降低，可能反向削弱红色文化的正向传播效果。此外，媒体融合的高度自主性使之成为国家意识形态较量和政治博弈的重要舞台，多元社会思潮的交织、历史虚无主义的泛滥以及西方文化霸权的渗透，都在一定程度上干扰了红色文化传播的纯洁性，影响了红色文化核心价值与内涵的传递，进而削弱了大众对红色文化的认同感与归属感。为此，在媒体融合的环境下，要增强面向大众的红色文化传播效能，关键在于强化红色文化传播内容的内在建设。立足以往有思想深度、有文化温度的红色文艺作品，[①] 积极探索有思想深度、有文化温度、有品质高度、有发展广度、有美感润度的红色作品，从而实现在内容上的创新与升华。

一　有思想深度

在媒体融合的时代环境里，红色文化教育传播的内容必须包含着深远且正确的思想。其主要体现在以下三个方面：一是突出社会主义核心价值观，二是要把握正确的政治方向，三是要坚持以人民为中心的创作导向。

首先，红色文化传播的内容要蕴含着深刻的内涵，要生动体现社会主义核心价值观。习近平指出："广大文艺工作者要高扬社会主义核心价值观的旗帜，充分认识肩上的责任，把社会主义核心价值观生动活泼、活灵活现地体现在文艺创作之中，用栩栩如生的作品形象告诉人们什么是应该肯定和赞扬的，什么是必须反对和否定的，做到春风化雨、润物无声。"[②]

①　薄洁萍、王琎：《提升思想深度、学理厚度、文化温度，深化党的创新理论宣传阐释》，《新闻战线》2023 年第 10 期。

②　习近平：《在文艺工作座谈会上的讲话》，人民出版社，2015，第 23 页。

如今，红色文化在媒体融合环境中传播的部分内容大多缺乏深刻的内涵，缺少对社会主义核心价值观的表达。消息、视频、图片中元素过多却不深究内容，往往流于表面，而当代大众是普遍有文化、有知识、有素养的先进群体，只有富含深厚底蕴的红色文化传播内容，才能成为他们的精神食粮，才能发挥正向的引领力量，激发其深层次的思考，并逐步赢得其内心的认同。坚守红色文化传播内容的创新性和时代性，是赋予其感召力与说服力的基础，更是实现红色文化教育意义与传播价值的必经之路。

其次，在红色文化的传播过程中，我们要把握正确的政治方向，坚定理想信念，坚守政治定位，始终与以习近平同志为核心的党中央保持高度一致，大力宣传习近平新时代中国特色社会主义思想，研究阐释新时代党的路线方针政策；要深入探索红色资源内在的思想精髓，秉持"两个结合"的原则，深入领悟党史发展的核心脉络与本质特点，积极反对并遏制历史虚无主义倾向，确保内容的政治性、思想性和艺术性相统一，着力打造高质量、高水平的红色文化精品。

在新时代大力传承红色基因、谱写红色文化新篇，要坚持习近平总书记提出的"两个结合""六个必须坚持"，更加准确把握红色资源所蕴含的思想精华，以党的辉煌奋斗历程和伟大历史成就激发士气、引领道路，依托党的光荣传统与优秀作风强化信念、汇聚力量，利用党的历史积淀与实践经验启发智慧、磨砺品质，教育引导全党始终坚持科学理论指导、始终坚持理想信念、始终坚持初心使命、始终坚持光荣革命传统、始终坚持推进自我革命，让红色文化焕发出更加夺目的时代光彩，在新的时代条件下不断把红色文化发扬光大。

最后，要始终坚持以人民为中心的创作导向，积极展示中国共产党人和中国人民良好的精神风貌。习近平指出："人民既是历史的创造者、也是历史的见证者，既是历史的'剧中人'、也是历史的'剧作者'。"① 要想打造出经得起时间考验的红色作品就必须坚守人民情怀，把人民作为红色作品表现的主体，把人民作为红色作品的鉴赏家和评判者。讲好党的故

---

① 习近平：《在文艺工作座谈会上的讲话》，人民出版社，2015，第13页。

事、革命的故事、根据地的故事、英雄和烈士的故事，把红色基因传承好，确保红色江山永不变色。

二　有文化温度

在媒体融合的时代，红色文化教育传播的内容应该是有文化温度的，能够到达大众的心灵彼岸。其主要体现在以下三个方面：一是要坚持"三贴近"原则，二是要坚持红色文化的育人原则，三是要坚持"实事求是"原则。

首先，要传播贴近大众生活、贴近大众实际、贴近大众思想的红色作品。人民群众在哪里，传播的重点就应该在哪里。从源头上看，红色文化传播内容的温度来自对人民群众的感情。我们要贴近大众群体，扎根于其中，扎根的深度决定事业的高度。我们要把工作之根基深深融进大众的生活，融入的程度决定情怀的温度。只有思其所想、谋其所需，将红色文化教育、传播内容与个体发展的实际需要结合起来，才能使面向大众的红色作品有文化温度；只有真正感受大众的喜怒哀乐，将人文关怀与实际关注紧密融合，深入触摸大众群体的冷暖凉热，做到人文关怀与现实关照的紧密融合，才能使面向大众的红色文化传播深入人心并富有成效。

其次，要发挥红色文化教育人、鼓舞人、激励人的作用。我们要善于表达，敢于表达，说大众想说的话，讲大众能懂的话，用当代大众喜闻乐见的话语体系创作红色作品，打造他们爱听爱看、想听想看且有文化温度的文艺作品，使人们产生情感共鸣、提高认同感，进而充分提升红色文化传播的效果。

最后，确保红色文化传播的真实性是根本。秉承"实事求是"的宗旨，尊重红色文化的核心价值，并维护其文化资源的原貌及深刻内涵。在红色文化的传播过程中，我们必须讲真人、说真事，用真人、真事来教育大众，感染大众。任何偏离客观事实的传播，不仅会削弱信息的可信度，还会大大降低其对大众的吸引力、感染力与影响力，导致红色文化传播失效乃至产生不良后果。真正的红色文化传播应源自内容的真实性，最接近真相的故事最具温情、最富感染力，也最能使人们的思想和行为发生转变。因此，红色文化传播必须基于其内容的真实性，确保所有内容紧贴客观实际。

三　有品质高度

在媒体融合的时代环境里，红色文化教育传播的内容必须是有品质高度的。这个高度体现在三个方面：一是要生动鲜活、丰富有趣，二是要加强舆论引导、敢于批评，三是要正确运用马克思主义的立场、观点和方法。

首先，要传播内容鲜活、内涵丰富、情趣高雅、打动人心的作品。红色文化传播必须找准切入点和着力点，不能隔靴搔痒、浅尝辄止，其内容必须牢牢把握社会主义核心价值观的实质，必须建立在最前沿的思想理论与实际情况的基础上，确保与社会的整体发展轨迹协调一致，同时必须吻合当下大众的文化需求，与大众的工作、学习、生活相结合，体现并有助于实现当代大众的精神和文化诉求。能够主动借助媒体融合的传播优势，探寻传播的新思路、新方法，构建媒体融合传播新格局，生动准确地传播红色文化，打造出高质量、有品质的红色文化作品。

其次，要加强对舆论的引导，直面红色文化传播过程中的误读、曲解等现象和问题，准确描述事实，作出科学判断，形成正确思路，打造出有内涵、有质量的红色作品。正如习近平指出："在艺术质量和水平上敢于实事求是，对各种不良文艺作品、现象、思潮敢于表明态度，在大是大非问题上敢于表明立场，倡导说真话、讲道理，营造开展文艺批评的良好氛围。"[①] 弘扬光荣传统，坚持守正创新，做好正向宣传，加大正面引导力度，确保引导的方向不偏航，传播的内容不变色，进一步提高红色文化传播的有效性。

最后，要认真学习科学的理论和方法，熟练掌握"看家本领"，将辩证唯物主义和历史唯物主义的世界观和方法论融入实践活动，勇于创新，积极弘扬正气，以客观公正的视角探究世界万物。同时，我们应秉持实事求是的态度，深入细致、潜心钻研红色资源，创造红色精品，传播红色佳

---

① 习近平：《在文艺工作座谈会上的讲话》，人民出版社，2015，第30页。

作。用丰富、真实、准确、生动的红色作品陶冶大众情操，构筑涵育大众精神世界、增强大众精神力量的文化乐园。运用红色资源教育全党坚持学习马克思主义，用马克思主义武装头脑。习近平总书记指出："马克思主义在中国的广泛传播催生了中国共产党，马克思主义使我们党拥有了科学的世界观和方法论，拥有了认识世界、改造世界的强大思想武器。"[1] 马克思主义是中国共产党人的看家本领，是中国共产党人的世界观和方法论，全党必须勤于学习马克思主义，积极从红色资源中学习和汲取马克思主义的养分，树立正确的马克思主义观。

四　有发展广度

在媒体融合的时代里，红色文化教育传播的内容应该是与时俱进的，有发展广度的。其主要体现在三个方面：一是要突出绿色发展理念，二是要协同精准扶贫，三是要结合乡村振兴战略。

首先，要与绿色发展理念相结合。党的十八大以来，红色革命老区的振兴受到了习近平总书记的高度重视，着重指出这些革命老区在赓续红色血脉的同时，更应该成为绿色发展的典范。全国大多数红色革命老区处于偏远山区，坐拥丰富的自然生态资源，这为两者并进提供了独特优势。地方政府在深入挖掘红色文化资源的同时，也要因地制宜，将其周边壮丽的自然景观与红色资源相融合，共谋发展。以井冈山为例，它作为中国第一个农村革命根据地，承载着红色革命的深厚底蕴，森林覆盖率也高达86%，既是红色文化教育传播基地，也是绿色生态旅游的胜地，是红色文化与绿色生态和谐共生的典范。"井冈山，两件宝，历史红，山林好"成为所到游客的共识。因此，红色革命老区在积极寻求红色文化精髓与绿色发展理念深度融合的过程中，既能有效传承红色文化，又能打造出生态旅游的示范样本，开创了一条红色文化传承的新路径。

其次，要与精准扶贫理论相结合。红色文化资源多蕴含于山区地带，

---

[1]　习近平：《用好红色资源 赓续红色血脉 努力创造无愧于历史和人民的新业绩》，《求是》2021年第19期。

这些地区常面临较高的贫困率和返贫率。一些红色革命老区因地理条件的限制，经济发展相对缓慢，需要政策扶持和关怀。地方政府在精准扶贫政策的指导下，大力发展红色旅游，助推精准脱贫。比如，在红色革命老区推广农家乐，使游客亲身体验战争时期革命先辈的生活起居，从而加深对红色文化的理解。地方政府紧贴地方实情，倾听民意，发展红色旅游，推动现代农业科技发展，多措并举，成功推动井冈山在全国率先实现脱贫，提供了一个将传承红色文化与提振经济完美结合的"江西方案"。这一实践与精准扶贫的理念相辅相成，在解决基本生活需求的同时，强化文化认同与精神传承，为其他红色革命老区提供了宝贵经验。

最后，要与乡村振兴战略相结合。红色文化是构成中国特色社会主义文化的关键要素，既是中华优秀传统文化的延续，也是社会主义先进文化发展的推动力。因此，必须坚定不移地继承与发扬红色文化，并充分发挥其促进乡村振兴的导向功能。乡村中蕴含着丰富的不同时期的红色文化资源，其形态各异、规模不一，共同构筑成一道独特的红色文化风景线。2021年是中国共产党成立100周年和"十四五"规划开局之年，是全面推进乡村振兴之年。将红色文化融入乡村振兴战略之中，不仅是实现城乡共同富裕的重要途径，也极大促进了红色文化的繁盛，在继承、发展与创新红色文化道路上迈出了关键步伐。《中华人民共和国乡村振兴促进法》[1] 明确提出，各级政府应当发挥农村资源和生态优势，支持红色旅游、乡村旅游、休闲农业等乡村产业发展。浙江宁波霞浦的"初心小镇"、余姚梁弄的"浙东红村"，都是红色文化与乡村振兴战略深度融合的典范。这些地方依托自身丰富的历史底蕴，尊重并深入挖掘红色文化资源，巧妙地将红色文化与民间习俗、本土历史文化以及非物质文化遗产等资源进行整合，与其他休闲旅游产业相融合，实现全面升级。通过增强红色资源的互动性和沉浸式体验，创造出既有深刻教育意义又具高度观赏性的红色文化精品，打造集红色情境体验、休闲放松、观光旅游于一体的文化旅游胜地。

---

① 《中华人民共和国乡村振兴促进法》，中华人民共和国中央人民政府网站，2021年4月30日，https://www.gov.cn/xinwen/2021-04/30/content_5604050.htm。

这一系列举措使得当地红色文化深入人心，逐渐塑造出别具一格的地域文化标识，有力推动了红色文化的传播与区域特色的塑造。

五　有美感润度

在媒体融合的时代环境里，红色文化教育传播的内容要具有美感，春风化雨、润物无声，以具有当代美的文化形态走进大众。其主要体现在以下三个方面：一是要注重话语体系的运用，二是要突出传播内容与传播媒介的适应性，三是要强调内容的现代化转化。

首先，要创新话语体系，运用当代大众喜闻乐见的话语体系创作红色作品，传播红色文化，进行红色教育。一方面，拓展话语内容。过去对红色文化传播研究的重视不够，红色文化传播的形式传统单一，局限了内容的选择与表达。传统单一的话语内容已经不能满足当代大众多元化的文化需求。应顺应时代的发展，借助媒体融合，吸收先进的、优秀的红色文化话语内容，将单一的红色文化话语内容扩展为五彩斑斓的文化富矿。另一方面，转化话语表达。红色文化教育在话语表达转换时，需遵守三项基本原则：将复杂的表述简化为易于理解的形式，实现从专业术语向通俗语言的转变，以及将传统表达方式更新为符合现代语境的表达。这三者共同构成了"表达转化三原则"。红色文化教育的话语表达要与媒体融合的语境相适应，要赋予传统话语内容以新的时代内涵，走进大众的日常生活中，正所谓"随风潜入夜，润物细无声"，运用具有美感的、降低难度的、易于提升接受度的红色文化话语表达，有利于拓宽红色文化教育、传播的广度。

其次，要突出红色文化传播内容与传播媒介的契合性。在媒体融合的环境中，不同媒体都有其不同的特点和要求。为适应多元化和跨平台传播的发展趋势，传播者应该对红色文化内容进行精细化分类与优化配置，依据不同红色文化素材特点以及不同媒介特质进行资源整合。譬如，在叙述红色历史时，可利用报纸杂志的深度文章对其进行解析，同时借助电视、纪录片或网络视频生动还原历史事件的脉络；在展示红色人物事迹时，则既能采用电影、电视剧等宏大叙事手法塑造鲜明的角色形象，也能借力社交媒体上的"微传播"如微博故事、微信短视频，提高观众的参与度与互动性。以新华社在 2016 年推出的微电影《红色气质》为例，该片是媒体融合环境下展现红色文化特质的创新之作。制作团队紧密贴合微媒体传播的特点，秉持影院级别的制作标准，从海量历史图片中精选数千张展现共产党近百年辉煌历程的图片，精心编排，还通过精细的后期处理和创新技术，以深情旁白与契合时代背景的原创音乐，让静态图片"动起来"，巧妙地编织出一部个人命运与国家兴衰交相辉映的微电影。在影片中，革命先辈的形象缓缓浮现，他们的英勇事迹、无私奉献以及那份独有的红色信念与气节，深深触动每一位观众的心弦，有效实现了红色文化的传承，达成了情感共鸣，彰显了其强大的教育感召力和影响力。

最后，要实现红色文化内容的现代化转化，创作出契合时代特征、不断发展的优秀红色作品。具体而言，关键在于强调红色文化传播内容的时代关联性，其内容要紧贴时代步伐，与新时代的发展同频共振，融入新的时代特色。时代性即强调红色文化传播内容要把握时代脉搏，与新时代发展相接轨，融入时代新元素，丰富其内涵，赋予红色文化新的活力，满足当代大众不断增长的精神需求。在新的历史阶段，红色文化传播内容的创作不应局限于单纯复现红色文化资源的历史原貌，而应与时俱进，不断创新，从新时代的视角去探索红色文化所表达的精神内涵，并融入反映时代精神和当代大众文化的元素，不断丰富红色文化的内核，以此增强其感染力与说服力。只有始终与时代同行，才能给红色文化不断注入新生力量，展现出旺盛的生命力，从而使红色文化传播达到深刻效果。

习近平总书记高度重视红色文化、红色基因的传承问题。2019 年 9 月，他在河南考察时强调："革命博物馆、纪念馆、党史馆、烈士陵园等是党和国家红色基因库。要讲好党的故事、革命的故事、根据地的故事、英雄和烈士的故事，加强革命传统教育、爱国主义教育、青少年思想道德教育，把红色基因传承好，确保红色江山永不变色。"① 面向大学生传播红

---

① 习近平：《用好红色资源，传承好红色基因 把红色江山世世代代传下去》，《求是》2021年第 10 期。

色文化是"确保红色江山永不变色"的关键一环，但是青年大学生有他们的性格特点和文化偏好，因此要创新传播手段和话语方式。对象化传播、通俗化阐释、多样化形式、互动性机制、全媒体链条是创新传播手段和话语方式的重要途径。对象化传播解决的是传播主体、传播对象的问题，通俗化阐释解决的是传播内容、话语方式的问题，多样化形式解决的是传播形式、创作形式的问题，互动性机制解决的是传播机制、互动机制的问题，全媒体链条解决的是传播途径、媒体融合的问题。

总的来说，通过以上五条途径协同发力，可以在传播手段和话语方式两方面对红色文化的传播进行创新，同时保持红色文化的核心内核，从而将红色文化代代相传，确保红色江山永不变色。

第五章

红色文化媒体融合传播的技术创新应用

新一轮的科技革命和产业革命重塑了互联网和媒体发展格局，重构了媒体版图，推进了传统媒体与新兴数字化媒体的全面融合。在媒体发展中，技术发展的作用不容回避，科技发展赋能媒体，以"智"与"慧"引领媒体发展。媒体技术的有效应用，解决的是红色文化传播用什么说的问题。对于红色文化传播来说，有必要深入探讨新手段、新技术、新展示，使用现代传播方式，运用技术支撑下的媒体融合手段将红色文化资源进行要素转化，激活红色文化发展新动能，加速红色文化传播。其中，红色文化传播媒体融合技术应用的全链条以及相关技术形态亟待研究。

第一节 红色文化的数字技术表达

互联网、社交媒体、信息可视化、虚拟现实、大数据、区块链、人工智能等数字技术的迅速发展和普及深刻影响着大众的学习模式、生活方式，数字化已经成为社会主流媒体形式。数字技术在众多教育板块如党员教育、党史学习、红色文化传播中开始广泛应用，可视传播、移动终端、社交媒体日益成为信息传播的重要阵地，电子书阅读、慕课学习、人机互动体验等都成为当代大众学习、获取信息的主要工具。数字媒体的虚拟性、开放性和交互性等特点，为红色文化传播提供了新思路。

一　数字媒体技术与文化的契合互动

数字技术体现的是技术层面的讨论，而媒体传播的主要内容具备一定层面的人文情感。因此，利用数字媒体技术传播红色文化，是在貌似毫无关系的数字技术和人文内涵之间架起桥梁。计算机的普及已经使数字技术不再只有技术这一种属性，而数字媒体传播也需有技术理性和文化感性、数字技术和人文内涵的结合。正如红色文化是人类历史的精神产物，当下红色文化形态是人文构成的一部分，而其顽强拼搏、自强不息等精神内涵也是人文构成的一部分，这些都可以运用数字媒体技术进行记录和传播，让红色文化具备持久魅力，跨越时代焕发光彩。

数字媒介生态下，红色文化的传播是以报刊、广播、电视为代表的传统媒体和以"两微一端"、短视频平台为代表的新兴媒体相结合的形式，将红色文化的内容由原来文字、图像等形式转化为视频、音频相结合的数字化传播符号，将红色文化抽象的文化内涵更加形象地展示出来。红色文化借助数字技术的优势，实现全球范围内的实时、全时、同步传播，这种传播形式有利于丰富受众的文化体验，提升对红色文化内涵的理解与认同，同时可以连接红色文化与其他文化，形成沟通桥梁，构建传播通路，扩大红色文化的传播范围进而提升红色文化的影响力。

数字媒体技术主要研究信息的获取、处理、存储、传播、管理、输出等数字化理论、方法、技术与系统。文化产生于人类的实践活动，数字媒体技术也是人类实践活动的产物，二者有着契合互动的密切联系，是互相作用、制约和促进的。一方面，数字媒体技术的持续快速发展促进文化进步，通过科技手段不断冲击着文化的表现方式和表达理念，为文化创新和文化对象提供物质和美学基础，促使文化焕发出新的生机与活力。另一方面，文化体现着数字媒体技术的建构成效，展现其丰富性与多样性，即技术不仅给人类社会提供经济基础建设层面的实用价值，同时也在属于上层建筑的文化领域贡献力量。数字媒体技术与文化的互动在多样化的技术应用层面展开讨论，例如 3D 打印技术、人机交互技术、虚拟显示技术等。

作为一种新型制造技术，3D 打印在社会制造领域迅速扩张，改变着我们的生产、生活方式以及认知思维观念。它的出现向人类展现的不仅是技术以及技术带来的丰富的产品图景，还包括和这种技术相关联的各种规制、秩序、制度和文化。文化内容丰富、包罗万象，包括人类在改造自然、社会和人本身的历史过程中形成的物质和精神产品的全部总和，以及基于人的行为方式的特殊活动，具有多种不同形态。从 3D 打印技术在文化层面的应用来看，作为一种高新技术产物，3D 打印可以让单一的文化产品通过 3D 加工成为更加具有视觉冲击感的产品，在这种情况下，比起不具备 3D 技术属性的文化物品来讲，具有 3D 技术属性的物品更容易受到人们的青睐。

作为信息技术的一个重要组成部分，人机交互（Human-Computer Interaction，HCI）技术已经引起广泛重视并得到深度应用。人机交互是指关于设计、评价和实现供人们使用的交互式计算机系统，且围绕这些方面的主要现象进行研究的科学，内容十分广泛，涵盖了建模、设计、评估等理论和方法以及在 Web 界面设计、移动界面设计等方面的应用研究与开发。人机交互主要是指用户与计算机系统之间的通信，即信息交换。这种信息交换的形式可采用各种方式，如键盘上的击键、鼠标的移动、显示屏幕上的符号或图形等，也可用声音、姿势或身体的动作等方式。在人机交互中，人与计算机之间的信息交换主要包括人到计算机和计算机到人的信息交换。对于前者，人们可以借助键盘、鼠标、操纵杆、数据服装、眼动跟踪器、位置跟踪器、数据手套、压力笔等设备，用手、脚、声音、姿势或身体的动作、眼睛甚至脑电波等向计算机传递信息；对于后者，计算机通过打印机、绘图仪、显示器、头盔式显示器、音箱等输出或显示设备给人们提供信息。在人机交互装置中，使用者可以体验到新鲜感、创作感、沉浸感、成就感，是人机交互技术与文化互动的生动体现。

虚拟现实技术是集计算机图形学、图像处理与模式识别、智能接口技术、人工智能、传感与测量技术、语音处理与音响技术、网络技术等于一体的综合集成技术，主要的研究内容与关键技术包括动态虚拟环境建模、实时三维图形生成、立体显示和传感器、应用系统开发工具和系统集成等。动态虚拟环境建模是虚拟现实技术的核心，其目的是获取实际环境的三维数据，并根据应用的需要建立相应的虚拟环境模型。目前的建模方法主要有几何方法、分形方法、基于物理的造型、基于图像的绘制和混合建模技术，而基于图像的绘制技术是未来的发展方向。实时三维图形生成技术已经较为成熟，关键是实现实时生成。虚拟现实技术的交互能力依赖于立体显示和传感器技术的发展，如大视场双眼体视显示技术、头部六自由度运动跟踪技术、手势识别技术、立体声输入输出技术、语音的合成与识别技术，以及触摸反馈和力量反馈等。虚拟现实技术应用的关键是需要寻找合适的场合和对象，研究虚拟现实的应用系统开发工具，如虚拟现实系统开发平台、分布式虚拟现实技术等。系统集成技术包括信息同步技术、模型标定技术、数据转换技术、数据管理模型、识别与合成技术等。虚拟现实将在很大程度上改变人们的思维方式，改变人们对世界、自身、空间和时间的看法。

目前看，媒体技术形式丰富多样，但内容生产和传播的效果还有待持续提升，利用率较低，需要设计师、传播媒体、教育家一起开拓更具有体验性的文化学习方式，创造良好的全民数字化文化学习氛围。

二　媒体融合技术支持下的红色文化传播特点

数字媒体技术发展数十年，其中的数字声音、图像、视频技术以及数字流媒体技术、压缩存储技术、沉浸感与交互性展示技术已经广泛应用于红色文化的传播过程。数字技术催生出多层面的当代媒体价值，基于数字技术的红色文化传播媒体应用优势突出显现。目前，数字化形式的红色文化传播成为新兴潮流，数字媒体在传播红色文化方面的应用不断拓展，在形式和内容上都表现出超越传统形式的优势。具体来说，数字技术下红色文化的信息接收与传播方式发生了转变，使大众实现了参与性、沉浸性、体验性、过程性的红色文化学习。

（一）交互性与沉浸感

媒体融合在社会性传播方面具有先天的优势，它是一种集合了多种媒体形式的综合载体，它所具有的互动性和沉浸感使学习成为一种过程性的体验，而体验正是人们获取知识最有效和最自然的途径之一，这种具有跨媒体整合和数字化特征的传播形式，使现实内容和想象内容都可以在数字化平台上生成并得到表现。

无论是虚拟现实还是人机交互，新的传播工具能够改善表达效果并创造全新的文化体验。新兴的媒体技术可以将信息更加直观、动态地呈现在大众面前，吸引大众自主地进行沉浸式体验。依托各种新兴媒体，传统形态文化被看到、听见、摸着，媒体融合更是作用于人的多元感官，以多模态的信息交互，以最灵动鲜活的方式传递红色文化，讲述红色故事。

从自拍杆到摇一摇，从 VR 视频到移动直播，从机器人到媒体大脑，基于新技术革命的信息传播快速迭代，数字化基础上的媒体融合在传播形式上体现出互动化程度高、体验性强、学习效果好的优势。趣味性、体验性也随着数字技术的发展逐渐增强。各类自媒体平台，只要手机安装了App 程序就可以在任何时间任何地点进行直播，并且人人都可以做"网络主播"，人们与"网络主播"或"网络记者"互动，成为最具时效性、互动性的信息传播方式。VR 等多媒体互动能够化过去为当下，化历史为现实，化观看为互动，以沉浸式、互动性体验学习，解决学习者教育活动组织困难、学习形式单一、培训成果无法展示等问题。网络、数字游戏、数字流媒体丰富了人们的娱乐方式，并且伴随其深入的人机交互特性，数字媒体会更具趣味性。政府、企业、个人都可以通过数字媒体的方式，灵活多样展示自身特点和内容。红色文化，也正在以更多元体验与深度交互的方式让学习者获得"亲历"党的苦难岁月、领略党的辉煌成就的现场感的体验。

（二）集成性

数字媒体技术集成运用计算机技术来整合多种媒体，通过数字化声音、视频、动画等技术，再融合数字化压缩、储存、传输技术，对文字、声音、影像、动画进行系统的集成整理，实现一体化处理，完整、系统地储存、应用、展示、传播所收集整理的客观信息。

在基于数字技术的媒体应用中，5G 网络传输和全息成像技术让身在异地的人们跨越时空"相见"，人工智能驱动的 3D 版 AI 合成虚拟角色穿梭于不同虚拟场景中，"5G+4K/8K 实时传输"和"AI 快速剪辑"等技术成果实现广泛运用。VR、AR、MR 技术的广泛使用，使传播者与受众不再是"你说我听"的关系而是可以进行互动的关系。还有二维码的广泛使用，让所有文字性的东西都"活"了起来，人们可以通过扫描二维码看相关视频。此外，很多传统媒介也开始打破传统认知走向多元集成。例如，以前很多重要的信息如寻人启事都是以纸为媒介，但是，现在推出的矿泉水报纸就将信息印在了矿泉水瓶上，有利于增加用户量和信息的推广传播度。在数字之上，多元媒体、信息的集成必然是未来高效信息传播的主要形式之一。

（三）标准化

目前在数字化媒体应用热潮中，新兴媒体在传播中确实弥补了传统媒体的不足，发挥了重要作用，但是，红色文化传播中的数字媒体应用也存在多方面的问题，这些问题不得到妥善解决，会严重干扰红色文化传播的严肃性、实效性。这些问题体现在：第一，侧重新技术展示，红色内容易于成为炫技的附属品；第二，技术应用削足适履，与具体红色内容结合度不高；第三，技术探索浅尝辄止，没有充分挖掘现有技术在红色文化传播中的优势；第四，部分技术应用缺乏美学设计，使红色文化在表现上缺乏美感；第五，片段化红色内容展示居多，缺乏系统性红色内容设计等。

因此，需要考虑如何发挥媒体融合优势，实现各方面资源的融通，合理整合传统媒体和新媒体的人力物力资源，变各自服务为共同服务，以建立新型和谐互补的红色文化传播全媒体链条，融合红色文化信息内容生产、流通与文化产品消费、红色文化信息数字化管理与监测，完善融媒体生态链，实现传统媒体和新媒体优势互补、扬优去劣，达到红色文化媒体融合传播 1+1>2 的效果。

红色文化传播要求严肃性，内容要素以及体系构建亟待标准化，以及在标准化基础上的可复制性。对可靠数据进行复制、分发、传播，是红色文化传播的重中之重。在具体操作上，红色文化内容数据在审核通过后，可以无限制复制，以满足全国范围内、全媒体阵容内红色文化内容大规模分发的需求。同时，红色文化传播在区块链技术的支持下，内容数据难以被篡改，在区块链记录的红色文化信息更加真实可靠。数字技术的融入，可以让大众在标准化、高质量的互动性学习中更加深刻地领会红色文化故事、感悟红色文化精神，凝心聚力、提高素养。

第二节　红色文化传播媒体融合技术应用全链条

《中国传媒产业发展报告（2021）》对中国传媒市场趋势进行分析，认为媒体融合的发展方向，未来必然从小融合走向大融合。[①] 面对新形势、新挑战，融媒体必须坚持正确的导向，坚持科学技术赋能，坚持在原有的基础上创新发展。在媒体融合发展进程中，红色文化传播需要顺应文化与科技融合的大趋势，围绕内容、政策、技术、创新、视频、营销、价值观等关键词，关注内容生产、流通消费、管理监测的全链条，从媒体融合环境中的内容监管、传播营销、技术创新、融媒测量等多方面梳理自身的媒体融合传播发展全链条。通过流程优化、平台再造，实现各种媒介资源、生产要素有效整合，实现信息内容、技术应用、平台终端、管理手段共融互通，催化融合质变，放大一体效能，通过媒体融合全链条高质、高效传播红色文化（见图 5-1）。

---

① 崔保国、徐立军、丁迈主编《中国传媒产业发展报告（2021）》，社会科学文献出版社，2021，第 31 页。

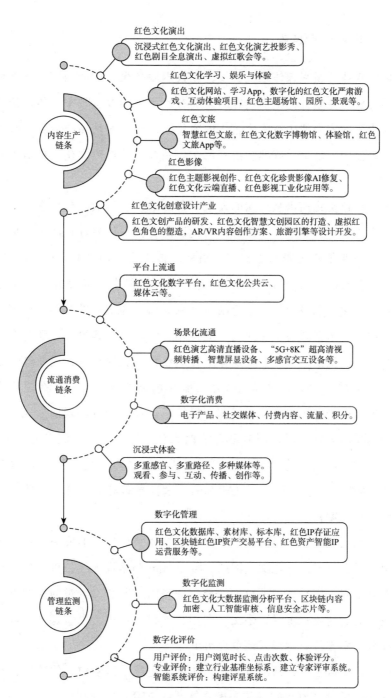

红色文化演出
沉浸式红色文化演出、红色文化演艺投影秀、红色剧目全息演出、虚拟红歌会等。

红色文化学习、娱乐与体验
红色文化网站、学习App，数字化的红色文化严肃游戏、互动体验项目，红色主题场馆、园所、景观等。

红色文旅
智慧红色文旅，红色文化数字博物馆、体验馆，红色文旅App等。

红色影像
红色主题影视创作、红色文化珍贵影像AI修复、红色文化云端直播、红色影视工业化应用等。

红色文化创意设计产业
红色文创产品的研发、红色文化智慧文创园区的打造、虚拟红色角色的塑造，AR/VR内容创作方案、旅游引擎等设计开发。

内容生产链条

平台上流通
红色文化数字平台，红色文化公共云、媒体云等。

场景化流通
红色演艺高清直播设备、"5G+8K"超高清视频转播、智慧屏显设备、多感官交互设备等。

数字化消费
电子产品、社交媒体、付费内容、流量、积分。

沉浸式体验
多重感官、多重路径、多种媒体等。观看、参与、互动、传播、创作等。

流通消费链条

数字化管理
红色文化数据库、素材库、标本库，红色IP存证应用、区块链红色IP资产交易平台、红色资产智能IP运营服务等。

数字化监测
红色文化大数据监测分析平台、区块链内容加密、人工智能审核、信息安全芯片等。

数字化评价
用户评价：用户浏览时长、点击次数、体验评分。
专业评价：建立行业基准坐标系，建立专家评审系统。
智能系统评价：构建评星系统。

管理监测链条

图5-1　红色文化传播媒体融合技术应用全链条

一　内容生产链条

传统媒体与新兴媒体融合发展，以技术服务聚合优质内容。在红色文化传播上要避免炫技，平衡内容的准确有效呈现和技术带来的传播价值彰显。要为了内容而使用技术，基于内容传播需求，实现传统与新兴媒体技术的融合使用，以期更好地弘扬红色文化精神，让红色文化永葆活力和生命力。

一是红色文化演出从最初的大众视野逐渐发展为数字化形态，虚拟红歌会在全国各地火热上演。在红色文化演出方面，讲好红色故事，传播红色文化，需要把历史资料、文字、图片，转化为人们可看、可听、可触、可感、可参与的形式。数字化红色演出成为新形态，沉浸式红色文化演出、红色文化演艺投影秀、红色剧目全息演出、虚拟红歌会等在全国各地火热上演，艺术形式包括多元化的歌舞剧、音乐剧、话剧、光雕艺术、投影影画以及当地演艺形式。在媒体融合的红色文化演出中，提取红色故事的人物、主线、场景等内容，结合当地红色资源进行演艺。在观演形式上，根据故事的展现内容、市场的客群需求，选择合适的观演形式。以观众喜闻乐见的艺术手段，同时融合本地的演艺形式，展现剧目的特色性、地域性。同时融合多媒体的舞台视听效果，通过声、光、电，以及实景、裸眼 3D 视觉、全息投影、VR/AR/MR、水幕光影等的融合，打造有美感有氛围的红色舞台。

以红色文化传播为目的的学习、娱乐与体验设计目前成为红色文化内容输出的重要形式。红色文化网站、学习 App 等建设上线，数字化的红色文化严肃游戏、互动体验项目，红色主题场馆、园所、景观的开发设计持续推进，通过情境化沉浸式手法，利用技术讲述历史，以多媒体手段，翔实、深刻、多方位、沉浸式地重现历史。

在红色文旅上，智慧红色文旅，红色文化数字博物馆、体验馆，红色文旅 App 等构成了红色智慧旅游模式体系，全案式促进红色文旅发展，同时通过一些特殊设置，例如，通过互动式手段，以当地红色故事为核心剧情蓝本，设计游戏场景，游客可以通过与剧中人 NPC 互动等方式，参与红色文化探秘游戏，以此提升红色文旅体验。

红色影像方面，红色主题影视创作、红色文化珍贵影像 AI 修复、红色文化云端直播、红色影视工业化应用成为红色文化影视发展新形态；红色文化创意设计产业上，红色文创产品的研发、红色文化智慧文创园区的打造、虚拟红色角色的塑造，AR/VR 内容创作方案、游戏引擎等设计开发给红色文化内容生产提供创意支持。在媒体融合的内容生产中，红色文化内容制作实现从便捷化到高品质"升维"，将涌现越来越丰富的红色文化精品，多元化的媒体融合使传统的红色文化不再受形式的限制，丰富的技术路径和呈现方式为红色题材创新提供新思路，进一步激发红色文化作品创作热情，成为红色文化作品创作的活力源泉。

二是在数字技术支撑下的媒体融合内容生产链条，重构了内容生产模式，极大地提升了数字化内容生产效率和质量。主流媒体以及专业内容制作方在计算机辅助系统支持下，在文创、影视、游戏、展览展示、数字出版物等领域广泛开展红色文化内容制作活动，基于成熟的软硬件一体化技术，红色文化内容生产在建模、驱动、渲染、剪辑、合成等流程实现内容制作的自动化、实时化、智能化，相比传统方式有更大的创作空间，使创作内容类型越来越多样化，内容深度得到拓展，丰富了多方协同创作的路径，提升了内容制作效率。

从主流媒体的媒体融合转型上尤其能够看出红色文化内容生产的技术应用链条发展，以《人民日报》为例。《人民日报》在坚守自身"底色"的基础上，始终以技术为主要抓手，不断推进媒体融合转型之路。凭借技术的驱动，人民日报社利用数字化技术构建了一个强大的技术体系，这个技术体系可以对线索采集、内容生产、内容审核，以及后续的分发和效果的反馈这一系列流程的运作赋以技术的支持，让整个流程更加简洁迅速，加大信息的传播力度。在转型初期，在内容制作和传播中只是简单地将纸质版的报纸转化为电子版，给用户呈现 PDF 版本的报纸。2014 年 6 月，伴随着人民日报新闻客户端的上线，报社在新媒体渠道的布局从 PC 端开始向移动端转型。2015年10月8日，人民日报社正式成立了新媒体中心，成功拉开了人民日报社数字化转型的帷幕，也加快了各类新媒体的发展，逐步形成了以人民日报客户端为核心的移动传播新格局。这时候，技术显然已经成为优化客户端用户体验、聚拢流量的重要手段。2016年，人民网技术部发起了数据中心的建设项目，并引入华为作为网络与云服务的提供商，将人民网舆情监测室升级为人民网舆情数据中心，并拥有了自己的全媒体大数据平台——"云策"。2017年1月，《人民日报》首个媒体融合的技术成果——"中央厨房"落地，并正式投入使用，成为传统媒体和新兴媒体从"相加"阶段迈向"相融"阶段的重要标志。2018年6月，全国移动新媒体聚合平台"人民号"诞生，借助底层技术力量，《人民日报》开始搭建内容平台，构建主流价值引领的新媒体生态。2019年，人民日报智慧媒体研究院、传播内容认知国家重点实验室相继成立，以人工智能技术为研究核心，向媒体业务的智能化转型进军。在内容生产部分，《人民日报》开发使用智能化数字化的工具——"创作大脑"平台，这个平台相当于一个媒体智能工具箱，具备在线视频快编、图片智能处理、智能字幕制作、可视化大数据、智能写作、新闻转视频、实时新闻监测等多项重点功能，集合先进的人工智能、大数据、云计算、音视频处理技术，集纳海量音视频、图片资源，赋能辅助内容生产。至此，人民日报社已经明确地将数字化技术作为数字化内容制作以及信息生产的重要手段，从简单的电子版报纸到最后"中央厨房"的落地使用，实现了传统的报纸行业与新兴数字化技术全方位、多层次的大融合。

三是在数字化制作、网络化传输进程中，红色文化内容元素呈现数据化转向，内容体系走向大数据、数据库建设模式。数据是数字化传播体系的基本资源，缺乏数据，就意味着缺乏传播力。在媒体融合时代，必须坚持内容为王，而数据是发挥内容优势的基础。媒体深度融合要求把主流媒体长时间积累的数据资源充分开发出来，不断拓展文化内容生产、传播服务的深度和广度，在数据版权、数据服务、数据库等方面发挥制作、传输、比较优势，在数字化制作、网络化传播中，红色文化内容数据化是必然走向，内容元素从语言、文字、图片、模型、影像等实体演化为数据，提供满足大众文化学习等需求的有效、便捷的数字化红色文化内容产品，尤其是人民群众喜闻乐见的精品红色内容，更是媒体融合中需要着力打造、建设的部分。

在《人民日报》初始的线索采集环节，数字化技术能够快速、全面地搜索汇集目标数据线索。以 iNews 智慧新闻大数据引擎为例，iNews 采用领先的大数据和自然语言处理技术，实现全网新闻内容汇聚和快速梳理，迅速准确提取新闻要素。在后续具体的新闻报道中，该引擎还可以通过智能技术对全网信息进行提取和智能分类，以最快的速度生成相关新闻专题。

四是智能终端的普及和全方位的互联网连接，为每个人提供了表达和分享的便捷出口，互动开放的网络环境激发了内容生产活力，UGC（用户生成内容）模式实现了全天候、全方位的内容生产，在手机等终端媒体各类内容制作软件全民化、便捷化发展的过程中，民主化制作是主流媒体之外红色文化内容制作的主要途径之一，这将对红色文化的内容真实性以及价值观把控形成挑战。

未来的红色文化内容生产媒体融合链条中，需要通过国家政策把控总体发展方向和规划路径，强化主流价值观，助力民众增强文化自信。同时，智能媒体的引入将会在内容制作质量监管上发挥巨大作用。将 AI（人工智能）与媒体融合，通过数据挖掘、算法推荐、语义识别等技术形成引领人工智能时代的内容生态平台，能够有效避免红色文化内容制作中民主化制作引发的价值观导向、信息窄化、信息茧房等问题。凭借技术的驱动，人民日报社利用数字化技术构建了一个强大的技术体系，这个技术体系可以对线索采集、内容生产、内容审核，以及后续的分发和效果的反馈这一系列流程的运作赋以技术的支持，让整个流程更加简洁迅速，加大信息的传播力度。在内容审核环节，为了保障所发布内容的 100% 准确，2019 年，人民日报社与百度共建人工智能媒体实验室，在此基础上推出了"AI 编辑部"。2021 年，人民日报社与阿里云、中国移动携手推出了"AI 编辑部 2.0"，在原有基础上新增了五大强化功能，极大提升了"看"、

"悟"及"审"等方面的效能。其中，智能审核环节利用庞大的官方舆情和预警数据资源，结合先进的人工智能算法，为内容的精确审核构建了坚实的技术后盾。这一改进不仅显著减少了人工审核所需的成本与时间，还有效降低了人为疏忽可能引发的政治风险，确保了内容安全。

2022年"两会"期间，在5G技术的赋能下，推出了"AI编辑部"移动版，《人民日报》记者手机里装了"AI编辑部"，通过5G链接前后方，由移动版"AI编辑部"拍摄的视频素材既能由5G网络同步回传后方，也能由记者在前方即时剪辑，人物识别、语音识别、智能模板等过去电脑端才有的AI剪辑辅助工具，如今在手机端也能轻松操作。从发现线索、获取素材，到拍摄制作、审核签发以及发起直播、连麦访谈等，一部手机即可完成。

二　流通消费链条

（一）优化传播机构，构建主分兼容的红色文化传播流通平台

一方面，将主流媒体建设成为红色文化流通与传播的主流平台。对于媒体融合传播来说，理想形态是主流媒体成为集信息、商务、政务、民生等于一体的强大主流平台。当然，对于红色文化传播来说，主流媒体平台建设并不是要和互联网商业平台一样扩大体量和规模，而是说在信息传播模式上强化平台使命，拥有同等的技术和服务思路。主流媒体在内容制作、传播上有一定的数据质量保障和内容传播权威，在红色文化内容传播上，需要扩展主流媒体功能，提升主流媒体价值，无限激活主流媒体的红色文化数据价值，使主流媒体平台生产和传播的红色文化相关内容数据成为全媒体中的核心数据资源，集中进行内容生产，以广谱性、泛传播的分发方式提供红色文化权威内容，为流量平台和各类终端提供精品红色文化内容。此外，将新技术手段和服务大众意识相结合，强化主流媒体自身和大众的连接，以开放平台吸引广大用户参与信息生产传播，增强主流媒体聚合能力及传播能力，构建群众离不开的媒体渠道。

另一方面，广大的自媒体平台、社交媒体平台成为红色文化流通传播

的集散地。互动开放的网络环境激发内容生产活力，UGC（用户生成内容）模式实现了全天候、全方位的内容生产，在内容生产的同时，即时的红色主题内容传播与流通也在同步开展。传统媒体以及主流媒体在内容的组织传播上主推分发模式，呈现泛众化特征，且内容分发具有时效性差别。快手、抖音等短视频平台，微博、微信等社交媒体平台，以及 App、公众号、小程序等移动终端应用程序等在大基数的传播者的支持下，能够对红色文化内容形成"超级宣推"，以垂直社群形式实现红色文化内容信息的"精准到达"。此外，随着知识水平和媒介素养的逐渐提高，大众内容制作素养将稳步提升，以广大的自媒体平台、社交媒体平台为红色文化流通传播的集散地，可以实现从便捷化内容生产到高品质作品创作的转变，实现红色文化精品内容创作的"升维"，能够有效培养优质红色主题内容创作者，对主流媒体权威内容形成有益补充。

（二）创新传播机制，构建红色文化传播服务体系

在媒体融合的传播体系中，传播者自身就是服务者，要与用户建立深度连接，加强用户黏性。赵淑萍等在《构建媒体深度融合发展新格局》一文中提到，从主流媒体平台角度来说，互联网新技术新应用加速发展，各种新媒介形式层出不穷，多元社会思潮涌现碰撞，对主流媒体把握网上传播规律、走好网上群众路线提出了更高要求。[①] 主流媒体以媒体融合为升级路径，打造成新型服务者，把人民作为服务对象，用服务功能吸引用户，强连接留住用户。在具体服务方法上，例如，主流媒体应当转变传统的宣教语态，通过全网征集、全民参与等方式实现更加本土化、更具亲和力的表达。主流媒体引领红色文化传播发展，人民日报社信息传播的服务意识值得推广，《人民日报》建设"人民智作平台"，鼓励大众参与信息内容制作，引导内容制作的主流价值观。其还携手智能技术为人民日报客户端打造"主流算法"，通过算法保证推送内容与用户个性化需求匹配，致力于为创作者与创作机构提供创作指导、等级认证、版权交易、金融服

---

① 赵淑萍、崔林、吴炜华：《构建媒体深度融合发展新格局》，光明网，2020 年 12 月 22 日，https://m.gmw.cn/baijia/2020-12/22/34482505.html。

务、推广运营及市场运作等一体化服务，制定社会创作力量运营规范，构建社会创作力量良性生态。

此外，长效的红色文化传播服务化体系需要通过专业、专门的红色文化传播集成平台建设实现，以红色文化内容生产，红色数据搜集、审核、整理、检索、阅读、下载、传播的一体化平台建设实现互联网红色文化服务集成。平台建设可以以网站形式集成展览展示、数据库等多重模式，在信息功能层面具备检索、下载/上传、注册、审核等功能，在内容功能层面实现红色文化具象内容作品的观看、体验以及商务运营，在技术功能层面通过5G、大数据、云计算、物联网、区块链、人工智能等满足平台不同服务技术需求。

（三）升级传播技术，充分发挥 5G 等网络技术优势

5G 技术引领我们迈入一个前所未有的万物互联时代，展现出"极致速率、微秒级延迟、海量连接"的特性，这为信息传播插上了翅膀，成为驱动媒体融合与创新发展的强大催化剂。

首先，5G 赋能融媒体信息高速传播。5G 以全新网络架构，提高传输速率，以智能化的运算处理突破时空限制，使信息得以快速采集加工并海量分发，实现海量数字存储和传输效率的几何倍数进阶。其次，在信息广泛、全面发布的同时，5G 技术使内容分发更精准高效。通过对用户信息进行抓取和分析，识别所属群体并生成个性化标签，提供针对性内容，通过优质内容的精准分发提高受众素养。再次，随着 5G 技术的全面推广，虚拟现实与实际场景的融合技术在影视制作行业中日益普及。这促进了超高清画质、沉浸式场景的应用，给观众带来了沉浸式观影体验，不仅增强了观众的参与感，也加大了信息的传达力度。技术如 VR（虚拟现实）、AR（增强现实）、高清实时直播、全息成像及 AI 驱动的媒体工具正变得日益普遍且高效，它们共同催化出更多样化的媒体融合产物，为融媒体产品的生态系统构建注入强劲动力。最后，5G 的低时延和交互属性将使红色文化等相关的创作不再受限于传统媒介，任何想法都会以视觉盛宴的形式呈现。"沉浸式体验"将让文化元素看得到、听得见、摸得着，能以最灵动

鲜活的方式讲好中国故事。这有助于突破网络环境认知差异和跨越数字鸿沟，满足不同阶层、不同教育背景受众的红色文化学习需求。5G 时代的到来，使红色文化传播链条上的每一个环节，包括传播的主体、关系、内容、终端、形态都将发生深刻改变，受众不再是问题，流量也不再是问题，红色文化传播将进入科技引领媒体融合的时代。

（四）激发传播活力，实现红色主题传播的方式升级

沉浸式经济升温，给红色文化传播注入新的活力。基于数字形式，建设红色文化数字平台，红色文化公共云、媒体云等红色文化产业新型网络基础设施，在红色主题传播上利用红色演艺高清直播设备、"5G+8K"超高清视频转播、智慧屏显设备、多感官交互设备等，优化传播方式，拓宽流通渠道。在 4C（Computer 计算机、Consumer Electronics 消费电子、Content 内容、Communication 通信）融合基础上向 5C（Computing、Consumer Electronics、Content、Communication、Context 场景）转变，实现场景化流通，数字化消费，沉浸式体验。

三　管理监测链条

红色文化媒体融合传播中，大众的广泛参与，媒体形式的多元发展，以及内容制作者、传播者的民主化发展，在增强红色文化传播效能的同时，也必然产生内容粗制滥造、文化内核扭曲失真，以及浅表性阅读泛滥、审美滑坡、道德滑坡等思想意识形态和文化价值表达方面的潜在危机。这些问题的解决需要多个维度、多个层面的参与，以形成媒体融合环境中红色文化的数字化管理与检测链条。

红色文化的创新管理监测，一方面需要国家政策方针的积极引导，以价值取向规范社会创作；另一方面以数字化方式建构全效一体的平台监管、数据安全和动态监测闭环。在内容生产、审核、流通环节，价值引导始终作为隐形"标尺"参与其中，实现从技术赋能内容，到内容引领价值导向的目标。就数字化管理监测来说，通过技术力量完全可以对红色文化内容生产、流通的各个环节赋能，使红色文化内核保持本真。

（一）数字化管理

在融媒体平台建设中，基于大数据、云计算，红色文化数据库、素材库、标本库将持续完善。媒体平台发挥作用，通过数字化技术对优质内容进行汇聚、风控、分类和分级，全面提高内容产业从创作源头到内容消费场景的全链条效率，推动红色 IP 存证应用、区块链红色 IP 资产交易平台、红色资产智能 IP 运营服务。通过精品内容的精准推送，重新发掘内容价值，推动媒体在红色文化传播中更好地发挥"定海神针"的作用。

（二）数字化监测

依托大数据、云计算与 AI 等技术手段，相关部门可以对红色文化企业和机构运行数据，红色文旅景区动态数据，红色文化内容生产、流通、消费数据，红色文化资源数据进行挖掘、整合、分析，实现可视化，形成智能化的监测体系。红色文化大数据监测分析平台、区块链内容加密、人工智能审核、信息安全芯片等在数据安全上持续发挥作用。尤其在区块链技术的支持下，红色文化数字化监测、监管也会积极走向去中心化、防篡改的技术执行路径。

（三）数字化评价

融媒体平台数字化评价体系的构建需融合多维度数据指标与智能技术应用。一是在用户行为量化评价上，现有技术实时采集用户行为数据，建立"时长—点击—评分"三维评价体系。例如，在浏览时长上采用分时段动态权重算法，区分早晚高峰与碎片化时段的用户黏性价值；在点击次数上可以引入衰减系数，以识别有效点击与无效刷屏行为；体验评分亦可通过 NLP 情感分析处理开放式评价，结合五星评分构建综合体验指数。二是在专业评价上，建立行业基准坐标系，搭建垂直领域评价矩阵，建立专家评审系统，通过区块链存证技术实现评价过程可追溯，有效提升红色文化内容质量。三是在智能系统评价上，构建评星系统，实现评价闭环迭代。基于机器学习构建动态评价模型，输入层整合用户行为数据、专家评分、传播指标等特征值，训练加权评估模型，自动更新特征权重，并验证模型有效性。

红色文化传播的媒体融合全链条并不只是简单的传统媒体和新兴媒体之间的物理融合，而是共同进步、相互发展、相辅相成的化学性融合。未来随着科技的发展，相信媒体融合之下的红色文化生产、传播、监管全链条将不断完善、深化并保持可持续发展。

第三节　媒体融合的红色文化传播技术应用实例

媒体融合向纵深发展为红色文化传播带来了历史机遇，借助融媒体传播优势，涌现出大量主题宏大、立场坚定、导向鲜明、基调昂扬的红色文化传播作品案例，在红色文化传承、思想引领、舆论推动方面发挥"中流砥柱"的作用。

一　数字媒体技术与传统出版物结合："互动·向心历"设计创作

数字媒体技术与传统出版物结合是当前的传播媒体新形态，二者融合有利于充分发挥数字媒体优势，弥补传统出版物的时代局限，为出版物快速传播提供了技术支持，更有利于多方面满足受众的多元需求，二者的融合互动，是媒体发展迈向新高度的实质性突破。"观往知来心向党——互动·向心历"就是最好的印证。"互动·向心历"作为一部数字交互的万年历，展现了党百年辉煌成就的侧影，是笔者团队向2021年中国共产党建党百年献礼的作品。

在作品形式上，"观往知来心向党——互动·向心历"是数字交互的台历，集传统日历功能、插画创作、数字化互动于一体，兼具功能性、艺术性与互动性，展现了党的百年辉煌成就。在设计主题上，以党的百年苦难辉煌作为内容主体方向，以2021年为始，以党百年辉煌成就中的一个方面为焦点展开设计。2021年以"空天报国"为主题，选择了12个中国航空航天重器，如神舟五号、长征五号、鲲龙-600、天宫二号、嫦娥四号、北斗三号等作为重点呈现对象。

"互动·向心历"整个设计包括插画创作、数字内容设计、外观和版式设计。插画创作方面，每个月以一个空天重器为对象，进行绘画创作。数字内容设计方面，通过插画页扫码进入，融合了动态插画观看、360度空天重器模型托转观看、趣味化互动等形式，在科普学习中贯以趣味化、娱乐化的体验。外观和版式设计方面，突出红色文化之"红色"，辅以象征空天成就的金色，主题明确、功能性强，具有美感。

"互动·向心历"基于融媒体的设计路径，在内容和形式上整合传统出版印刷和数字互动媒体，一方面设计出可展示的"向心历"实物，在日常可用的同时还可以作为辉煌成就系列画册收藏；另一方面实物提供数字内容进入路径，设计出互动性强、趣味足的体验方式，可以说是笔者所带领的青年学生设计团队为"建党百年"献礼的创新、用心之作。红色文化是中国人民在长期的革命、建设、改革的实践中，在不断地选择、融合、重组、整合中外优秀文化的基础上所形成的特定的文化精神和文化形态。在文化传播方式更加多元化的今天，人民群众对红色文化有了更多的情感期盼和寄托。

在此背景下，我们要顺应时代发展要求来传承和发扬好红色文化精神，就需要刷新对红色文化的认知，创新红色文化的传播方式，更深刻地解读红色文化内涵，而这些依旧取决于我们如何更好地学习它、传承它，取决于我们能否在实践中不断地汲取文化能量，并运用文化能量来开展具有重要意义的创新性工作。在新内容、新形式、新科技的辅助下，将红色文化知识进行创造性转化，通过通俗、易消化的方式，给严肃的红色文化知识的学习注入强大的信心，将红色文化知识进行更广泛的科普，无论是对红色文化的传承和发扬，还是对社会经济的高质量发展，或是对民族凝聚力和向心力的增强，皆意义重大。

二　实体空间与虚拟空间的融合："党建融媒体课堂"系统设计

虚拟空间和实体空间的融合是以不同类型的数字媒体为媒介，突破传统空间设计与交互设计的壁垒，实现空间信息、数字信息、情感信息的融合，把人、动作、媒介、目的和场景等进行整合，实现实体空间和虚拟空间的有机统一。"党建融媒体课堂"是笔者团队借助虚拟空间和实体空间的融合进行党建学习的空间设计作品。其中，实体空间主要借助实在物理空间及其中的实体教具、体验设备及设施，以色彩、线条、造型、布局、体量安排满足党建活动需求；虚拟空间主要借助虚拟现实等数字技术进行综合视觉化设计与行为动作交互设计。虚拟空间依赖一定的实体空间做支撑。

（一）媒体融合空间架构与设计原则

1. 空间构成单元

文化空间是具有文化意义或性质的空间场所。文化需要一个特定的空间来承载和表现，而文化又赋予空间一定的意义。基于多种媒体融合互动的"党建融媒体课堂"，融合了实体空间和虚拟空间，在空间构成上突破了单一虚拟空间或者单一实体空间的局限，在二者融合的基础上组织了四个层次的空间构成单元，分别从网络层、终端层、平台层、内容层以虚实融合的方法进行网络设施、媒体终端、互动体验、党建内容的集成，可以为相关设计提供范例（见图 5-2）。

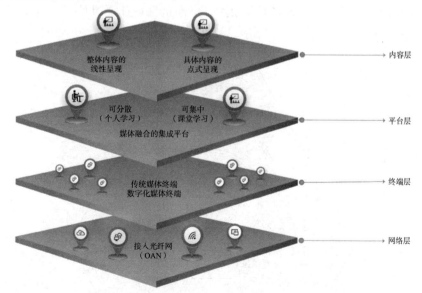

图 5-2 "党建融媒体课堂"媒体融合空间构成单元

网络层的构架接入光纤网（OAN），光纤网是采用光纤传输技术的接入网，即本地交换局和用户之间全部或部分采用光纤传输的通信系统，具有宽带、远距离传输能力强、保密性好、抗干扰能力强等优点，能够保障学习空间多个终端稳定高速的联网使用需求。终端层汇集党建课堂学习需要的传统媒体终端和数字化媒体终端，包括书籍报刊、展示品、影音设备、电脑、VR 设备、互动体验设备等。以多种媒体融合的方式建构党建基础媒体设施，满足党员学员多元化的学习需求。平台层通过媒体融合形式集成适用于集中性的课堂学习平台和分散性的个人学习系统，满足群体课堂教学和个人体验式学习的需求。内容层呈现线性的整体内容和点式的具体内容，满足党员学员对特定内容的系统性学习的要求，例如，系统的党史学习；或者对特定内容的直观学习，如对某次会议文件的学习，对党的历史上的某次战役的直观学习等。

2. 空间信息设计原则

虚拟空间和实体空间融合的"党建融媒体课堂"遵循了空间信息设计原则。具体来说，在以党建或者红色文化传播为目标的虚实融合空间设计中，从内容严肃性和方式多元化角度，空间信息设计要遵循三个重要原则（见图 5-3）。

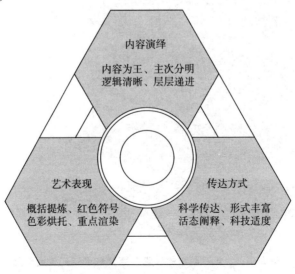

图 5-3　媒体融合空间信息设计原则

一是在内容演绎上，强调"内容为王、主次分明、逻辑清晰、层层递进"。始终明确党建内容或者红色文化内容的主体价值，不失真，不仿造，不有意削弱，不刻意强化；同时，高效、全面、准确地传达庞杂的学习内容也十分重要，需要在相关文献研究或者成熟研究成果的基础上进行空间适配的内容梳理与选择，按照主次分明、逻辑清晰、层层递进的方式对学习内容进行规划和表达。

二是在传达方式上，注重"科学传达、形式丰富、活态阐释、科技适度"。科学传达方面，内容的有效传达需要好的形式，党建内容及红色文化内容尤其需要注意传达形式的问题，对形式问题的把握应该注意科学性问题，这里所说的"科学性"具体是指选择与内容内涵真正适配的形式，有些内容适合用文字传达，那就不必刻意图文并茂，有些内容适合互动体验的形式学习，那就尽量采用现场互动的方式，有些内容需要群体课堂学习，还有一些适合个人深度学习，因此，需要根据内容特点制定合适的、科学的传达方式。形式丰富方面，党建学习和红色文化内容需要用多元化的形式传达，例如，图文结合、互动和影像结合、文本学习和体验结合等。活态阐释方面，现在的学习活动，依托多元的数字化手段和多种媒体形式能够实现抽象文字内容的具象活化，因此，要充分使用多种数字技术手段使党建内容、红色文化内容活起来，以生动、鲜活的方式传达。科技适度是指，数字化手段使用要有节制，不能过度使用，避免炫技，否则技术形式难免喧宾夺主，弱化内容本身的价值。

三是在艺术表现上，倡导"概括提炼、红色符号、色彩烘托、重点渲染"。艺术化手段适用于部分党建内容或者红色文化内容。人们对美有永恒的追求，这种追求是自发的、与生俱来的。这种对美好事物的向往与追求，也可以成为党建内容学习和红色文化学习的强大动力。对党建内容和红色文化内容进行有限、有效的艺术化创作设计，不仅能传达内容信息本身，还能带来精神上的愉悦与享受。因此，党建学习及红色文化学习，通过艺术表现手法进行内容信息创作设计是必要的。通过视听艺术手法精准传达内容内涵，将内涵以高度提炼的红色符号进行传达，使其直观明确，深入人心。同时，内容传达的艺术设计从红色文化、党建内容的文化色彩体系出发，结合色彩心理学，依靠色彩设计，对文化内涵进行色彩烘托是主要手段。艺术表现的方法适用于特定内容，并且最有效的方法需要用在核心内容点上，因此，要对重要内容以艺术表现的方法进行重点渲染。

（二）设计板块

以"党建融媒体课堂"为例，媒体融合空间设计板块涉及多个层面，包括最基础的红色文化内容梳理，整体空间展示性学习中必要的叙事及交互逻辑设计，以及空间设计和体验模块设计（见图5-4）。其中，红色文化内容梳理需要将重要事件的点式形象和全面翔实的线性叙事相结合。叙事及交互逻辑设计是为了将复杂内容按照一定的逻辑讲清楚，需要对空间叙事逻辑和具体交互单元的交互体验逻辑分别进行设计。空间设计需要注意结合党建内容或者红色文化内容对整体空间的进行叙事规划，根据信息展示规划空间规模，并对整体空间进行视觉设计，实现优化和提升。最后的体验模块设计基于数字化互动媒体在空间中的应用提出，在数字技术支持下，沉浸式、互动性体验能够实现传统文化信息的活化呈现，这就需要对体验的人群即用户进行研究，结合用户需求进行对应设计，以获得学习中的最佳体验感。

1. 红色文化内容梳理

在方案前期对党建内容或者红色文化内容的主题进行综合研究与具体梳理。在内容梳理上兼顾全面和重点，不可偏废。一是全面梳理，整体成线。要全面、翔实地研究主体内容，系统研读红色文化内容，依据时间、主题等特定逻辑整理内容。二是重点表达，事件为点。在全面梳理的基础上，择取重要事件作为展示、学习的内容，依托多种技术手段、媒体方式，用真实、生动，可以获得深刻体验的方法进行表现，倾向选择意义大、关联强、体验好的事件（见图5-5）。

2. 叙事及交互逻辑设计

主要包括两个层面，一个层面是公共教学及展示空间叙事逻辑设计。

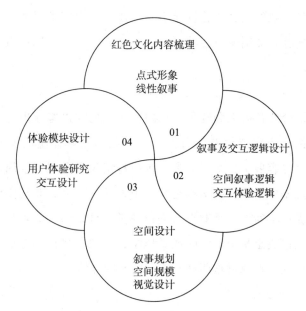

图 5-4　媒体融合空间设计板块构成

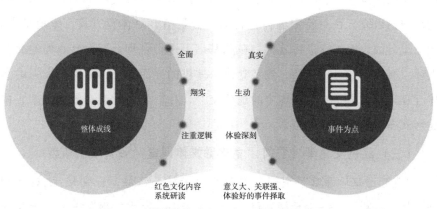

图 5-5　媒体融合空间红色文化内容梳理方法

这部分，一是要深入开展党建工作研究，这是基础；二是要结合具体空间进行繁简剪辑与事件择取。第二个层面是体验及互动项目交互体验逻辑设计。一是要基于党员教育特性设计互动逻辑，主要是为了从党建以及红色文化内涵的角度出发，满足学习的政治严肃性需求。二是不能让主题需求、内容特点迎合技术手段和媒体诉求，而是要让技术手段满足内容以及主题需求，与一般的交互体验设计不同，在党建内容学习和红色文化学习中，交互性体验不能削弱内容的严肃性，而是要提升主题严肃性，降低体验的娱乐性。

3. 空间设计

一是要结合红色需求和红色文化内容，在前期内容梳理的基础上进行叙事规划，撰写内容展示及学习大纲，以此作为整体空间安排的指导材料。二是结合内容展示、学习需求，按照特定逻辑和现有空间情况规划空间规模，在规划中划分公共学习空间、个人学习空间，布局实体学习和体验空间以及虚拟空间。三是对空间进行视觉设计，结合党建学习以及红色文化的内容风格决定整个空间的视觉风格，在视觉风格确定后对视觉元素进行设计与搭配，形成风格明确、统一的空间环境。

4. 体验模块设计

在数字化技术和多元媒体的支持下，现在的党建学习和红色文化学习可以实现沉浸式、互动性、活态化，相关技术手段的使用基于对使用空间的用户的研究，在对特定群体进行深入分析后，对体验方式、体验难度、相关设备的人因工程进行分析，在此基础上进行合理、有效、有趣的交互设计。交互设计可以包括，数字党建一体机的界面交互，体验性极强的实体互动以及在虚拟现实环境中的虚拟交互，在以上多元交互的融合中，构建形式多样的互动体验方案。

（三）红色文化学习空间"党建融媒体课堂"设计实例原型

"党建融媒体课堂"空间总共分为六个核心区域，分别是："观往知来，忆苦思甜"——综合展示区，"万水千山，绿水青山"——重走长征区，"经苦中苦，历难上难"——互动体验区，"笃信好学，砥志研思"——深度学习区，"团结合力，信仰如山"——共创共享区，以及"不忘初心，牢记使命"——党建考察区。在空间流线规划上，结合党建内容和学习活动特点，形成自然流畅的学习线路和起承转合、错落有致的空间布局，同时兼顾内容展示的逻辑性和均衡性。

1. 观往知来，忆苦思甜——综合展示区

观往知来，忆苦思甜

宏观了解波澜壮阔的百年党史，了解英雄们用生命书写的牺牲奋斗史，通过专题片等影像内容感知、体验、学习。

这一区域主要进行红色文化内容展示、学习成果展示、课程内容展示。在展示中宏观了解波澜壮阔的百年党史，了解英雄们用生命书写的牺牲奋斗史，通过专题片等影像内容感知、体验、学习红色文化。

在综合展示区的环幕展示中，以环幕影像专题观摩、桌面大屏互动、顶幕桌面红外互动、定向声技术等技术手段和媒体形式，进行党建内容、学习成果和课程内容的展示。

在综合展示区的党史时间轴区域，一是通过"数字滚动时间轴影像"连贯播放不同时期重要党建内容；二是对应时间轴涉及的人物和内容，重点展示出重要事件及人物影像，并且实现时间轴播放与屏幕展示同步；三是用 AR 技术进行实物展示，融合传统媒体和数字媒体，在实物（文献、报纸等）的展示中使用 AR 技术，通过移动终端可以在实物上叠加相关影像内容，拓展信息含量。

2. 万水千山，绿水青山——重走长征区

万水千山，绿水青山

一路硝烟，一路战火，一路鲜血，一路牺牲的长征，熔炼了中国共产党人最顽强不息，最光彩夺目的生命力。如果没有艰苦卓绝、惊天动地的二万五千里长征，我们的今天又是什么样的？——金一南

这一区域主要将实体的沙盘模型景观和投影、AR 等多种互动手段相结合对长征内容（万水千山）进行展示学习，在此基础上深刻领会习近平

生态文明思想（绿水青山）。

实体沙盘模型景观是长征路线自然景观与地貌情况的实景微缩，在有限空间中能够集中、生动地展示出红军长征途经全貌，领会长征的艰险与不易。同时在沙盘实体上以 3D Mapping 技术对整体的随境投影进行叠加，以动态的影像在沙盘上呈现长征细节、路线以及一些重要会议及战役情况。此外，以 AR 技术对局部的幻影进行立体呈现，在点式的沙盘地理位置上设置扫描点，通过移动终端以影像介绍的方式详细说明具体事件内容。同时在这一区域出口设置观众穿戴互动体验设备，实现红军长征军服互动穿戴，以身份代入强化对长征的领会。

3. 经苦中苦，历难上难——互动体验区

经苦中苦，历难上难

纵观长征，绝非我们今天把蜿蜒逶迤的跋涉路线看成一条红色飘带那样浪漫和诗意的。即使我们今天能一步不差地走完全程，除了品尝到跋涉的艰苦，你能品尝到那种九死一生的危险吗？

这一区域主要通过实体互动、虚拟现实、体感交互、动作捕捉等数字化、沉浸式、互动性体验方式，深入学习重要的红色事件。互动区通过设置多模块的互动功能，构建了多种类型的联合体验，包括战事及会议深度影音体验仓、过草地及翻雪山体感+虚拟现实体验装置等虚实融合的体验项目。

4. 笃信好学，砥志研思——深度学习区

笃信好学，砥志研思

坚定信仰，深入学习党史党情、学习重要讲话、领会党的精神，追寻党的根脉和起点，感悟信仰的力量，砥砺意志，增长智慧，实现自我净化、自我完善。

这一区域以深度学习为目标，融合语音输出、影像播放、实体书籍阅读、展品展示以及课程内容学习，利用多种媒体形式深入学习党史、党情、重要讲话，以"深度学习"教学改进项目为载体开展教学改革重难点攻坚行动，高效推进教学改革。深度学习，是指在教师引领下，学生围绕具有挑战性的学习主题，全身心积极参与、体验成功、获得发展的有意义的学习过程。在这个过程中，学生掌握学科的核心知识，理解学习过程，把握学科的本质及思想方法，形成积极的内在学习动机、高级的社会性情感、积极的态度、正确的价值观，成为既具独立性、批判性、创造性又有合作精神的基础扎实的优秀学习者，成为未来社会历史实践的主人。

5. 团结合力，信仰如山——共创共享区

团结合力，信仰若山

邓小平同志指出："我们过去几十年艰苦奋斗，就是靠用坚定的信念把人民团结起来，为人民自己的利益而奋斗。没有这样的信念，就没有凝聚力。没有这样的信念，就没有一切。"

红色文化学习也要在团结的氛围中进行，这一区域融合了屏幕影像、互动投影、互动桌面、圆桌讨论，可以开展学习讨论、分享、交流、团体活动，进行创造性学习。让学员通过团结合作，在具体活动中共同成长、共同进步、互相监督，在讨论、交流和实际操作中确立团结心、锻造凝聚力、坚定信仰高地。

6. 不忘初心，牢记使命——党建考察区

不忘初心，牢记使命

考过去，在丰富的视觉形态中再次感知党的辉煌历史并完成对学习过程的总结与考核。

问未来，进行多种形式的考察与提升，帮助党员在现实工作中抵御物质诱惑，锤炼坚强党性，保持先进本色。

党建考察区对在整个课堂学习中的学习情况进行考察、考核、评价，摆脱单一考察方式，通过虚拟现实、影像内容、多元考题系统、舒适考试空间环境以及考试一体机等进行党建趣味考察，考学相加，考试的同时也是趣味化的学习过程。

总的来看，基于多种媒体融合互动的"党建融媒体课堂"，融合了实体空间和虚拟空间，在空间功能上突破了单一虚拟空间或者单一实体空间的局限，在二者融合的基础上实现了三层次功能和多元化体验。一是提供空间，即可用性。此处的空间通过充分的党建设计，且融合了实体空间与虚拟空间，兼具二者在空间感知上的优势，为实现党建对展示及教育的有效引领和满足党员情感体验需求提供了可用性空间。二是营造氛围，即趣味性。在空间可用基础上，实体空间和虚拟空间的融合营造高度沉浸感的氛围，具备提升空间趣味的可能性，满足教育活动中对空间趣味性的需求。三是生成互动，即交互性。实体空间和虚拟空间的融合，推演出多感官、多层次、多通道的交互，提升党员参与感，进一步实现情感的链接与互动。与实体空间和虚拟空间相对应，交互也分别以实体空间交互和虚拟空间交互完成。与实体空间的交互主要是通过对空间色彩、线条等造型空间的感知以及与空间里的设施进行互动；虚拟空间交互整合感官感知和行为体验，通过听觉、视觉、触觉等感官通道，通过主体行为，产生多感官、多维度的互动。

三　大数据应用：红色文化传播的融媒体平台建设

大数据是信息化发展的新阶段，与云计算、人工智能等现代信息技术一起不断提高社会生产力，深刻改变着人类的生产生活。大数据能够为繁荣发展文化事业和文化产业提供有力支撑。数据是全媒体传播体系的基本资源，缺乏数据，就意味着缺乏传播力。在全媒体时代，必须坚持内容为王，而数据是发挥内容优势的基础。以大数据以及大数据思维管理红色文化内容，以技术应用与理论方法推动红色文化内容的数字化转化，建设红色文化数据库，推出红色文化资源的共享平台，基于技术对红色文化的系统内容进行整合，以更生动鲜活的方式引领观者达到情感共鸣。这是红色文化媒体融合传播的主要方向，对于红色文化生产、传播来说，大数据能够发挥助推作用。

一是可以促进红色文化产品生产与服务升级。大数据可以帮助创作者更加准确地了解不同平台受众的兴趣和行为习惯，根据用户的文化接受喜好和媒体素养推出对应的红色文化产品，使红色文化产品在设计研发阶段就能对标用户需求，对应市场需求，满足传播需求。同样，在红色文旅中，大数据对红色游客进行数据化分析，也能够帮助红色景点、展览馆等推出适应性的服务，以大数据分析提升用户的红色文化体验，提升红色文化服务水平，促进红色文化产业的数字化和高质量发展。

二是掌握舆情舆论、思想观念等变化情况，提前做好应对之策。红色文化传播自身的政治价值、社会价值在舆情舆论、思想观念引导上十分重要，在红色文化传播中要通过数据监测关注一些苗头性、倾向性问题，在发现问题的基础上，增强应对的主动性。大数据的优势正是分析趋势，开展预测预警，提供技术支撑。红色文化数据化的传播，对苗头性、倾向性问题有天然的监测属性，有利于净化网络环境风气，提升网民政治素养，厚植爱国情怀，对思想教育和道德建设，更具有针对性。

三是大数据有助于评价红色文化产品与服务。大数据以全样本、多信源等优势，实时、动态、全面监控各级各类红色文化机构、红色文化内容，对失真失实、以偏概全、夸大其词、扭曲荒诞的红色文化作品、产品进行监督、纠偏，相比较于传统方式，基于大数据的监测方法一定程度上能够弥补传统方法存在的不足，提高结果的可信度。

张达提出，我们可以从三个维度来把握文化领域大数据：一是容量巨大的数据，二是处理大数据的技术，三是面对大数据所需要的思维方式。[①]对于红色文化领域的大数据应用来说也应当从数据库本身、技术构成以及大数据思维三个层面来审视。

---

① 张达：《发挥大数据对文化强国建设的推动作用》，《中国社会科学报》2020 年 12 月 22 日，第 A01 版。

第一个方面，在数据量以及数据的实体构成上，我国各类图书馆中的红色文化书籍馆藏，各级各类红色主题博物馆、纪念馆，红色遗址、红色景点等文化单位的馆藏资源十分丰富。各类新媒体发端兴起，这些红色文化单位中的文字、图片、实物逐渐走向数据化，非结构化的红色文化数据快速增长，形成大量红色文化数据。在自媒体、社交媒体的宣传下，在逐年快速增长的移动端用户群的传播下，红色文化数据海量析出。多源数据汇聚并持续增加，使红色文化实体内容成为文化领域大数据的主要构成之一，数据化的场景也逐渐成为红色文化生产、传播的典型场景。此外，媒体深度融合应充分将主流媒体长时间积累的数据资源开发出来，不断拓展信息服务的深度和广度，在数据版权、数据服务、数据库等方面发挥比较优势，提供满足用户获取资讯、进行社交等需求的有竞争力的产品。

第二个方面，在处理大数据的技术方面。海量数据本身不能直接带来价值，需要使用分析工具对数据进行分析才能使数据产生意义。对红色文化数据来说，从红色数据的标识、获取到清理、存储，再到管理、处理、分析，初步形成的技术体系不仅能够从繁多的红色数据中找到有用的部分，还能够快速及时地完成数据管理。在媒体融合的红色文化传播中，无论是分析红色文化需求，还是实施舆情监测、完成定向推广宣传，都需要大数据技术支持。同时，大数据技术并不能独立完成文化生产传播链条上的所有动作，需要与网络化、智能化等技术形态形成联动。

第三个方面，要用大数据思维方式面对、处理海量红色文化数据。将分散的红色文化数据集成，通过有效分析寻找关联，将看似割裂的、分散的各类数据联系起来，使单一数据元素能够与其他红色文化元素通过关系构建形成更强的文化效应，这是处理红色文化数据要关注的问题。在大数据环境中，基于智能化、网络化的数据分析，我们面对的是红色文化的全体样本，要分析各个分散的红色文化元素，理顺各元素、各部分的关系，通过大数据形成规律化、结构化的红色文化内容体系，并能够满足平台需求、用户需求、传播需求，实现海量信息精准提取、精准推送，这是红色文化数据库建设的主要目的。

当然，红色文化传播中的大数据应用也存在多个层面的问题。首先，从红色文化自身属性出发，涉及具体时间、地点、人物以及战事的数量问题极容易进行数据化量化，但是涉及红色精神、红色思想等意识形态层面的内容，就面临无法绝对数据化量化的问题。这就需要用更为高阶的数据处理技术或者转化形式进行数据处理。其次，也要避免单一依靠大数据分析结果、一味迎合受众需求而扭曲红色文化形态，弱化红色文化自身价值。在红色文化维度的创作上，也需要注意避免过度依赖大数据而削弱人作为文化发展主体的能动性。最后，从法治层面看，依托大数据形成的文化产品，权益归属和分配有时不易确定，对于红色文化来说，也面临同样的问题。

四　虚拟现实应用：VR 支持下的红色文化体验式传播

VR（虚拟现实）技术主要是通过计算机模拟虚拟环境从而给人以环境沉浸感。VR 技术历经了探索阶段、实用阶段、高速发展阶段等三个阶段。目前，VR 技术已经成为数字媒体技术中一项非常重要的技术。VR 技术综合了计算机图形、仿真、传感等多种技术，通过模拟一个具有逼真感官体验的"数字世界"，让受众产生一种身临其境的感觉，具有独特的沉浸性、交互性和想象性。

虚拟现实可以带给人们身临其境的感觉，这种"临场"的体验感对于看重"眼见为实"的受众的新知识的学习是十分重要的。VR、AR 技术使大众从内容的观看者转变为内容的参与者，提高了大众的临场感与沉浸感。三维可视化数字技术等的快速发展与应用使受众获取知识的过程变得更加生动。融媒体增强了受众的主体性，使人们更加积极地投入接收和创造知识的过程。

红色文化传播开始大量使用 VR 技术，充分还原、再生与共享红色文化主题场景、历史、事件，打造没有围墙的红色纪念馆，让观众随时随地就能获得红色文化的虚拟体验。通过 VR 技术，体验者可以足不出户游览井冈山、南湖等革命老区，身临其境地感受红色精神，锤炼党性，同时节省传统红色旅游成本、教育场地成本、宣讲人员成本。借助数字技术传播的方式，VR 技术以更加鲜活生动的感官体验引领受众进入红色历史文化场景，极易引发受众思想和情感共鸣。在 VR 技术支持下的红色文化体验式传播，通过沉浸体验，提升观众体验；通过互动体验，如复刻历史实景、体验角色换装、讲述历史故事、与 NPC 互动、体验科技穿戴设备、体验探秘游戏等实现红色文化传播。

一些线下红色文化展馆融入虚拟现实体验。例如，杭州首家 VR 党员体验馆，占地 100 平方米，设置了光辉历程、VR 体验、扫码党课和党员静思区四大版块。这是根据互联网企业特点和年轻党员实际，运用现代信息技术开展党员教育的体验空间，在有限空间中，VR 技术通过虚拟方式无限拓展了实体展示的空间，在传统展示的基础上实现了体验式学习的升级。在具体的虚拟场景、虚拟内容的创作上，虚拟现实体验发挥可再现优势，通常选取经典历史事件，以事件始末或事件经典片段为主体，建立 VR 场景，使体验者沉浸在历史事件中并领会历史精神。例如，主要选取的历史事件包括飞夺泸定桥、过雪山、过草地、狼牙山五壮士等经典红色故事内容，让观众沉浸在可听可见可感的"真实"历史场景中。在各红色景区、企业展厅、党建展厅、廉政展厅以及大型的场馆中，VR 全景互动技术越来越被广泛应用。例如，在廉政教育中积极采用 VR 技术，创造廉政教育+监狱忏悔体验，让体验者能够科学地探索腐败现象的深层次问题。目前许多 VR 党建馆、VR 党建虚拟展厅的制作都较为完善。例如，花生数字打造的 VR 党建虚拟展厅，共设置了光辉形象厅、伟大起源厅、建党兴业厅、党政党风厅、党员建设厅、扬帆起航厅等六个主题馆，突出党性教育特色，提高党性教育实效，通过交互式、全景式、沉浸式环境帮助体验者屏蔽外在干扰，集中注意力，提高学习效率，让党建教育更鲜活生动，更深刻震撼，更专注高效，更全面节约。

在 VR 技术的支持下，虚拟化、沉浸式信息传播与服务体验的价值快速提升，在 5G 通信技术提供的传播渠道中，VR 技术的应用场景从线下体验转移至线上传播，技术与内容生产的结合从体验性的文化传播、娱乐等拓展到强调效能的教育、培训、运营、生产等领域。未来将探索出更灵活的模式和更多元的场景以促进红色文化传播。

　　总体上来看，未来的红色文化传播，数字技术将持续发力，全面改善媒体环境，赋能内容生产，提升传播效能，创新传播方式。5G、大数据、云计算、物联网、区块链、人工智能等信息技术革命性成果对于形成红色文化媒体融合全链条传播有实质性的推进作用。在内容生产上，数字化提供便捷的内容生产、创作方式，使传统主流媒体集权的内容生产转为全民参与性、民主化内容生产，民主化的制作与传播促使融媒体平台加速挖掘需求侧。在流通传播上，全媒体营销持续升级，广播电视等传统媒体持续发挥作用，电视收视方面，"大事看大屏"，电视公信力不可替代。同时，"两微一端"等社交媒体推广稳步推进，短视频平台的视频消费是重点领域，提升视频消费水平成为竞争新方向，视频营销模式将助益红色文化创意产业发展。数字化监管上，大数据、区块链、人工智能等新兴技术提供可靠保障，形成红色文化保存、保护、传承数字化一体链条将成为现实。

第六章

红色文化媒体融合传播的内容组织系统建构

红色文化在媒体融合传播语境中，其内容应该被界定为以内容生产、产品流通、媒体传播为一体的广义内容，因此，在媒体技术的分析框架下，需要聚焦内容本体，深耕红色文化内容底色，在媒体技术、文化产业、媒体生态的场域中，使媒体融合有效赋能红色文化的内容传播，实现红色文化媒体融合传播创新的"加速度"。

第一节　一个中心：优质内容是根基

在媒体融合时代，传统公共媒体与新兴自媒体协同构建了一个多元化的媒体融合生态系统，这一系统以内容为核心，集电视、互联网、报刊等传统公共媒体以及微信、微博等新兴自媒体于一体，广泛促进了大众的积极参与，其中，优质内容是根基。优质内容的判断标准有多元的维度：一是对内容的价值肯定是构建优质内容的前提基础，二是适应相应媒体形式的内容才是好的内容，三是适应特定受众群体多层面需求的内容才是对的内容。红色文化传播在内容为王的价值共识下，适媒推广、适众传播，同时利用媒体融合的优势，拓宽传播渠道和受众群体，从而使优质内容得到最大限度传播与扩散，全面升华其价值与影响力。

一　内容"为王"

"内容为王"是网络领域的热词，其核心在于强调网站内容的质量对于网站是至关重要的，认为丰富且高质量的原创内容是网站立足的根本。对于红色文化的媒体融合传播来说，"内容为王"这一理念着重强调在多元的传播渠道以及不断演进的技术环境中，始终保持红色文化内容的卓越性是至关重要的。内容始终是媒体的核心竞争力，技术再新、渠道再快，缺少高质量信息的支撑，仍然会失去用户读者。因此，坚持内容为王是红色文化传播优质内容体系建构的首要任务。

坚持红色文化内容为王，需要与现实对接，强化价值认同。红色文化传播最重要的是获得大众对红色文化精神的认同感。文化认同是指个体在某一个民族共同体中长期共同生活所形成的，是对该民族最具价值意义的一种积极肯定和深切感知。红色文化认同则是指社会个体或群体对红色文化的接纳、赞同和对其价值观的共鸣。红色文化内容完整、保真，并持续产生深远影响，需要聚焦传播内容，深化价值表达。从红色文化传播的宏大叙事逐渐走向与现实对接，紧密结合群众生活实际和精神需求，扩大公众与红色文化的接触面，增强大众对红色文化价值内涵的体悟。要结合当代大众的生活需求和生活方式特点，在保证红色历史内涵的基础上注入现代元素，将红色文化的核心内涵与现实生活结合起来，从现实出发，紧紧围绕大众日常生活，促进红色文化融入公共文化生活领域，赋予红色文化新生命、新内涵。

坚持"内容为王"与"创意制胜"之间的平衡。媒体融合时代，红色文化的内容组织，一方面通过对红色文化内容的解读，进行客观、求实、理性的表达。另一方面实现红色文化与文化创意产业的融合提升，进行红色文化的创意转换。红色文化要强调自身"内容为王"的客观表达。同时，在创意活动中，"内容为王"的问题需要谨慎对待。一是在创意活动中要发挥红色文化的内容创作优势。红色文化有较大的时间跨度、类型跨度和形态跨度，按照红色文化内涵，未来红色文化内容将随着中国的发展继续丰富发展。形态丰富、内容多元的红色文化必然成为创意产业的优势资源库之一。文化产品的品质是影响输出质量的核心，在创意活动中要从根本上抓内容质量，从内容上抓核心创意，从内容传播的需求本身把握创意设计要素和创意产品的消费导向。二是红色文化内容依托创意实现高品质输出。创意是文创产业的核心资源，红色文化内容附着在创意产品上，可以以精良的文化创意产品形态呈现。目前，随着 5G 商业化应用的普及，大数据、物联网及人工智能等前沿科技的飞速进步，创意产品和创意服务的创作、传播及体验过程正以前所未有的方式发生着深刻变革。在"人人创意"的互联网时代，专业与非专业的创意者、设计师和知识传播人员要把握信息时代网络化、数字化、智能化发展机遇，提高文化传播能力，以AI、VR、AR 等数字新技术优化传统文化产业发展格局，以占据新一轮社会数字化变革中的文化制高点。

二　内容"适媒"

对于红色文化传播来说，在媒体融合的趋势下，不再以扩大受众规模为传播的唯一目标或核心价值，而是注重拓展深度与提高质量。受众的数量不再是传播的永恒目标和价值追求，媒体融合中的文化传播媒体正在经历从规模到质量的转型。对于红色文化传播来说，更大范围、更多受众的传播依然是重要的，但文化价值的影响力是更加重要的目标。因此，媒体需要获取受众的信任，使文化形态与媒体形态共生，从内容和体验的双重层面让受众产生共鸣。具体来说，红色文化传播的内容"适媒"，主要从语言形态和载体形态进行考量。

红色文化内容要匹配特定的语言形态。根据一般的文化形态分类，红色文化可分为物态文化、制度文化、行为文化、心态文化等层面。对于红色文化来说，其中的物态文化层面是红色文化体系中物质生产方式和实体物品的总和，是可触知的具体实在的实物，覆盖衣、食、住、行、用等多个方面；制度文化层面是新民主主义革命时期、社会主义革命和建设时期、改革开放和社会主义现代化建设新时期、中国特色社会主义新时代，中国共产党及其带领下的各民族人民，在逐渐多样化的社会实践与不懈的斗争实践中逐步确立的一系列规范与准则；行为文化层面是中国共产党及其领导的各族人民在红色文化熏陶下形成特定社会性的、集体性的行为，如红色事件纪念活动、红色文化体验活动等；心态文化层面是在红色文化影响下，人们的社会心理状态和社会的意识形态，其包含了价值观念、审美趋向、思维模式以及进一步衍生出的丰富的文学创作与艺术表现形式。

　　红色文化的物态文化、制度文化、行为文化、心态文化等层面，在具体的内容呈现上借助不同的语言形态。例如，物态文化主要借助实物如衣物、工具、建筑、设备等呈现；制度文化主要通过文字记载并通过行为呈现；行为文化通过大众的行为、仪式、活动等表现；心态文化则借助多元化的艺术手段，包括摄影图片、影视作品、文学作品、戏剧、歌曲等多元化语言形式来表现。红色文化内容匹配特定的语言形态是指要结合不同类型的红色文化内容需要，选择匹配的语言表现形式。例如，物态文化尽量采取实物或数字化三维模型呈现，制度文化必然需要通过相关文字记载；此外，要发挥多模态话语类型优势，整合语音、文字等语言信息和图片、视频、互动体验等非语言信息，融合具体的红色文化实物、图片、影像等具象形态和历史、文献、事件、故事、红色精神等抽象形态，以多样化的话语类型传播红色文化。

　　红色文化内容要匹配特定的载体形态。这就对媒体形式提出了更为全面的要求，即使红色文化一要传播得广，二要传播得对，三要传播得好。传播得广是媒体"广而告之"的基本价值；传播得对，就需要内容"适群"，下节阐述，此处不再赘述。传播得好，就需要在媒体形式上下功夫。在红色文化的传播中，一是要充分发挥现在的多元媒体优势，推动媒体融合发展，借助新技术、新渠道，使红色文化内容适应和应用新技术、新手段，以媒体优势实现内容传播发展；二是要发挥多通道信息传播优势，基于时间和空间，借助线上+线下的传播渠道、现实+虚拟的现场体验以及空间媒体矩阵的媒体组合，深入日常生活，将红色内容与大众生活场景相结合，向大众更精准、更有效、更深入地输出红色文化，达到"传播得好"

的目的。

目前的媒体融合已经实现以上两个维度的功能价值，对于传统媒体来说，需要根据红色文化传播的媒体需求进行变革，大胆创新、调整角色定位，通过构建多元媒体矩阵，向信息服务者转型，用服务功能吸引用户，用强连接留住用户，用精确化、透明化传播，获得优质用户青睐，通过提供高品质的媒体内容，对目标用户群体产生深刻而持久的正面影响。比如，中央电视台打造了媒体融合的大型互动平台，人民日报社打造了包括报、网、端、微等 10 多种载体在内的人民媒体方阵，有效推动了红色文化信息的二次、多次传播。

三　内容"适群"

随着全媒体时代的到来，大众传播的分众化趋势愈发明显。这种"分众化"看似是分，实际是同类聚合。可以说，大众传播领域正经历一场从"碎片化"向"再聚合"的转型。其中，公众可以依据个人的媒介偏好和所认同的媒体社群来定位自己，这一过程实现了从碎片化的信息传播模式到对特定群体的精准传播的转变。红色文化传播需要强调内容"适群"，即"媒介适应性"。原因就在于，不同媒体平台有差异化的细分受众，故要确保红色文化传播的内容及表现形式既能与不同的媒介特性无缝对接，又能呼应差异化的目标群体的特质，如此，才能让信息自然而然地被公众吸纳和认同。要做好红色文化传播，就必须认真研究差异化、多样化的受众需求，实现文化传播与受众个性化需求的有效对接。

红色文化传播要找准角色定位，树立服务受众的理念。服务受众并不是一味地迎合受众、盲目地服从受众，而是在尊重受众需求的基础上通过提供优质文化产品来引导并影响受众产生新需求，从而最大限度地实现受众需求与社会需求的融合，最终实现人与社会的共同发展。要根据大众传播的分众化趋势，回应不同受众需求，确保投放的精准度。要关注重点群体，特别是抓住年轻人这个群体。从文化供给侧的角度来看，目前市场上适合年轻人的优质红色文化产品并不多。年轻人没有经历过那段革命历史，难免会对其产生距离感。红色文化传播者要善于研究年轻人的文化需求特点，根据其消费喜好和需求进行统筹谋划。在叙事话语方面，多采用平民化的视角和个性化的语言，善于进行叙事话语的网络化和生活化转换，用他们听得懂、听得进的话语来交流传播，让红色文化真正融入年轻人的生活。

同时，需要关注媒体平台的受众特点，进行内容的适媒、适众投放。例如，在网络传播中，40 岁及以下年龄段的用户构成了我国网络信息传播的主体部分，16~26 岁年龄段的用户是核心用户群。为了有效对这一网络空间关键群体传播红色文化，必须将内容创作与传播策略聚焦于青少年，紧密对接他们的文化诉求及网络行为习惯。要充分利用社交媒体平台、移动应用程序等工具，采取多元化的内容形式，包括图文、视频等，来拓宽红色文化在网络空间的宣传路径，进而优化并升级红色文化的在线体验与服务质量。

第二节　三重逻辑：动力、产业与生态

红色文化媒体融合传播的内容组织，在动力、产业和生态三个核心逻辑层面体现了文化科技融合的本源规律。具体来说，与其他文化科技融合类同，红色文化的媒体融合传播，在内容组织上也需要遵循技术创新应用的动力逻辑，产业思维支持的产业逻辑以及多维边界融合的生态逻辑。这三个基本核心逻辑分别促生、推进红色文化产品和服务的载体和形态的数字化转型（动力逻辑），红色文化的文化生产、商业模式和管理手段的数字化转型（产业逻辑），以及红色文化的社会性、时代性发展的数字化转型（生态逻辑），以形成红色文化的可持续传播（见图 6-1）。

一　动力逻辑：技术创新应用

在数字技术的创新应用下，红色文化形态、载体和传播方面将持续推进数字化转型。当前，全球传媒经历了数字技术的持续变革与消费行为的

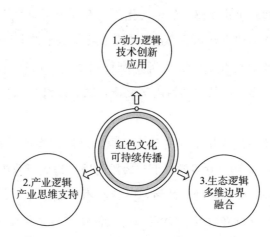

图 6-1   红色文化可持续传播的"三重逻辑"

深度变迁，已经发生了结构性的变化。电子游戏、语音社交等领域展现出迅猛的增长态势，同时依靠人工智能以及大数据等先进技术支撑的新兴传媒形态日渐成熟。当前，5G、大数据分析、人工智能技术和区块链等科技成果成为驱动媒体行业发展的关键力量，这些技术的应用不仅揭示了传媒生态不可阻挡地向深度数字化与全面智能化迈进的趋势，同时也标志着传媒领域正经历一场意义深远的转型变革。

目前数字化发展迅速，数字技术成为媒体融合中红色文化传播研究的重点领域。数字技术作为当前主要技术创新的应用层面，在推动红色文化传播的过程中，其主要聚焦红色文化形态的数字化、红色文化载体的数字化以及红色文化传播的数字化转型（见图 6-2）。

（一）红色文化形态的数字化转型

红色文化的传统形态表现为图文、音视频、文本、旅游体验、展示等，是媒体融合时代红色文化传播的主要形式之一，前文已详尽阐述。红色文化形态的数字化必然会随着数字技术的发展而不断更新，主要表现在数字化的红色文化产品和服务上。

1. 红色文化产品的数字化再造

红色文化产品的数字化再造，主要呈现出文创数字化、出版物数字化、影视作品数字化、艺术作品数字化、展览数字化等多样形态。进入 21 世纪，

- 红色文化产品的数字化再造（文创/出版物/影视作品/艺术作品/展览）
  红歌：磁带、CD唱片、网络音乐、音乐App。
  红色游戏：线下游戏机、网络游戏、手机游戏。
  红色文化出版物：电子阅读。
  红色文化演艺：云音乐会、云展览、云演艺。

- 红色文化服务的数字化再造（旅游/体验培训学习）
  "两微一端"
  红色文化网站、博物馆App、公众号、小程序……
  线上红色文化展览、线下红色文化展演
  红色文化自媒体平台直播

- 传播形式转化　线下到线上再到"线下到线上"一体化
  普网到5G+8K
  物理真实空间到数字化虚拟空间再到"虚拟+现实"无缝对接

- 传播效果升级　突破时空局限，内容的批量复制
  更快速，更加便捷
  从观看到互动
  获得奇观化，沉浸式、参与式、互动性的体验

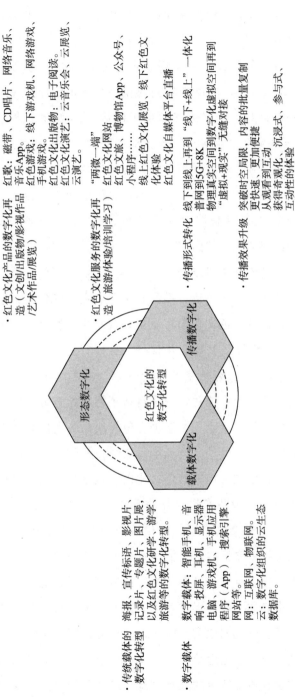

形态数字化　传播数字化　载体数字化　红色文化的数字化转型

- 传统载体的数字化转型　海报、宣传标语、影视片、记录片、专题片、图片展、以及红色文化研学、游学、旅游等的数字化转型。

- 数字载体　数字载体：智能手机、音响、投屏、耳机、显示器、电脑、游戏机、手机应用程序（App）、搜索引擎、网站等。
  网：互联网、物联网。
  云：数字化组织的云生态数据库。

图6-2　红色文化形态、载体、传播的数字化转型

数字化的文化内容创作和传统的文化内容创作齐头并进，成为文化产品和服务供给的主要力量。数字化内容、载体和形式与传统文化生产体量比重此消彼长，不可否认的是，数字化逐渐占据主导地位。随着互联网的发展，从磁带到 CD 唱片，从网络音乐到现在手机音乐软件，从线下游戏机到网络游戏、手机游戏，从实体书到电子阅读，再到后疫情时代出现的"云音乐会""云展览""云演艺"等，都是把原本需要通过声波、光波、电波等物理介质生产和传播的产品及服务转化为数字化技术支撑的文化内容的生产和流通。现在，文化的生产、创作、传播和消费已经从传统方式逐渐转变为以线上"互联网+"及线下互动化体验为主要载体和形态的数字化系统，呈现出媒体融合的面貌。

2. 红色文化服务的数字化再造

红色文化服务的数字化再造，目前看主要表现为红色文旅数字化、红色文化体验数字化以及红色文化学习及培训数字化。红色旅游中，专项的应用程序（App）的设计凸显数字化优势。文博行业"腾讯博物官"App上线以来，河北博物院、秦始皇帝陵博物院、山西博物院、广东省博物馆、浙江省博物馆、敦煌市博物馆联合打造了博物馆智能导览服务，在场馆地图、扫描识别、展览导览、智能语音等模块为各大博物馆提供技术服务，为博物馆服务赋能。另外，再现革命遗址中的红色历史场景并实现跨越时空的互动对话，已成为传统红色文化内容数字化再造的一种方式。传统红色文化内容包括中国共产党召开的重要会议会址，如中共一大会址、遵义会议会址、瓦窑堡会议会址、西柏坡中国共产党七届二中全会会址等；中国共产党各级重要机构曾经的所在地旧址；中国共产党的领袖的故居、各杰出人物的纪念堂及先进团体的发源地等。通过沉浸式数字化的方式讲述历史，以多媒体手段，提供互动式体验服务，打造沉浸式空间，翔实、深刻、多方位、沉浸式地重现历史。以互动式数字化的方式，将会议旧址、机构旧址、故居、纪念馆等处发生过的故事作为核心剧情蓝本，设计体验场景，让游客通过特定的互动方式，参与到红色文化探寻中去。还有在一些数字化再造中，重构课堂方式，将会址、旧址、故居、纪念馆等进行数字媒体升级，在传统形式上实现有址可寻、有物可看、有史可讲、有事可说的数字化"红色课堂"。

（二）红色文化载体的数字化转型

传统的红色文化传播中，海报、宣传标语、影视片、纪录片、专题片、图片展，以及红色文化研学、游学、旅游等是主要载体，在数字化技术支撑下，红色文化传播载体发生巨大变化，同样，文化学习的体验也发生了变化。当前，移动终端日渐全民化，当代大众几乎人人持有智能手机，时时、事事离不开智能手机，手机已然成为所有人不可舍弃的"器官"。同时，以手机为"中枢"的其他关联设备，如音响、投屏、耳机、显示器、电脑、游戏机以及手机应用程序、搜索引擎、网站等，也与当代大众紧密绑定。在这些设备与应用之上，巨量的信息传输与接收时时进行，红色文化传播也在此基础上推动了自身传播载体的数字化。

随着大数据技术的不断发展，数字化应用场景不断扩展，推进到网（互联网、物联网）、云（数字化组织的云生态）等全场景，数字化传播载体无处不在。此外，数字化技术支撑下的传播载体创造出的互动性、沉浸感的体验，达到了奇观化和沉浸式的效果，使大众可以体验更为直观、生动、深刻的红色文化。

（三）红色文化传播的数字化转型

1. "线下+线上"一体化传播

随着媒体融合进程的深化，文化传播形式发生变化，从线下传播逐渐转向线上传播，目前，又走向线下加线上一体传播的路径。现在传统媒体形式如电视、报刊、书籍、展览等与多元数字媒体之间能够进行功能交互、用户共享，在推进传统媒体数字化转型的同时，也推动数字媒体逐渐进入健康发展的轨道。

2. 普网到"5G+8K"传播

随着5G技术的不断演进与普及，超高清视频产业成为人们热议的焦点。特别是8K超高清分辨率的应用场景日益多元，深刻强化了观众沉浸式的观赏体验——5G犹如一条信息流通的超级高速公路，而8K则是驰骋在超级高速公路的高性能跑车，二者结合确保了 8K 画质视频能够流畅且迅速地传播。这一技术协同不仅满足了市场对高质量视频内容的需求，同时还为文体娱乐行业的转型升级提供了强大动能，推动信息传播技术进入由标准清晰度向超高清跨越的一个全新时代。超高清视频产业虽然目前正处于蓬勃兴起阶段，但仍面临关键技术瓶颈难以突破、内容生产不足等问题。伴随 5G 与 8K 技术的持续进步，红色文化的数字化传播路径也正被逐步拓宽，这就要求相应的红色文化高清视频内容创作必须紧跟技术发展的步伐，实现两者同步创新与发展，为传承与弘扬红色文化赋能。

3. "虚拟+现实" 无缝对接

在呈现方式上，红色文化传播与其他文化信息传播相同，在数字化转型的过程中完成了从物理真实空间传播到数字化虚拟空间传播的转向，目前又逐渐向 "虚拟+现实" 无缝对接的空间展示方向转化。例如，在虚拟演播室的应用中，将虚拟演播室与当地实景舞台进行联动，呈现出实体演员和动画人物在虚拟场景和现实场景之间的反复穿越，营造美轮美奂的氛围，拉近虚拟演播室与外地实地场景的距离以及和观众的距离。未来，随着虚拟现实、云计算、5G 网络以及人工智能、区块链技术的发展，元宇宙空间也将是红色文化等文化内容传播的主阵地。

以上传播形式的转化实现了传播效果的升级。红色文化传播在内容制作精细度、网络传输速度、内容呈现形式、艺术设计处理方式以及观众体验方式上都将持续发生巨大变化。"5G+8K" 直播超高清视频效果，超高速传输，实现面向消费终端领域的大规模 8K 超高清网络 "云分发"，全视域联动影像，全沉浸 "时空仓" 感官体验，观演的沉浸感与临场感，奇观化、沉浸式、参与式、互动性体验的实现等都将在数字技术动力赋能下到来。

二　产业逻辑：产业思维支持

"红色文化产业化" 凸显 "内容为王"（内）+ "数字转型"（中）+ "外部效益"（外）的 "内中外" 三个维度。其中，内部核心维度是红色文化内容为王，内容性要求始终是红色文化传播的核心要素；中间层维度是红色文化数字化转型，在红色文化与数字化技术的融合中，科技不再是文化的手段，而是要寻求二者的有机融合；外部维度是红色文化产业化发展，即构建红色文化产业。需要从内容为王、数字转型、外部效益三个维度推进，从内涵到外延，从内核到衍生的层次，全面形成红色文化的媒体融合生态（见图 6-3）。

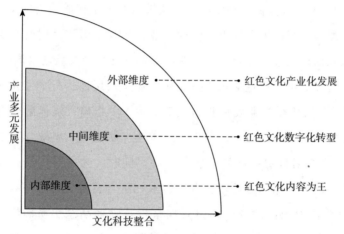

图 6-3　红色文化可持续传播生态逻辑"内中外"三个维度

技术变革推动产业发展，媒体发展的边界消融催生新的文化业态。对于红色文化传播发展来说，在文化科技融合的发展浪潮中，要推进科技成果向文化创作、生产、传播和消费的各个环节渗透，形成红色文化新产品、新服务、新业态，并在技术持续发展、媒体持续融合中，使这些新产品、新服务、新业态成为红色文化产业中成熟的细分板块。例如，伴随网络技术的发展，出现了有关红色文化内容的网络直播、短视频制作、数字化红色文旅、数字化红色展览、数字化红色演艺等新产品、新服务。随着技术的稳定、大众接受的深化，这些新的红色文化传播形态必然成为红色文化产业中的成熟板块，为红色文化产业增量、增质。

《中国传媒产业发展报告（2021）》[①] 指出，超大型平台媒体影响力

---

① 崔保国、徐立军、丁迈主编《中国传媒产业发展报告（2021）》，社会科学文献出版社，2021，第 4~6 页。

巨大，将在产业链、供应链、传播链、价值链中发挥作用。主流媒体作为大型媒体平台，也在走向媒体融合的产业化发展道路。大部分主流媒体逐渐成为集信息、商务、政务、民生等于一体的强大主流平台。把内容传播和新技术新手段结合起来，强化媒体与受众的连接，以开放平台吸引广大用户参与信息生产传播，增强主流媒体聚合能力及传播能力。未来也必然将持续用好5G、大数据、物联网、区块链以及人工智能等信息技术革命成果，以此建构全媒体平台的内容传播产业，实现主流媒体对红色文化的传播，以此推动构建红色文化传播产业的媒体深度融合发展新格局。

在消费社会中，红色文化传播要从产业运营层面进行数字化转型与创新重构。《中国传媒产业发展报告（2021）》①指出，媒体融合向纵深推进，业务转型和体制革新必须同步，媒体融合发展从"小融合"走向"大融合"，借助自身优势提高社会服务效率。同时，为应对传统媒体盈利模式的挑战，需挖掘新的效益增长点，力求在融合营销上取得突破。以中央广播电视总台为例，2020年通过直播带货累计商品总交易额将近100亿元，同时，不少地方广电媒体机构纷纷效仿并采取新措施，积极推进媒体融合营销的实践与创新。这说明在主流媒体的红色文化传播中产业化运营实现营收，保障传播可持续是可能的。此外，短视频平台越发关注其对经济效益的驱动作用，从线上"种草"到线下消费"拔草"的过程中，短视频给商家、短视频创作者以及消费者都带来了效益。对于商家而言，短视频"种草"的直接效果便是显著的经济效益；而对于短视频创作者来说，这种模式加深了与粉丝之间的情感联结和互动频次；至于短视频用户，则在作为消费者享受服务的同时，也可能成为短视频内容的亮点，获得物质与心理的双重满足。

红色文化产业化研究要把握好意识形态属性和产业属性的关系以及社会效益和经济效益的关系。以红色文化管理手段的数字化再造，即红色文化内容大数据管理来说明，红色文化传播的产业化进程有其独特性，必须

---

①　崔保国、徐立军、丁迈主编《中国传媒产业发展报告（2021）》，社会科学文献出版社，2021，第23~26页。

将社会效益置于首要位置，坚持内容为王的原则，尤其要强调红色文化内涵的深度与广度传播。同时要确保以弘扬主流价值观为大数据"算法"的导向，避免仅仅依赖数据结果就决定传播策略。

三　生态逻辑：多维边界融合

习近平总书记指出："全媒体不断发展，出现了全程媒体、全息媒体、全员媒体、全效媒体，信息无处不在、无所不及、无人不用，导致舆论生态、媒体格局、传播方式发生深刻变化，新闻舆论工作面临新的挑战。"①全程媒体与全息媒体着重体现了技术层面的革新，即通过技术手段实现信息传播的全方位覆盖与立体化呈现；而全员媒体则意味着每个人都能成为信息的传播者，每个人的参与让传播力量空前壮大；全效媒体强调信息无所不在、无所不包、人皆可用的特点，深刻地渗透到生活的方方面面，全方位地影响着人们的思想观念与行为模式。技术的全面化、人员的全面化、信息的全面化让文化传播产业走向多维边界融合的生态性场域。

（一）全程媒体层面

"系统开放、边界消融"成为媒体融合传播的最大特点。媒体融合生态借助网络化和数字化的先进技术，将以往孤立且单一维度的媒体资源重构成一种复合型的超媒体结构。与传统媒体模式相比，媒体融合展现出强大的边界消融特性，它不仅抹平了不同传统媒体之间的界限，也跨越了社群、行业乃至国界之间的壁垒，同时弱化了信息传播者与接收者之间的角色区分，促进了信息交流的无界化与互动性。对于红色文化传播来说，媒体融合的系统生态构建了新型的传播逻辑和关系，媒体作为中间环节，深刻影响信息的传播形态和相关人员制作、传播、接收信息内容的方式，形成了媒体融合时代科技与文化相融合，传播与社交相融合，内容与平台相融合，传播者和接收者相融合，制作、传播与接收相融合的独特面貌。

---

① 《习近平在中共中央政治局第十二次集体学习时强调 推动媒体融合向纵深发展 巩固全党全国人民共同思想基础》，《人民日报》2019年1月26日，第1版。

（二）全员媒体层面

人人都成了传播媒体，这基于媒体形式变革所引发的大众信息接收方式的嬗变。在数字化与网络化媒体兴起之前，红色文化传播主要依赖主流媒体的单向信息传递，一般大众大多处于被动接收状态，人们的主动性和创造性受到限制。然而，随着数字技术和网络媒体技术的进步，主流媒体的主导地位有所减弱，广大民众现在能够借助多样化的数字平台积极参与信息的创造与分享，彻底改变了内容生产和传播的传统模式。随着互联网技术的飞速发展，更是赋予了受众在信息创作上的主动权与创作权。人们利用便捷的移动设备和互联网平台，就可轻松参与内容的制作与传播。对于红色文化而言，这种变化意味着普通大众不仅是信息的接收者，还是能够积极主动地带着批判性思维和自觉意识去创造和传播红色文化内容的角色，这使文化内容的生成与传播成为一个全民可参与的过程。正是在这样一个高度个性化的空间里，每个人都能根据自己的选择参与进来，共同促进红色文化的传播与创新，实现文化的共筑与共享，极大地丰富了红色文化传播的形式与内涵。

（三）全效媒体层面

信息无处不在，无处不及，无人不用。数字技术的发展不仅推动了信息传播途径与载体的多样化，还促成了这些途径与载体的深度融合与交汇。昔日分属不同媒介的各类服务和内容，现今能够综合在一个平台上。在人工智能、大数据技术及网络通信的共同驱动下，传统媒体与行业之间的界限日渐模糊，信息技术的每一项进步都不停地在技术、业务以及市场领域促进跨产业的融合，促使报纸杂志、广播电视、音像制品以及互联网等行业彼此交织、渗透，进而产生了更加全面的传播平台。对于红色文化传播来说，大众在红色文化内容制作上有了主体性之后，也就有了选择性。受众在浏览网络传播的红色文化知识与信息时，通过便捷的检索以及超文本和超链接的浏览方式，能够独立地分析信息价值，进行判断与取舍，并依据自身的需求、兴趣及偏好选择媒介形式。同时，互联网信息基本无版面限制、时段限制、容量限制，保障了红色文化在内容上的丰富性和全面性。

第三节　红色文化内容组织方式

"用好红色资源、赓续红色血脉","讲好红色故事,搞好红色教育,让红色基因代代相传"……党的十八大以来,党和国家高度重视保护红色资源,反复强调要用好红色资源、传承红色基因。发挥红色文化资源的价值与功能,传播好红色文化,数字化应用备受关注,且肩负着让红色文化"活"起来、传下去的责任和使命。在技术不断升级的大背景下,人工智能、3D影像、虚拟现实等技术落地应用速度大大加快,在红色文化资源的采集、存储、处理、展示、传播等方面发挥显著作用,红色文化资源的数字化进程也从简单的数字化复刻,转变为动态的、交互的"穿越",每个展览、每部作品都能线上留痕,甚至实现数字展品的永久收藏。从数字文化经济时代的角度考虑,依托数字化、产业化,在媒体融合传播中,红色文化内容有以下组织方式及方法原则。

一　红色文化内容轻量化包装

红色文化体系庞杂,内容丰富,如果在大众传播中一味追求文化系统性、完整性,红色文化恐怕难以真正走进大众,走进日常生活。因此,在具体传播实践中,需要在形态、大小、组合方式、优先级别等层面对红色文化进行重构,在保障文化真实性的基础上尽可能优化传播方式。

一是面向大众的红色文化传播,要将红色文化具体内容进行要素化、碎片化、符号化剪切与重组,使其轻装上阵,先让大众有机会广泛接触。要素化是通过一定的设计行为,对一定内容的红色文化进行元素拆解,在拆解中提取核心要素,将其作为大众传播的首要展示目标;碎片化相对于整体性而言,文化整体形态在传播中不利于表现,因此,要按照一定的原则与规律对特定红色文化内容进行分解,把大整体分解成"小碎片",这些碎片式的文化元素可以随时与其他生活形态进行组合嫁接,在红色文化传播路径之外也能表现红色文化，实现红色文化的渗透；符号化是指具象的红色文化可以转变为相关的文化符号进行输出，例如雷锋头像、红军行军书包、茶缸等，都是对红色文化进行符号化提取后结合日常生活进行的展示传播。

二是红色文化作为主旋律性的文化形态，需要在多层面打通和年轻大众的连接通道，因此，需要对红色文化进行年轻化、时尚化处理。年轻化是说，在互联网平台，最广泛的受众就是年轻人群体，所以为满足年轻人的审美需求、文化需求，需要对红色文化进行年轻化包装，使其顺畅地在青年群体中流通。时尚化是指对接消费社会，红色文化传播需要适应消费社会属性需求，通过可消费的文化产品，建立有利于红色文化与大众之间沟通的桥梁。

三是探索红色文化与其他文化形态、产品形态的兼容模式。红色文化传播自说自话、自走自路一定是不行的，需要与其他相关文化形态捆绑，附着其上，形成多路径的文化渗透与弥散。

二　红色文化资源多元化 IP 模式

IP（Intellectual Property），是一个网络流行语，直译为知识产权，在互联网时代，IP 可以理解为所有成名文创（文学、影视、动漫、游戏等）作品的统称。IP 能够仅凭自身的吸引力，挣脱单一平台的束缚，在多个平台上获得流量，进行"分发"。红色文化资源本身就是巨大的 IP 库，从海量的文化数据中提取要素，形成有价值的红色文化 IP，进行红色文化资源多元化 IP 模式的探索，是红色文化传播内容组织呈现的重要思考方向。

以往，文化是 IP 库，技术是工具，即技术手段向文化资源、文化创作寻求 IP，并具象呈现为其他符号载体。当前的网生内容就是这种模式。现在一些领域正逐渐突破文化与技术融合的传统认知，呈现超越单一 IP 模式的大趋势。对于红色文化来说，一方面，需要一切新的技术手段在红色文化资源库中寻求 IP，并转化为技术形态的文化符号体系，进一步实现红色文化的具象呈现。另一方面，也需要结合红色文化的物质性与非物质性、语言性与非语言性、模块化与谱系化等不同的形态特性，进行适应媒体技术的应用与开发，从文化本体出发思考媒体技术形态，摆脱单一 IP 库的被动地位，由自身文化内涵主宰 IP 呈现。

除了文化内涵和技术形式的融合，从产业的角度讲，需要促成红色文化 IP 的迁移和开发，在文化传播的内部及外部找到市场空间和变现可能，推动红色文化 IP 市场化，拓展红色文化的应用场景、消费场景，依托粉丝经济，通过红色 IP 凝聚粉丝，以粉丝经济带动网生内容和线上线下消费，打造红色文化产品、创意、旅游、体验，甚至是红色文化餐厅，形成红色文化"破圈"现象。

另外，可通过 IP 的全产业链开发形成最有市场增值空间的红色文化新型传播形态，打造红色电影、红色文旅、红色动漫、红色严肃游戏、红色文化产品、红色演艺、红色工艺、衍生品等核心产品矩阵以及由此产生的各种红色文化场景，进一步培育、发展内容与版权贯通的红色文化文创全产业链。整体上，以内容为核心，把握技术新趋势，切实提升红色文创产业的竞争力和未来的可持续发展力。同时，数字化领域的红色文化 IP，在不同程度上需要突破传统 IP 定位和解释，使红色 IP 成为强识别度的线上符号，通过网络化、数字化等技术形态与红色文化融合，创造和撬动以生活方式场景、消费方式场景、生产方式场景为内核的红色形态 IP。超越红色文化传播领域，形成红色文化产业景观，走向全域化的红色文化传播。

三　红色文化组织智能化呈现

人工智能和大数据的发展正在对传统的资料收集、选题策划、市场调研、信息发布等流程进行重构，智能机器人写作、智能语音助手、信息数据的智能整合和分析等，已经广泛应用于各类平台。红色文化知识将以智能化的方式进行组织与呈现。

在智能创作平台上，易实现红色文化的价值内容与技术元素的融合再造，根据时代变化提炼红色文化资源的典型元素，并将其与数字化、网络化产品结合，创造出在现实空间和网络空间都受欢迎的红色文化数字化产品，从而提升红色文化的辨识度。

在相关创意技术开发上，出现了人工智能数字广告创意系统等内容制作技术，该系统在大数据深度挖掘及学习中，在创意速度、广告投放、点击率等方面均超过人工数倍。筷子科技开发的人工智能创意系统，可瞬间完成 4 万张设计稿（不同创意元素、不同尺寸），实时投放互联网广告，智能分析悬停与点击行为并进行创意和推送优化，达到了正常情况下 DSP 四倍的点击率，达到了门户网站首页广告的效果，而价格只有门户网站首页广告的十分之一。

在智能化的内容组织制作中，每一组模块化信息与其他模块之间可以随意打散和重组，完全可以根据设计者、创作者的诉求进行创作，并且形成独特的浏览路径，给予创作者更多易得的素材、更大的创作空间与创作自由度，也给信息接收者更多个性化的体验方式。

除此之外，智能化设备将更有利于传播红色文化知识，是提供体验式学习的良好平台。智能化应用在红色文化传播领域的应用具有很大的发展潜力和发展空间，网络、虚拟现实和嵌入式技术等的应用，为红色文化传播提供了无限的可能性，例如可以节约培训成本和时间。未来的学习方式可以不拘一格，教学模式也趋于多样化，将选择的自由更多地交给大众，实现自主学习和创造，推进红色文化学习的配置优化。

四 红色文化元素设计化表现

大部分红色文化表现出传统的形态，为了实现红色文化与以年轻人为代表的当代大众的审美化、时尚化诉求相匹配，增强红色文化在消费社会中的传播动能，红色文化的媒体融合传播需要提炼红色文化元素，在内容创新和形式创新上介入设计思维与设计方法，改变以往固有思维和单一传播模式，形成具有现代表现形式和传播形式的呈现艺术化、设计感形式的红色文化，以设计形态进行创造转化与创新发展。

例如，对红色文化内容进行文创产品的设计转化。文创产品是当今文化承载、文化消费的新风尚。其将文化内涵融入日常生活用品的设计理念中，进而来表达文化，使产品本身具有独特的艺术性和文化美感。因此，可以将红色文化元素通过文创产品设计进行艺术化表现，推动红色文化在产品化消费中的流通传播。红色文创不仅具有实用性，而且能够在一定程度上满足人们的精神需求和审美需求，同时能够实现红色文化的推广。

结合红色文化多元化的文化形态看，红色文创的创意方法也是十分丰富的。一般需要通过对特定红色文化形态的深入调查研究，收集相关文字、图片、影像资料，进行整理与提炼，对红色物质层面载体如革命纪念地、伟人故居、革命遗址、革命遗迹、革命文物（如服饰、兵器、生活用品等）以及非物质层面的各种知识、信仰乃至规范制度进行深入调研。在文创设计中，基于调研提取相关红色文化元素，例如，常见的红色文化符号红五星、斧头镰刀等符号类，标语、语录、宣传口号等语言文字类，还有人物形象、服饰以及图画等。在进行符号化提取后，根据不同的市场需求，设置符合客群的外观风格。在文创材料的选择上，需要融合当地的特色材料资源、文创商品的属性等进行材质的选择，借助纸、木、竹、石、瓷、布等适用材料进行恰当表达，形成或现代简约，或怀旧复古，或时尚国潮，或科技潮流，或奇趣卡通的多元风格。还要注意将红色文化与地域文化中的"方言文化""饮食文化""建筑文化""民俗技艺""地域特产"等相结合，更显当地特色。结合摆件纪念品、生活用品、办公用品、家居用品、特产商品等多方面的功能性设计，最终实现红色文创产品兼具审美价值、精神传达、实用性、趣味性，实现文化创意与功能性的统一。

观察当前文创产品的设计动向，可以发现人文关怀与科技创新的融合已成为必然趋势。红色现代文创作为一种新兴的艺术衍生品，致力于对红色文化的核心要素、精神实质及独特的美学特质进行创新性整合与深刻诠释，这一过程不仅有力地推动了红色文化的传播与宣传，还赋予文创产品以鲜明的民族特色与品牌价值，提升了它们的市场吸引力。

除红色文创产品之外，媒体融合的红色文化展览展示设计也是重要的红色文化元素设计化表现的领域。红色文化展览展示是一种集展览、宣传、教育于一体的红色文化教育方式，其可以展示红色文化脉络，宣传先进事迹，弘扬革命精神，引导参观者形成正确的价值观和世界观。红色文化展厅的设计无论在内容上还是在展示展现方式上都要与红色文化主题保持一致，有效整合各类传播要素，实现红色文化的可感知、可触摸、可测量的多样化传达。一般线下的红色文化展览展示是一个融合展板、模型、声像软件等多种载体的实体空间，配合色彩、音乐等营造出红色氛围。当下的红色展览展示更多走向数字化、体验化，将多种多样的数字多媒体技术融入展厅，借助互动投影、互动信息查询系统等形式，增强参观者的参与互动，实现观众对红色文化的深度共鸣，带给观众心灵上的震撼。

在具体设计中，遵循展览展示设计的基本原则。红色文化展览展示第一要务是内容呈现直观。让观众能够直观地看到展示信息，直接感受到展示氛围。其次是氛围营造，调动受众的情绪对于增强红色文化展览展示效果是十分重要的，因此要调动观众的视听感官，营造有情绪情感的红色展览展示空间氛围，将红色文化内涵传递给观众。当前多元化的数字化展示技术应用解决了红色文化展览展示中的相关问题。投影技术的不断运用就是很好的例子，现代立体投影技术让展览展示空间不再受限于现场条件，可以生动再现历史场景与历史人物。同时，运用数字化技术，对听觉通道的信息进行充分补充，就能够取得较好的红色文化展览展示效果。

在红色文化展览展示设计中，国内知名设计院校以及各大创意设计企业都积极参与其中。其中，清华大学美术学院依托清华大学综合性研究平台，聚合国内展示行业相关专业力量，发挥艺术与科技融合的优势，承担了多项国家重大红色题材展馆展示设计、国家形象设计及国家主题艺术创作研究工作，以美为媒，服务于国家战略需求与红色精神传承。清华大学美术学院吴诗中教授担任首席专家的《中国共产党百年重大题材展示设计研究》获得 2021 年度国家社科基金艺术学重大项目立项。该项目立足2021 年的历史交汇点，聚焦国家的重大需求，总结中国共产党百年重大题材展示设计经验，在未来一百年重大题材展示设计前行道路上具有至关重要的作用。这一项目从设计学的角度出发，梳理了中国共产党百年的重大题材展示内容及文本设计，致力于论证中国共产党百年重大题材展示理论体系、叙事方法、视觉语言、数字技术等方面的创新路径。吴诗中教授的红色主题创作设计作品，具有明显的叙事特点、独特的艺术效果和展陈气质。他的作品通过讲故事、展历程，在党史、新中国史、改革开放史、社会主义发展史、中华民族发展史的宣传中，让观众沉浸其中，产生共鸣。

第七章

红色文化媒体融合传播的叙事策略升级

　　随着现代媒体和信息技术的迭代与更新，红色文化传播的载体愈加丰富，在这一语境下对红色文化传播的叙事策略进行讨论具有现实意义。叙事策略是指在表达中采用的讲述角度、逻辑推理流程或故事展开的方法，通常应用于历史叙述、社会议题探讨、文化分析乃至法律诉讼和现实案例剖析等多领域。叙事策略涉及如何构建论述框架，如何在复杂情境中选取关键议题切入点，并依据不同的背景代表特定利益方提出合理的解决方案或见解，本质上是一种高阶的沟通与说服技巧。对叙事策略的研究是解决怎么说的问题，在新的媒体环境中探索新的表述方式，讲好红色文化故事，需要张弛有度，方法多样，需要融合红色文化传统传播方式，平衡重大题材的严肃性和传播手段的生动性，让红色文化真正入眼、入脑、入心。

第一节　红色文化话语类型的多模态转向与融合

　　红色文化需要建构话语体系，这里的话语体系包括话语内容、话语类型、媒介符号、媒体等。其中，话语内容的选择处理的是"说什么"的问题，媒介符号解决的是"怎么说"的问题，媒体解决的是"通过什么说"

的问题。而话语表达的构建离不开特定的符号媒介作为支撑。红色文化的多种媒体传播正是通过多种媒介符号来实现对红色文化话语形象系统建构的，选择不同类型的符号对媒体所建构的红色文化形象影响很大，这里提及的多种媒介符号组合被我们称为多模态符号系统，它是涵盖音频声音、语言文字、视觉图像、技术手段等多种交流元素的交流渠道，包括文字、图像、声音、影像、身体等语言符号和非语言符号，是人类在交流过程中综合应用视觉、听觉等感知的结果。

随着信息和现代传媒技术的飞速发展，当今社会愈加依赖多元感官渠道和相关体验来建构话语和获取信息，伴随信息交流的"多模态转向"，非语言符号作为文化传播的主要中介在话语传播中的应用越来越广泛，进一步促进了红色文化传播的"多模态转向"。在多种媒体融合语境中，"多模态转向"又逐渐升华为"多模态融合"，在这种情况下，就需要研究如何善用具有叙事优势的非语言符号资源以及"多模态融合"的叙事方式传播红色文化，讲好中国红色文化故事。

一　从语言向非语言的话语模态转向

模态是指包括语言、技术、图像、声音等符号在内的交流渠道和媒介，多模态话语实质是人类在交流过程中综合应用视觉、听觉等感知的结果。[①] 图像模态作为一种直观的表现形式，以具体可感的画面传递信息，激发情感，深化意义，为文字叙述提供了强有力的补充，让抽象概念变得鲜活可触。在革命时期，中共在大量的报纸、杂志上使用图文通俗易懂地表达意义。图像模态进一步还原事件发生的场景，图文并茂的话语融合进一步激发受众的情感。比如，《人民日报》2019 年推出的《为了民族复兴·英雄烈士谱》专题。将革命烈士的事迹与照片同时刊登，令人肃然起敬。

声音模态拥有构建场景的独特能力，通过与图象、文字的融合，可以有力地触动受众的心灵，使那些文本难以表达的核心思想和价值观得以直观且深刻地展现。20 世纪 50 年代，中国出现了第一座电视台——北京电

---

① 朱永生：《多模态话语分析的理论基础与研究方法》，《外语学刊》2007 年第 5 期。

视台。随之，红色革命题材的影视作品络绎不绝。1949 年以前，抗日救亡作为红色影视中的一个经典题材，孕育了一系列标志性作品，例如《保卫我们的土地》《热血忠魂》《中华儿女》等影片。1949 年后，则涌现了《白毛女》《永不消逝的电波》《英雄儿女》等一系列弘扬革命英雄的红色题材影片。这种声图文并茂的话语模态转向，使红色文化更立体、更深入人心。

从文字到图片再到影片，红色文化话语模态逐渐由语言向非语言的模式过渡。早期红色文化传播方式具有大众传播的特点，随着互联网时代的到来，红色文化话语叙事也进一步走向深度融合。红色文化元素短视频的影像传播，对于赓续精神血脉、传承红色基因、让红色文化深入人心、增强文化传承效果至关重要。要运用红色文化元素短视频的影像传播提升文化传承效果，一是注重内容质量，强化红色文化元素短视频的创作；二是强化统筹兼顾，注重视觉效果的同时丰富文字说明；三是引领话语导向，优化红色文化元素短视频的影像主题设置；四是狠抓机制建设，提升红色文化元素短视频传播实效；五是监督监管到位，提升红色文化元素短视频平台治理能力。以红色文化元素短视频的形式讲述红色故事，积极讲好中国故事、传播好中国声音。

二　多元媒体发展中多模态语言的深度融合

从多模态话语视野来看，非语言符号与语言符号都是话语的意义资源，故而两者的形象建构具有一定的可类比性和相似性。然而，非语言模态的潜在含义和符号逻辑与文字存在着本质区别，这使它们构建的红色文化表征也展现出显著的多样性。

（一）多模态话语相关分析

多模态话语分析主要以系统功能语言学为理论基础。韩礼德[①]在继承

---

① 韩礼德（M. A. K. Halliday），英国当代语言学家。韩礼德教授是世界两大主要语言学派之一的系统功能语言学的创始人，世界语言学界的杰出代表和语言大师。

弗斯①的语言学理论基础上，创立了系统功能语言学理论。他深耕语言的语篇分析领域，通过对语篇及其和语境的关系深入研究语言在社会结构及人际关系动态中的作用机制。在这个理论框架中，语言被视作一个广泛且全面的符号体系，超越了传统局限，涵盖了从语言本身到音乐、舞蹈、绘画等多种表现形式的丰富符号系统。在广义视角下，语言作为符号体系展现出三大核心功能：概念功能、人际功能与语篇功能。概念功能通常是指语言可以表达对客观世界的感知和经验；人际功能强调语言在促进个体之间交流、互动及沟通中的桥梁作用；而语篇功能则着重体现了语言结构组织的内在逻辑与连贯性。目前的红色文化传播以语言模态为主流倾向，同时应用有限的非语言模态话语方式。随着信息科技和传播媒介的迅猛发展，现代社会日益倾向于利用多样化的感知途径与提供沉浸式体验来塑造叙事并获取信息，即信息交流的"多模态转向"。媒体融合环境下，短视频等新媒体聚合了文字、图像、声音等多重模态话语，使得红色文化叙事更多元。多模态话语的融合，更贴合交流中的话语形态，使意义的建构门槛被大大降低，日常情景中的红色文化元素，被受众从多角度挖掘出来。

从认知心理学角度分析，按照事物特征分类，人的知觉分为空间知觉、时间知觉与运动知觉。从文字模态到图文结合再到短视频与虚拟现实等新兴媒体技术的运用，多模态话语模式从调动时间知觉到空间知觉最终到运动知觉，使用户的知觉感受越来越强烈，从而通过进一步加强情感刺激，形成集体记忆。以纪录片为例，其弱化了传统采访所采用的较为官方的话语表达，转而采用类似朋友间娓娓道来的叙述风格，这种方式增强了观众的亲近感，使叙事者的动作、表情以及语调等更容易被捕捉。2016年新华社上线的微纪录片《红色气质》，成为现象级的传播案例，片中将新华社中国照片档案馆中大量照片素材展现在观众面前，并配上声音与字幕。此外，还利用 VR 等技术还原战争场面，让受众身临其境感受紧张氛围。

---

① 　弗斯（John Rupert Firth），英国语言学家。弗斯是现代语言学伦敦学派的创始人。

VR 技术亦同。VR 技术可以构建与现实场景高度相似的 3D 动态模型，目前在红色文化展览馆、党史学习教育体验馆中已广泛运用。在体验馆内，用 VR 技术制作的"长征体验"模块，可以让用户亲身体验红军过雪山草地时的艰辛。用户通过 VR 眼镜与触感手柄可以感受草地与雪山，同时，场馆用跑步机模拟草地与雪山，且跑步机能根据山体坡度设置实际倾斜角度。场馆的温度也跟随用户在体验中的实际位置进行变换调节。从被动接收信息到主动参与体验，VR 技术使用户主动参与到红色文化传播中，通过多模态深度融合调动了受众积极性，这种多模态融合的方式使红色文化传播效果进一步展现出来。随着红色文化传播的公共空间的进一步转移，虚拟环境的传播大大拓展了红色文化传播的途径。随着媒介载体与内容创作的深度融合与发展，不仅有力地推动了文本形态的多模态化转变，更深刻塑造了新的传播环境和社会交往关系。

随着多模态话语传播模式的深度融合，用户从真实的物理空间到沉浸式的虚拟空间再到物理与虚拟的融合，其更深刻的红色文化记忆逐渐形成。在融媒体技术的加持下，受众可以更深刻地感受红色文化，同时，宏大历史背景的红色题材作品也可以历久弥新。

（二）多模态话语融合的逻辑与优势

多模态话语深度融合的逻辑随着媒介的发展及其与技术的融合不断展开。报刊时期的文字传播、广播时期的声音传播、电视时期的图文声融合、互联网时期的多模态深度融合，红色文化话语叙事随着媒介的发展及其与技术的融合不断走向深度。多模态媒介符号逻辑赋予其特殊意义潜势，不仅可增强红色文化传播形象建构的动态性与情境性，而且可诉诸不同感官渠道仿拟与相关对象类似的知觉体验，实现更加直观生动的媒介形象建构。

红色文化话语多模态深度融合，让人们感受到了多角度叙事，其身临其境的感觉也让红色文化传播更深入人心。尤其是现代青少年受众，他们与战争年代相距遥远，对于革命年代的英雄事迹感知度不强，也无法理解那个年代的英雄为什么会跟随革命队伍爬雪山、过草地。如今多模态话语的深度融合，在视觉、听觉等多感官刺激下，使青少年更能深入感受别人的经历与故事，从而引发共鸣。

文字、图像、声音集成的多模态叙述方式，通过捕捉或重现"当下"或"往昔"的场景，使个体经历中的历史片段变得更加直观，且更能触动人心。互联网状的矩阵式传播方式让个体记忆汇成集体记忆，实现了多模态隐喻的价值表达，在提升感官的同时还加快了意义的跨媒介传播。受众在红色文化的多模态叙事传播中，主动或被动地嵌入历史发展的框架中，通过点赞、转发的方式展开意义生产。多模态话语融合，不仅缩小了不同叙事载体间的鸿沟，还将不同载体融合以产生更大的叙事力量。

第二节　红色文化语言符号多模态融合方法

媒介符号不仅实现了信息交流，更是价值与立场等意识形态的重要载体。因此，在红色文化传播中，多元丰富、准确恰当、形象直观、意义深远的红色媒体符号需要深入挖掘、准确表现。随着现代媒体和信息技术的迭代与更新，需要研究如何善用具有叙事优势的符号资源，以具有优势的媒介符号及附着在媒体上的多模态话语符号融合方法，来推进红色文化叙事发展。

一　可视化与形象性

文字符号的优势在于表意的规范化、线性化及抽象化，但无法准确再现不同感官的知觉特征。相对而言，图像等非语言模态构成元素比文字更加丰富多元，色彩、大小、形状、风格等不同属性分别对应不同知觉的多模态符号，建构的媒介形象更具直观性。对表征对象各方面感官特征的还原度更高，可以实现以知觉仿真的方式对特定对象进行仿拟，进而在不同感官渠道上产生与直接观察相关对象类似的知觉体验。

多模态符号诉诸感官相似性来模仿现实，其建构的媒介形象作为呈现方式相对直观的传播媒介具有明显的叙事优势。媒体融合环境给红色文化传播提供了多模态形象呈现方式的可能性与表现空间，应当充分调动非语言模态话语的传播优势。

借助可视化技术，可以使呆板的数字立体化，乏味的文字叙述生动化，增强红色文化传播的育人效果。形象性可以大大拉近红色英雄形象与人们之间的距离，让那些经典的、难以复制的革命历史场景重现在受众面前。例如，在央视新闻客户端时政 VR 推出的《跟着总书记走进承德避暑山庄》中，用户可以通过对内午门、烟雨楼等场景进行选择来进入对应的景点观看；也有武夷山、漓江等地方，不仅展示地理风貌，更在其中穿插了详细的景点解说。在关于红色景点的作品中，可以一改以前的单纯的图片呈现，将景点以真实可感的方式呈现出来，增强叙事的可视化与形象性。将红色景点介绍伴随着用户场景位移与地理风貌融合起来；经典红色物品，不再陈列在展柜中，而是让用户戴上触感手套通过触摸体验的方式感受物品的重量、大小等特点。视觉与触觉的冲击，加大了用户体验感从而能进一步转化为个人生活的经验。再如以 VR 为代表的红色文化新传播，能够将那些经典的、难以复制的革命历史场景重现在受众面前，使受众可以细细品味红色文化的背景故事。通过实景体验，用户还可以在网络社群分享，逐步形成红色文化传播的网络社区。

二 情境性和多元化叙事

在传播学中的媒介技术学派的视角下，媒介不仅是传递信息的手段和渠道，其本身还是信息的组成部分，并且构成了交流的特定情境与环境。多模态符号表征的媒介形象与文字符号表征的形象相比同样具有建构性，但前者动态性和情境性更加突显。根据不同媒介载体，在传播情境中采用多元化的叙事策略已经成为信息爆炸时代提高传播效果的方式之一。情境性主要依托多种模态符号共同协作所诉诸的多重知觉。知觉符号论认为，认知是知觉和动作的融合与交织，多元媒介表征所实现的是特定场景下的某一特定事件或实体，话语实现的建构对象十分具体，有很高的仿真性。换言之，最终在媒介中呈现的是只属于某一具体情境中的形象。在媒体融合环境下，用户使用不同的媒介，其构成的传播情境也不同。因此，红色文化传播，需要根据不同媒介情境创新叙事策略。

非语言模态的意义潜势和符号逻辑决定了其动态性和情境性更为突出。一方面，在重大红色文化主题传播过程中，可以将大主题打散成小主题，通过不同的叙事风格划分成相应的叙事策略，契合不同的用户需求。例如，建党百年之际新华社从 2 月起就开始策划系列视频，红色百宝的开箱 vlog，通过开箱 100 件党史文物来探寻其背后的党史故事，以"开箱""短视频"等方式吸引用户，这种通过追剧的模式学习党史受到青年群体的青睐。

另一方面，小切口讲故事，从人文关怀的角度叙事。新冠疫情发生以后，具有人文关怀的建设性红色文化主题新闻起到良好的传播效果，更有"人情味""温度感"的红色故事更能引发受众共鸣。这种贴近大众的叙事方式，用"普通人"的视角更容易和更多的普通人共鸣。例如，中央电视台《见字如面》节目中，明星朗读革命烈士的家书，从一封封家书中读出英雄的家国深情，也读出英雄的儿女情长，革命年代折射出的普通情感更贴近受众的生活。

三　互动性与动态化

总体看，目前红色文化叙事多重视形式，媒体重在炫技，使传播内容过于"说教""空洞"，并没有强调用户的参与感。因此，现阶段以互动性与动态化的多模态融合吸引受众注意力是红色文化传播叙事策略应当重视的路径方向。动态性源于图像及声音等非语言模态的符号逻辑，图像可仿拟或再现特定场景或特定事件的发生过程，声音的延续性特征也可作为实现媒介形象建构的意义潜势，这些都可增强多元媒介形象建构及呈现过程的动态性。

路径选择的体验性、游戏化知识获取方式是当下深受用户喜欢的学习方式。路径选择以移动终端为传播载体，在路径选择中，故事首先被解构为不同的叙事单元，用户可以从中选择不同的叙事路径从而串联起叙事单元，根据兴趣选择自己的路径。文本已经为我们设定好了可识别路径，用户通过点击、悬停进行路径选择，直接干预红色文化叙事，挖掘文化叙事背后的深层内涵。例如，《穿越 40 年，请开始你的传奇人生》这则新闻以一句谚语展开，要想富，A 修路，B 种树，向上滑动进入人生新阶段。用户在节点上的不同选择也会造就完全不同的人生。最后用户还能生成个人专属海报。在多路径选择的传播之下自由的叙事路线，让用户可以在整个事件中保持注意力。感兴趣的用户还能再走一遍，探索故事更多的可能性，有效地避免了传播的形式主义。这种叙事方式让用户可以参与建构故事线，提高了其参与度和积极性。

以 H5 技术为代表的传播方式的应用中，用户代入感强，用户在体验故事的过程中能够主动推动故事情节的发展，使用户能够更好地与红色文化叙事建立情感。同时，通过积极转发，还可以实现新闻的二次传播。界面响应是 H5 作品常用的叙事策略。用户按照界面提示进行操作，在设置好的叙事路径中获取信息。界面响应通常以手机或其他移动终端为传播载体，用户通过页面提示进行操作比如通过点击、拖动等方式，以此触发页面中的声音、图像或动画阅读新闻。例如，为庆祝建军 90 周年，人民日报客户端推出《快看呐！这是我的军装照》，通过上传照片生成属于自己的军装照。这款"军装照"H5 上线 2 天，浏览次数（PV）超过 1.2 亿，每分钟在线人数 17 万，朋友圈呈现爆炸式的传播效果。

新闻游戏能够激发用户主体性，形成新的叙事策略。用户拥有强体验感、沉浸感，可以零距离感受新闻事实背后的社会历史现象。例如，英国广播公司（BBC）出品的《叙利亚之旅》是深度新闻游戏，其用游戏的方式，讲述了叙利亚难民的生存处境。用户在游戏中扮演一名叙利亚难民，选择逃难时随身携带的物品，并了解不同物品生存的意义，切身体会难民在逃难时的感受。用户点开链接，就能直接跳转到新闻游戏的界面，做出选择后用户还能返回刚才的页面观看视频，且视频是基于真实事件制作的。总体看，通过界面响应、路径选择与新闻游戏的融合叙事方式增强了传播过程中的互动性与动态化，进一步培养用户同理心，将严肃枯燥的知识转化成鲜活趣味性的游戏。

四　象征性与符号化

媒介符号不仅是信息交流的媒介，更是价值与立场等意识形态的重要载体。主流媒体在重大主题事件中通常通过具有普适性的仪式展演，将一个个具有象征性意涵的符号重复，从而形成集体记忆与认同感。因此，将一个个经典象征性符号融进红色文化叙事中，就成为媒体常用的方式。

首先，可以利用大数据技术将不同叙事符号整合生成语料库，结合不同媒介平台，生成新的故事，创新叙事情节。同时，可以创新符号叙事，根据不同情景，挖掘具有象征意义的符号。例如，人民号建党百年的系列展播《穿越时空的对话》，通过短视频平台让新时代的检察官与历史人物、革命先烈实现"云"对话。通过两种人物符号的拼接，形成新的故事情节。这样的叙事方式丰富了红色文化叙事，同时选择合适的媒体表达，实现了技术与内容的适配，这是实现良好传播效果的关键。

其次，媒体本身也具有象征意义。在报道与展演的过程中也可以成为一种特殊的"红色符号"被构建到集体记忆中。例如，澎湃新闻在《建党百年，初心之路》大型全媒体报道巡演过程中，将媒体自身纳入报道元素，展现了媒体报道的全过程。在大众媒体时代，媒体本身在传播中被视为幕后方，而在媒体融合时代下，这种从幕后走向前台的方式也被称为媒体多模态融合的新方式。

最后，抓住重大节日及时策划选题，使用具有象征性的符号展演来传播红色文化已历时久远。例如，在建党百年的阅兵式中，红色歌曲的声音符号；国家主席、老兵方队的人物符号；具有年代感的军事武器等。一个个语言与非语言符号的重复展演不断增强红色文化的传播效果，从而形成整个社会的红色记忆。

如何用好象征性的符号搭配不同的平台发挥良好的传播效果，是需要进一步考虑的问题。在不同的媒体与传播环境下，传播主体应挖掘适合的红色文化符号与平台技术和传播环境融合，避免单纯炫技的窘境。

目前，在短视频平台上技术与符号的融合相比其他媒介传播更广，效果更好。例如，在建党百年的阅兵仪式后，各大短视频平台将国歌、国旗、仪仗队、飞机编队这种象征国家力量的文化符号在视频中展出，并配以简短但情感倾向较为强烈的感叹句。例如"每当熟悉的旋律响起，都让人心潮澎湃！"，象征性符号搭配国歌或具有象征意义的歌曲，借助平台优势，往往能最大限度地激发集体的爱国主义情感。

第三节　红色文化传播的语言策略
——以短视频语言模态为例

在传播活动中，如何更好地叙事是达到良好传播效果绕不开的话题。叙事是通过语言实现的，语言学家把人类的语言现象划分为两个维度：语言和话语。语言是一种抽象、系统的表达规则，一旦运用到具体的语境中，形成口语或文本，就是话语。不同场景之下话语的叙事模式不同，与红色文化传播外部模态形式的转变相比，内部话语叙事方式的转变同样受到环境的影响。与文学叙事不同，短视频叙事方式更偏向于短平快的新闻叙事模式。新闻叙事不同于文学叙事，它是人类运用一定的语言系统，叙述、重构新近发生的新闻事实的活动。[①] 加拿大学者麦克卢汉认为媒介即讯息。所谓媒介即讯息，强调的是不同时代的媒介形式对社会发展的影响。哈罗德·伊尼斯在《传播的偏向》一书中提出了偏向时间的媒介与偏向空间的媒介，解答了媒介形式与文化传承、政治统治之间的关系，而不同媒介对于文本叙事方式的改变是显而易见的。

在口语传播时代，叙事主要以口语的方式代代相传。但转瞬即逝的传播，使得文化不能长久地被社会所传承。而在文字印刷时代，文字大大压缩了传播的时间与空间，叙事的方式更注重逻辑。传播者更多在文章结构中下功夫，使用多段落、长句子、强逻辑来讲故事。而在互联网时代下，

---

① 齐爱军：《关于新闻叙事学理论框架的思考》，《现代传播（中国传媒大学学报）》2006年第4期。

媒介的变革使人与人之间的关系更紧密，在信息爆炸的冲击下，碎片化的阅读习惯形成，从而叙事方式不得不发生变化。虽然不同媒体平台的叙事策略不同，但在互联网时代下为了迎合人们的阅读方式，叙事策略逐渐朝着简洁、快速的方向发展。

从原始社会的结绳记事到互联网环境下多模态的叙事方式，变化的不仅是外部表达形式，还有内部不同模态之间自身叙事的逻辑与形式。目前，多数学者对短视频、电影、纪录片等进行多模态话语叙事研究较多，但对红色文化短视频多模态话语叙事研究较少。本部分以抖音平台关于建党百年主题热度排名前 30 的短视频为例，对其标题的词频与句型的特征进行深入分析，从而进一步从内向的角度来揭示红色文化短视频中文字模态的叙事特征。

一　短视频标题话语分析

标题文字即红色文化短视频的标题，标题最主要的功能在于最大限度地概括、提升作品主题，通过简短且具有概括性的标题能清晰、快速地传递短视频作品的主要内容。

（一）标题词语特征分析

词语的选择是话语表达的重要策略之一，选择词语倾向往往暗示其中隐藏的观点与意识形态。分析建党百年短视频标题中的词语使用频率及用词特点，可以发现视频背后体现了怎样的话语倾向。选取建党百年热度排名前 30 的视频标题进行词频排名，短视频标题中词语出现次数见表 7-1。

表 7-1　建党百年话题热度排名前 30 的视频标题词频分析

序位	数量	词语
1	12	中国
2	10	共产党
3	9	站起来
4	7	人民
5	6	奋斗

通过词频分析可以看出，标题文案在语言使用上符合汉语的整体特点，"中国"排名第一，在标题中出现 12 次，"共产党"次之，出现 10 次。这两个名词具有明显的红色、国家历史色彩，表达了人们的爱国情感。而"站起来""奋斗"属于动词，动词的使用体现了红色文化短视频的指令性，体现了受众内心对于祖国强大这一事实的民族自信；"奋斗"一词表示受众对于中国共产党的奋斗的认同，同时也表达了在未来生活中坚持奋斗的态度。"人民"一词，出现 7 次，不仅表达了受众对于中国共产党始终一心为民的认同，也表明了名词在叙述红色文化短视频的主要内容上发挥着重要的作用。

（二）标题句子特征分析

句子是表示相对完整意义，前后都有停顿，带有一定语调，人们用来进行交际的基本语言单位。句子涵盖的意义较为完整，可以传达完整的内容。

红色文化短视频样本的句子从句型、情态上看有以下两个特征。一是句子以简单句为主，简单句包含的词语较少，结构较为简单的句子和并列句短句都属于简单句。由于建党百年视频本身版式和显示内容的局限性，标题文案的选择往往偏向于短句。二是句子情态以感叹为主。短视频标题的情感特征主要通过语气词展现。30 条标题中有 13 条使用了感叹句、5 条使用了陈述句、2 条使用了反问句。不同的情态有不同的功能，陈述句可以说明事实，疑问句主要表示提问与询问。感叹句的特点在于表现情感，在红色题材类短视频中不仅标题使用感叹句较多，而且在排名第一的短视频评论中，前 10 条点赞的评论中有 3 条感叹句。感叹句一定程度上对于主题的情感渲染比较强烈，能够激发受众的情感共鸣。

二　红色文化短视频叙事特点

传统影视作品主要以纪录片、真人秀和新闻为主，短视频多以纪实类、个人生活、新闻类作品为主。与传统的影视作品相比较，目前短视频叙事有以下变化特点。

(一) 叙事结构开放化

从短视频表达的主题来看，传统的影视作品叙事文本常采用封闭式结构。封闭式结构是指在写作过程中重视开头、中间、结尾的完整性。受众在解码过程中运用线性思维与逻辑分析，按照影片的封闭式叙事顺序完成对作品的理解。例如，《理想照耀中国》《红色记忆》等短篇影视作品的叙事，每一集都是一个短故事，通过故事情节的曲折来吸引观众。

在互联网环境下，由于多主体参与叙事的特点，多元、自由、开放逐渐成为短视频叙事的主要特点。相比传统的影视作品，抖音短视频最大的特点就是碎片化。在融媒体环境下，受到受众阅读习惯的影响，短视频叙事朝着更开放、更多元的方向发展。叙事常常不要求故事的完整性，而通常展现的是最吸引人的细节、故事的冲突点，叙事顺序也打破了沿着事件发生时间先后的传统叙事顺序。

在建党百年的阅兵式直播中，受众通常无法关注细节，而红色文化短视频将经典的细节剪辑在一起，配上卡点音乐给受众以强烈的心灵震撼。与直播相比，短视频的叙事特点更能在短时间内唤起受众的集体记忆。

(二) 叙事形式多元化

由于 UGC（用户内容生产）的出现，短视频叙事形式更多元，"跨媒体叙事"的形式逐渐展现。媒体通过观察网络中受众的喜好，在文化产品生产的过程中捕捉受众兴趣，从而实现更精准的传播。短视频中的热点很容易在其他媒体中也成为热点。受众多元的叙事形式也影响媒体叙事，并且一个火爆的叙事模式走红后，相似的叙事模式就会在其他媒体中被展现。而如今在互联网的传播环境下，叙事雷同化现象同样也是学界关注的重点。

赫斯克把对把关人的研究分为三步：第一，个人如何生产大众媒介的传播内容；第二，媒介组织的内容生产的管理与安排；第三，媒介及其人员活动的文化、经济政治环境。这三条研究也指出了如今互联网短视频作品雷同化的原因。但不可否认的是，短视频中红色文化叙事由于多主体的参与，叙事形式变得多样，而不同的叙事形式冲击了把关人的地位，受众主动叙事的能力正在提升。

（三）叙事角度亲民化

大众传播时代，传统影视作品中对红色文化的叙事视角受到把关人与媒体立场倾向的影响。受众只是被动接受叙事的过程，因此，媒体的议程设置对于受众的影响是广泛的，媒体叙事角度形成了一代人的集体记忆。在大众传播时代，红色经典人物的叙事通常以故事的形式展现在荧幕中。例如，董存瑞、江姐等英雄人物英勇就义的故事成为"60 后""70 后"的集体记忆。

现如今抖音短视频中的英雄叙事，也许只是一个春节期间边防战士守"国门"的图片，或采访老红军对于战争时代的回忆，一个个能引起受众共情的英雄符号成为短视频叙事的主题。而影视作品也受到短视频叙事的影响，把红色经典通过更亲民、更贴近大众生活的视角与方式展开叙述。

三　红色文化短视频标题策略

（一）保证时效性

短视频的标题相当于新闻的导语，需要传递给受众最重要的信息。所以，标题通常在紧扣视频表达的主题的同时又具有时效性。在重大节日节庆中，尽量让视频标题带有热点话题，具有时效性。例如，在 2022 年举办的冬奥会期间，冬奥会开幕式升国旗之前，国旗护卫队护送国旗的动作被现场观众拍摄成短视频，点赞量达到 8 万。在新闻热点冬奥会的带动下，红色文化标志符号——国旗被更多人关注。因此，挖掘热点话题中的红色元素，可以成为保证标题时效性的有效方式。

（二）语言简练，巧用形容词

在红色文化短视频样本中，语言相对简练。一般情况下都用一句话概括主要内容，无论是在标题中还是在画面文字中，标题句子均不超过 3 句，形容词与感叹号在标题中居多。红色文化相关的短视频主题与红色经典的历史文化变迁有关。形容词的使用在历史变迁相关的视频中，更能引起用户的共鸣。形容词选择要与视频内容相适应。选择与视频主题相符合，能激发受众兴趣的形容词，往往可以达到良好的传播效果。在建党百年的视频标题中，"义无反顾""当仁不让"都是出现在视频标题中的文字。根据不同视频主题，用好形容词是视频达到良好传播的前提。

第四节　红色文化传播的影像叙事策略

影像是传统媒体时代以及当下数字媒体时代文化传播的主要手段，通过影像表达红色文化内涵，进行红色文化传播是十分必要的。2020年全球新闻传播的"音视频转向"进一步凸显，新闻播客、语音社交平台、流媒体短视频平台的兴起，是后疫情时代最引人注目的变化。未来随着5G技术的大规模商用，信息主体视听化、网络内容视频化更是大势所趋，红色文化的影像传播需要持续研究讨论。

影视人类学是以影像与影视为手段来探索与表达人类学原理的学问，凭借其独特的表现力和属性，记录、分析、展示、传播、诠释和保护族群文化，在捕捉文化现象、探究文化内涵、解读文化密码方面，其研究方法展现出无可比拟的优势。在当下"人人都是信息生产者和传播者"的传播民主时代，通过影视人类学角度关注并推进红色文化的影像内容制作，以及进行红色文化的影像化叙事尤为重要。

随着互联网传播和智能手机的普及，影视人类学已经从以影院荧幕为主的1.0版本、以电视屏幕为主的2.0版本到了以手机屏幕为主的3.0版本。在移动应用广泛普及的时代背景下，移动智能手机已成为大多数人获取资讯的首选渠道，大众在内容创作、信息传播中也掌握了更多主导权。影视人类学在这样的技术与文化语境中，超越了对影像本身的研究，更多转向了对社会互动关系和主体自我表述的研究，是对更具体的"人的整体性"的探究。现阶段影视人类学常用的田野调查等方法也已经不再是传统意义上寻找边缘民族与地带的观察，而是在多元媒体之上表现丰富的面貌和独特的价值。

一　影视人类学有效传播红色文化的方法策略

影视人类学作为一门集影视艺术与人类学理论于一体的交叉学科，以影视人类学的学科视角进行红色文化传播，不仅可以确保红色文化的深刻内涵得以准确传达，同时也能增强其在现代社会的影响力和受众的接受度。比如，影视人类学通常将田野调查作为研究的起点，这一过程与红色文化传播相结合，可以确保红色文化传播的真实性；影视人类学通常以摄像机等设备为载体进行影视创作，可以使红色文化传播在这一过程中提升美感。再比如，"红色经典"一词1990年以后被泛指反映中国共产党领导下的社会政治运动和普通民众生活的代表性作品。而对于影像，不少学者分别从摄影、电影等两个类别进行定义。红色经典影像的发展历程，包含的是摄影体系和电影体系两种体系的发展。红色经典影像自出现至当代出现了新转变、新角度、新价值的转换。因此，随着新媒介和新环境的出现，修复后的红色经典影像也同样需要符合时代需求的传播策略。

影视人类学传播红色文化的策略不仅应该基于对红色文化的深刻理解来确保其真实性，也要在此基础上富有美感；不仅要增强叙事的吸引力、传递情感，也要响应时代变迁从而满足不同受众的创作与审美接受需求，在此过程中，不断推进红色文化资源库建设。

（一）真实表现

红色文化传播有真实性保护的本体需求，在内容生产主体多元的媒体融合环境中，有通过特殊技术、特殊手段进行内容真实性保护的需求。从影视人类学方法的角度看，人类学纪录片在拍摄之前要进行长时间的田野调查，目的是通过深入调研、参与考证的方式实现内容制作的内涵与形式上的保真。红色文化内容生产，例如，红色影像创作，遵循影视人类学的原则和拍摄方法，能够真实地保留大量的细节和场景，保留更多、更重要的信息，能够最大限度地反映红色文化本身的真实样貌，也能够将其表象背后的深层文化内涵和价值传达给观众。

（二）艺术美感

在影视人类学理论框架下，用摄像机等捕捉大量场景和细节，随后再按照内在逻辑进行编排和剪辑，由此诞生的影像及视频作品不仅可以保证真实性，也能自然而然地融入艺术的美感。这些美感一方面来源于红色文化本身的历史内蕴与文化魅力，另一方面，也来源于通过媒体融合的多模态表现手段，以影像为中心，借助其他媒介材料，带给观众视觉、听觉等多元感官刺激，以打造更加直观、生动的红色文化体验，加深观众对红色文化的心理印记。

（三）引发共情

红色文化中包含大量感动人、教育人、激励人的红色故事、红色人物，内蕴激昂的革命精神和感人的战斗历程，需要以影视人类学的创作手法，表现艰苦历程和辉煌成就，用生动的故事、鲜活的人物和受众建立连接，构建同理心，引发共情，促进红色文化内涵入脑入心。依据影视人类学方法，红色文化影像内容生产在田野调查、真实表现的原则之上，也需要通过艺术化的文本叙事、拍摄手法、剪辑运用、人物塑造等技巧方法，融合文化价值和艺术精神，更为突出地展现红色文化特质、红色人物精神世界和红色故事的艺术魅力。

（四）创作体验

官媒在引领性的创作指导下，鼓励大众借助自媒体平台进行红色文化影像创作与发布传播，在创作中受教育。官媒引领，传播大众容易驾驭的红色文化短视频影像，鼓励大众创作文化内涵保真、艺术品质凸显的短视频作品。在当下 5G、短视频、直播日益繁荣的今天，人们普遍掌握拍视频、发视频的主动权，文化内容的"全民生产、全民消费"态势已比较普遍，大众可以通过手机拍摄、剪辑，进行红色文化影像创作，这对丰富红色文化资源库，推动红色文化传播有重要意义，同时，大众也能够在创作中深入感知红色文化，获得对红色精神的深刻理解。

"盗猎"是对读者积极、能动的阅读行为的一种描述，在这一过程中，读者将文本分解为多个片段并带上个人独特的风格重新进行文化拼接，从有限的文本资料中提取细微元素，再对微小细节进行重塑和挖掘，从而使边缘化的流行文化元素找到了融入主流文化生产流程的路径。随着传播权力的下放，用户对红色文化资源进行二次创作，生产出带有个人风格的红色文化作品，在参与文化产品生产的过程中实现了"文本盗猎"。在抖音短视频平台，用户可以通过"选配乐"获得大量可供挑选的经典红色歌曲，作为媒介产品的配乐。这种"文本盗猎"的过程给予了过去经典的红色文化资源二次关注，真正意义上实现了红色文化资源的"二次利用"。

（五）建立红色文化影像志

红色文化资源丰富、多元、庞杂。红色文化资源库的建立仅靠国家和政府是不够的，需要依靠群众，鼓励大众参与到如图片、影像采集等易操作的工作中来。因此，可以面向大众，通过多种网络媒体平台定期举办以红色文化为主题的图片、影像大赛，在多种网络平台投放、宣发、展示有价值的作品，将优秀作品纳入红色文化影像库，以赛促创，以赛促传，以赛促建，鼓励红色文化作品创作，促进红色文化传播，强化红色文化资源库建设。

二　媒体融合时代影视人类学在红色文化传播中的价值

媒体融合环境下，红色文化作品通过主流媒体平台及个人用户端平台多角度、多形式发布，"短视频""微电影""vlog""慢直播"等多种形式的红色作品成为影视人类学研究的新范畴。影视人类学在红色文化传播中呈现出新的特点和价值。

一是借助影视技术放大生活细节，更易触动心灵。与文字和声音不同，影片通常可以在有限的文本中呈现事件的因果关系，在帧与帧的画面中展现复杂的人类情感，随着各类媒介仿生功能性的增强，手机端各类应用程序对于人类视听等多元感官的触动表现出更多优势。例如，在新媒体平台上被誉为"中华文化传播使者"的李子柒，用真实的乡村生活激发出人们内心对美好自然的向往。画面中，古风服装与山林鸟语环境融为一体，一日三餐美食烹饪时发出的声音等一系列元素，都是对生活细节的放大。而这种被影像技术放大后的视听细节能最大化地调动观众的嗅觉、味觉与触觉等未实质参与感官，从而获得深刻的心灵体验。在红色文化视频中，镜头调度、剪辑等拍摄制作技术对细节的放大让观众有亲临现场的感觉，以影像书写与文本书写的互文达到人类学经验传递和人类学知识阐释的目的，使红色文化认知和爱国意识等意识形态构建同步完成。在中国共产党成立100年之际，抖音短视频点赞排名榜第一的是《阅兵式90秒卡点》视频，视频结合背景音乐同步剪辑仪仗方队脚步声、礼炮声和方队走向主席台时整齐划一的转头动作。视频中点赞量最高的评论是"卡点脚步感觉比现场震撼""祖国强大了"。细节镜头与声音话语模态的结合，同步强化观众的感官体验和情感体验。

二是影视参与红色文化生活记录，在日常生活中更好规范个体行为。媒体融合时代，"乡村影像"日益流行起来并迎来了快速发展的实践阶段，为人类学研究者研究影像民族志的生产拓展了维度。面向社区治理的社区影像，这个概念的核心要点在于大众通过这种更具有合作性与参与性的影像实践来锻造社区的"自我组织、自我认同、自我管理、自我监督和自我发展"，在这一理念下，影像被作为促成集体行动的工具。通过真实记录的方式，在不断的影像生产中深化社区意识，强化社区身份认同，通过影像"深描"和"具象化"达成集体行动的共识。将这种方法应用在更大"社区"概念的红色文化适用族群即中国国家层面，以"自我组织、自我认同、自我管理、自我监督和自我发展"为目标，在日常生活中的红色文化影像创作与传播中，大众可以通过亲历红色文化影像创作，一方面必然会强化自身对红色文化的认知与理解，在红色内涵、红色精神影响下，敦促"自我组织、自我认同、自我管理、自我监督和自我发展"的实现；另一方面，在具有示范性作用行为的影响下，也能形成良好的示范效应，从而进一步达到"社区治理"即群体规约的目的。

三是真实记录，更能引发共情。在全民记录的参与下，信息的真实性就无法得到进一步保障。受众与专业影像记录者不同，没有接受过系统的学习。专业素养的缺失，使其缺乏挖掘红色文化细节的能力，甚至还存在用夸张的表演或虚假的宣传博人眼球的情况。在红色文化传播中，真实记录才能保证信息的权威，满足受众需求。真实记录并不是不用创造性的形式去表现作品，而是不以制造焦点为目标，不利用红色文化做博人眼球、低俗献媚的产品。真实记录在于人们利用身边红色经典资源、红色历史文化记忆通过影像记录人类红色历史文化。保证真实记录、真实制作的首要前提就是提高受众的专业素养。因此，可以通过社区影视讲堂、影视书籍、短视频、微课等方式把专业影视技术传授给受众。同时，让受众用通俗易懂的方式接受专业知识，并更好地运用到生活实践中，是需要解决的重要问题。

四是进行网络化田野调查，实现热点前馈。在互联网环境下，影视人类学常用的田野调查法也已经不再是传统意义上对边缘民族与地带的观察，而是通过"快手""抖音"等短视频进行全面、具象、去中心化的观察。人类学纪录片在拍摄之前要进行长时间的田野调查，融入当地的生活进行参与式观察。在新媒体出现后，田野调查的定义正在被改变。传统人类学依托的相对固定的社区正在消解，传统田野调查地点也相应发生转移，网络化田野调查应时出现。在网络田野调查中，调查者身份转变，通过隐匿在不同的新媒体平台上用专业视角察觉红色文化创作的影视人类学作品，精准把握受众喜好，实现传播之前的热点前馈。在互联网语境下，社群聆听实际上比参与式观察更能发挥实效。观察者应该深入互联网平台的不同社区内部，倾听群众意见与需求，掌握舆论热点的走向，通过与群众的深切交流及时了解受众喜好，从而举一反三活学活用到红色文化影视作品的制作当中去。同时，传播者还应该合理利用影像技术，结合不同平台制作出充满艺术美感、有温度的红色文化影像作品。

总的来看，在媒体融合环境下，集文字、图像、声音于一体的多模态产品已成为当下媒介传播的常用叙事策略。虚拟现实技术、红色文化纪录片使红色文化多模态话语已走向深度融合。用好多模态融合的传播模式实现多模态隐喻的价值表达，是红色文化有效传播的重要途径。我国知名历史学者庞朴曾将文化结构精辟地划分为物质、制度与精神三个维度。朱铁雄创作的国风系列视频作品，尤为凸显的是位于核心的精神文化层面。他巧妙融合多种表达模式，将文本、图像、视听元素及特效织成一体，全面调动视觉、听觉等多个感知通道，构建出一个全方位、多层次的信息传递与情感共鸣空间。以《愿得此身长报国，何须生入玉门关》视频做案例分析，该作品标题援引唐代诗人戴叔伦《塞上曲二首·第二》之句，是整个视频氛围营造的点睛之笔。视频中，细腻逼真的变身特效令人赞叹，瞬间将画面从平凡巷弄切换至烽火连天的战场，一位寻常少年化身披甲勇士，其誓死捍卫疆土的壮志豪情跃然屏上。自发布以来，该视频引发热烈反响，截至 2024 年 2 月 27 日累计获得超过 2.1 万条评论及 2 万次转发，这不仅顺应了当代青年偏好的碎片化信息消费模式，也成功激起了他们内在的民族自豪感。评论中除了对精湛特效技术的认可，还表达了对视频传递的传统文化价值观的强烈共鸣，涌现出诸如"传统文化需要网络用新颖的方式去给青年人认识""国粹传承，中国风才是世界风"等声音，更有众多网友慷慨陈词"若外敌来犯，当守华夏，击退强敌！""愿以吾辈之青春，捍卫盛世之中华！"。显然，这种多模态叙事手法所营造的文化传承氛围，其深度与感染力远非简单视觉对比所能比拟，它触动的是观者内心深处的文化认同与情感纽带。

从叙事学与影视人类学两个角度深度探讨语言符号多模态融合的方法与叙事策略对红色文化媒体融合传播有重要意义。从红色文化语言符号的多模态融合方法来看，可视化与形象性、情境性和多元化叙事、互动性与动态化、象征性与符号化是与语言符号实现更好融合的策略。在短视频传播中，简洁精练又不失时效的标题是短视频叙事突出的有效方式之一，而在碎片化传播特点主导的短视频传播中用户参与叙事是红色文化资源有效利用的途径。而影视人类学叙事在影片参与文化叙事、放大生活细节、引发受众共情方面更突出，因此不论是用户还是观察者都要用好影视记录的手段，在真实表现的基础上激发红色文化产品创作的热情，用心用情讲好红色文化故事，实现红色经典的有效传承。

第八章

面向大学生的红色文化传播创新探索

全球经济一体化、科技进步以及互联网的广泛普及，为多样化价值观和社会思潮的传播与交汇提供了广阔平台。在汹涌的时代洪流中，部分大学生开始显露出种种"病象"，包括但不限于安于现状、追求短期利益、责任感缺失以及理想信念的模糊不清。大学生群体是国家未来发展的重要人才后备队伍，是社会主义事业的建设者和接班人，他们肩上担负着建设国家、复兴民族的崇高使命，任何精神懈怠、贪图舒适、回避挑战、敷衍推脱，乃至缺乏创新进取心的心理状态与行为，都会导致其难以承担国家赋予的重大责任。因此，运用红色文化为大学生的理想信念教育赋能，为其精神世界补充必要的养分，极为迫切和重要。红色文化的时代发展要求不断创新传播手段和话语方式，在面向青年大学生群体的红色文化传播中，对象化传播、通俗化表达、多样化形式、互动性机制、全媒体链条是积极有效的创新途径。

第一节　对象化传播

对象化传播通常是根据不同传播对象制定不同传播方案，定制不同的传播内容，选择不同的传播方式，即"一把钥匙开一把锁"，精准实施传播策略，目的在于增强理论传播的精准度与实际效果。宣传对象化即针对宣传对象的特征和需求进行个性化的靶向精准宣传。传播对象的分众化差异，要求传播在方向、方式、内容和表现形式上覆盖宣传对象特征。定制符合和适应宣传对象个性特征和需求的宣传内容是对象化的核心。分众化是对象化的前提，对象化也是分众化的必然要求。传播分众化，是传播者根据受众需求差异，针对性地提供特定的信息与服务。分众化是指在社会发展中，社会成员因资源占有、文化、环境差异而产生的群体化差异。同一社会分层成员的行为习惯、价值趋向等具有相似性，不同社会分层成员则具有差异性，即所谓的物以类聚、人以群分。社会分层不是一成不变的，在快速发展的社会中，社会资源占有、文化、环境差异变化加剧，社会分层之间及同分层内部组成都呈现出不断建构、解构的复杂自适应状态。正确认识分众化，准确分辨分众圈层，是当前红色文化传播面临的基础性任务。

互联网传播的个性化、差异化等特点为开展对象化的网络传播提供了条件。向青年大学生对象化传播红色文化的原因有以下几点。一是目前市场上的文娱产品形形色色难以辨别，红色文化需要对大学生进行定制化传播。二是青年学生有其自己的特点和口味，这种特点决定了他们在选择文化产品时有着特殊的需求和目标。三是地域、家庭背景、爱好兴趣等不同，会使大学生群体内部的文化品味产生分化。

一　注重传播主体的对象化

当下，内外传播格局的变化正深刻影响着青年群体，这对增强意识形态领域主导权和话语权提出了更高要求。主流媒体做好青年传播的必要性，体现在青年群体的内在特质、整体媒介化社会环境与主流舆论新格局的塑造等方面。当代青年群体是中国式现代化建设的生力军，在庆祝中国共产主义青年团成立 100 周年大会上，习近平总书记指出："青年是社会中最有生气、最有闯劲、最少保守思想的群体，蕴含着改造客观世界、推动社会进步的无穷力量。"[1] 在科技创新、乡村振兴、文化传承、公共服

---

[1]　习近平：《在庆祝中国共产主义青年团成立 100 周年大会上的讲话》，人民出版社，2022，第 9 页。

务、生态保护等各个领域，我们都可以看到青年人不畏艰难、不懈奋斗、主动参与社会实践的身影。同时，青年人以开放自信的姿态融入世界、拥抱世界，在对外交流合作中既学习借鉴其他国家的有益经验和文明成果，也在积极向世界讲述着中国故事、传播着中国声音、表达着中国观点。中国式现代化的建设，离不开富有想象力、创造力、能动性的青年人。深化文明交流互鉴，推动中华文化更好走向世界，也需要青年群体展现青春担当，贡献智慧和力量。

面向大学生群体进行传播的传播者十分重要。王冰冰是中央广播电视总台的一名年轻记者，她通过哔哩哔哩视频平台上的央视新闻官方频道发布了一个关于黄河流域生态保护的视频，并且凭借其甜美外表与专业素养迅速吸引了大量网民的关注，掀起热议。该视频发布首日观看量就突破了500万大关，同时"王冰冰"的词条也冲上了微博热搜。王冰冰因此被网友誉为"央视频道的收视密码"。这一现象凸显了出镜记者在电视新闻播报中的独特影响力，其角色不再仅限于信息的传递者，更成为塑造媒介形象、引领公众舆论的重要力量。而这也体现了当代大学生对于传播主体有着强烈的审美需求和表达要求。面向大学生群体创新红色文化的传播要注重传播主体的对象化，注重培养以大学生为主的传播主体，注重打造传播人设。

优秀大学生往往凭借活跃的思维、鲜活的语言和相仿的年龄更易受同类群体的喜爱和接受，也更具有传播影响力。以讲党史为例，当前，已经有很多高校开展了大学生讲党史的系列活动，四川农业大学团委发起了"青马学员讲党史"系列活动，由青年马克思主义者培养工程的学员讲述党史中的红色故事，并制作视频在哔哩哔哩等视频平台上传播，目前已经制作了35期视频，覆盖从五四运动到新中国成立的历史。这项活动不仅在青马学员中间传播了红色文化，也带动了四川农业大学的学生学党史的热潮。在"青年大学习"主题团课中，一些大学生主讲人如中山大学学生梅子君、山东农业大学学生孙启萌、中国传媒大学学生石笑歌在讲述相关内容时就深受大学生的喜爱。

注重传播主体的对象化还要着力打造传播主体人设，目前在红色文化传播中有几种传播主体"人设"深受大学生喜欢。

一是萌系人设。央视记者王冰冰出镜"青年大学习"纪念中国人民志愿军抗美援朝出国作战 70 周年的特辑视频，以其甜美的长相和萌系人设，获得了良好的传播效果。"青年大学习"还经常通过出镜一些玩偶等方式来抓住大学生的眼球，以提高传播力，这种萌系人设符合大学生的审美需求，符合传播主体的对象化要求。而萌系人设之所以能够吸引大学生的眼球，主要有三个方面的原因。首先，当代大学生的成长过程正处于动漫艺术在我国快速发展的时期，动漫影视伴随着当代大学生的成长，塑造了其萌系审美。其次，随着社会竞争压力的增大，萌系人设和甜美的长相更符合青年大学生趣味娱乐的趋势。最后，社会的舆论导向更推崇无害的萌系人设，这也影响了大学生的审美倾向。

二是跨界人设。除萌系人设以外，跨界人设也深受大学生的喜爱，京剧演员王珮瑜出镜《百炼成钢——党史上的今天》纪录片，讲述一代京剧大师梅兰芳的红色故事。在"华流才是顶流，国潮才是潮"的今天，京剧作为传统文化焕发了新的生机，这种跨界讲党史的形式使更多的大学生"票友"接触红色文化，提高了红色文化的传播力。

三是高知人设。高知人设同样深受大学生的喜爱，在哔哩哔哩平台上，复旦大学张维为教授的一档节目——《这就是中国》排在纪录片热门榜第 10 位，截至 2024 年 10 月 31 日仅在该平台的播放量已经超过 1.5 亿次，获得了 140.6 万追剧，张维为教授通过讲述红色文化大大提高了红色文化的传播力。同样，金一南教授关于红色文化的讲授也获得了良好的传播效果。

四是虚拟偶像。网络世界创造出许许多多的虚拟偶像，如初音未来、洛天依、yoyo 鹿鸣_Lumi 等，这些虚拟人物承载的一些二次元的文化，极易受到当代大学生的喜欢。共青团中央顺势而为，打造了"团团"的直播虚拟偶像"江山娇"与"红旗漫"，两个虚拟偶像的名字取自毛泽东同志的"江山如此多娇"和"红旗漫卷西风"两句诗词，由这样的虚拟偶像讲述红色文化，对于大学生更具有吸引力。

五是网红人设。互联网平台催生了许多粉丝众多的网红，像抖音、快手、微博、知乎、豆瓣等平台的"大 V"，哔哩哔哩视频平台的大 UP 主等，他们本身就拥有众多的粉丝，并活跃在不同的圈层之中，由他们讲述红色文化，能够打破圈层壁垒，获得良好的传播效果。

二　注重传播内容的对象化

红色文化内容本身并没有优先等级划分，但是针对当代大学生的认知特点和性格特点可以对红色文化进行定制化传播。

首先，要尊重传播规律和大学生的学习规律。传播内容应当遵循由易到难、由浅入深的规律，其中文艺作品、红色故事、红色旅游资源等最易引起大学生的兴趣和关注，在红色文化传播过程中，应当注重挖掘相关资源，创作一些红色故事和红色文艺作品，使其在新的时代焕发新的生机。另外，面向大学生，还可以利用大数据、算法推荐等方式，在媒体平台上针对性地投放红色故事和红色文艺作品。影视作品《觉醒年代》《长津湖》等播出时，其片段、花絮、幕后故事等迅速占据一些媒体平台的热门榜。在青年学生为主要活跃群体的哔哩哔哩视频创作平台上，截至 2024 年 10 月 22 日，《长津湖》的电影解说视频播放量最高的为 991 万余次、点赞量最高的为 19.7 万余次、投币量最高的为 15.9 万。新华社在《长津湖》电影播出后推出的《冰血长津湖》纪录片，截至 2024 年 10 月 31 日，已有超过 633 万播放量、11.3 万点赞量、3.3 万条弹幕，登上了哔哩哔哩全站排行榜。这些都说明面向大学生的红色文化传播内容应当对象化、定制化。

其次，要整合红色文化资源的内容，针对大学生群体进行"点播式""菜单式"传播。当代大学生个性鲜明、自主性和独立性强、对自由的要求度高，这些特征决定了红色文化在传播时要尊重大学生的自主选择性，使其有更多的参与感。2021 年 3 月，广州市发布首批"家门口的红色学堂"展览的活动清单，为各区各单位以及广大党员、市民群众特别是青少年就近学党史提供了丰富的"红色文化菜单"。这种自主选择让青年学生有了更多的参与感和选择性。此外，"菜单式"的资源整合还有利于向大学生进行"点播式"传播。在"学习强国"软件上，"看党史"栏目下方分了"党史百年""红色印迹""红色故事""红色书信"等子栏目，"党史知识"下又分了"跟着总书记学党史""党史课堂"等子栏目，在"红色印迹"下又分了"红色百宝""红色档案""红色 VR"等子栏目，这种菜单划分更有利于大学生点播符合自己口味的红色文化。

三　注重传播语言的对象化

在新媒体如此发达的今天，网络语言已经成为大学生日常社交话语的重要组成部分。透过网络用语，可以分析大学生群体的语言偏好和用语特征。根据国家语言资源监测与研究中心发布的"2021 年度十大网络用语"，十大网络用语依次为：觉醒年代；YYDS；双减；破防；元宇宙；绝绝子；躺平；伤害性不高，侮辱性极强；我看不懂，但我大受震撼；强国有我。①这些网络用语已经深入大学生日常社交语言之中，成为他们乐于传播的语言。同时这些网络用语也体现了大学生"奋进新时代、唱响主旋律"的青春姿态，以及当代大学生对于语言"情绪多元化、表达简洁化"的需求。

当代大学生乐于用语言唱响主旋律，表达对党、对国家、对新时代的热爱和祝福。"觉醒年代"一词指的是电视剧《觉醒年代》，这是电视剧名字首次作为网络用语出现。然而，因电视剧而流行开来的网络用语并不罕见。比如，"为了胜利，向我开炮！""天王盖地虎，宝塔镇河妖""元芳，你怎么看？"等都成为大学生的口头禅。当代大学生更倾向于用影视剧中的台词来表达自己，寻求认同。在电视剧《觉醒年代》中，陈独秀创办了《新青年》杂志，李大钊挥笔写下激励了一整代人的文章《青春》……一连串的历史事件和人物，尽管与当下的青年一代存在近百年的时间跨度，却在思想层面与其产生了强烈的共鸣与情感投射。数以千万计的青年大学生网民纷纷在各类平台的评论区里留言，表达自己对革命先辈的深切怀

---

① 《汉语盘点：2021 年度十大网络用语发布》，光明网，2021 年 12 月 6 日，https://culture. gmw. cn/2021-12/06/content_35362714. htm。

念，以及对党、对国家的挚爱与美好祝愿，并表示"当下的生活正是《觉醒年代》最理想的续篇"，这或许正是广大青年大学生共同的心声与感慨。"请党放心，强国有我"，这句誓言在中国共产党百年华诞的庆典上，由共青团员及少先队员代表齐声诵出，每个字都充满力量，每句话都重如千钧。这不仅是青年一代对党和国家的郑重承诺，更展现了当代中国青年的雄心壮志、坚毅勇气与坚定自信。红色文化是主旋律的重要组成部分，因此，面向大学生群体的红色文化传播要更加注重挖掘这些内涵丰富又易于表达的话语，如鲁迅先生的名句——"愿中国青年都摆脱冷气，只是向上走，不必听自暴自弃者流的话。能做事的做事，能发声的发声。有一分热，发一分光，就令萤火一般，也可以在黑暗里发一点光，不必等候炬火"①，已经成为很多大学生的座右铭。

当代大学生喜爱用简洁的语言表达多元的情绪，或者用反差矛盾的语言增强语言表达的"抓马"效果。汉语拼音首字母缩写是大学生常用的简洁表达手法，比如，"YYDS"是"永远的神"的汉语拼音缩写，被大家用来表达对某个人杰出成就的极度崇敬与仰慕之情。在东京奥运会期间，对这一词语的使用尤为频繁，当杨倩成功揽下首枚金牌时，当全红婵在跳水决赛中以三次完美表现惊艳世人时，当苏炳添震撼亮相百米赛跑的终极对决之际，整个网络空间共鸣共振，齐声高呼"YYDS"。"YYDS"几乎成为那段时间社交平台上无处不在的热议标签。在红色文化传播中，增强语言的对象化，就要针对当代大学生的语言使用偏好，在内容挖掘、内容创作、内容宣讲中实现语言的简洁化，增强情绪的张力和多元化，更多使用大学生喜爱的"接地气"的语言。

当代大学生喜欢赋予熟词以新意，如"后浪"一词，出自"长江后浪推前浪"，2020 年演员何冰的演讲《后浪》使得这一词语成为当年的网络热词。"后浪"一词也成为拼搏奋进、矢志报国的青年一代的指称词。创新红色文化的传播语言，注重语言的对象化，还要从熟词中挖掘新意，从旧故事中探索新价值。习近平总书记讲述的关于"真理的味道非常甜"的

---

① 《鲁迅选集》第 2 卷，人民文学出版社，1983，第 128 页。

故事就是从旧故事中挖掘新价值，用"真理的味道非常甜"生动形象地概括了丰富的红色文化内涵和红色精神内涵。

第二节　通俗化表达

大学生需要的红色文化应当是鲜活的、生动的、具体的，只有贴近实际、贴近生活、贴近学生，用通俗化的方式阐释红色文化才能使其真正深入人心、走进群众。红色文化蕴含着丰富的革命精神、历史文化内涵，是中华优秀传统文化的重要组成部分，对大学生树立社会主义核心价值观具有积极意义。目前，高校在推广红色文化传播的过程中面临着一些挑战，主要体现在传播方式上略显刻板，缺乏活力，传播目标定位不够精准，存在偏颇，且红色文化传播形态较为抽象，传播渠道较单一，难以有效、充分地对大学生进行引导。为提升红色文化在高校中的传播实效，高校需立足新媒体时代，基于教师、大学生等群体的信息获取习惯以及文化表达方式，结合实际传播问题，探索有效的传播路径。

一　聚焦内容

优化传播形式和传播内容的关系是有效向大学生传播红色文化的关键要素。我们强调创新传播手段和话语方式，但不等同于牺牲红色文化的内容。相反，这些形式要为红色文化的内容服务，要聚焦红色文化的核心内容甚至是完整内容，谨防为了形式而牺牲内容的现象。

但是在实践过程中，红色文化传播存在许多为了丰富形式而牺牲红色文化内容的现象。比如，在一些抗日主题的电视剧中出现的"手撕鬼子"的场景，严重违背了历史事实和常识。类似这种例子有很多。这种为了夸大形式而牺牲红色文化内容的现象有时会造成十分严重的后果，一方面使得这些情节成为人们茶余饭后的谈资，成为完全的娱乐性产品，失去了红色文化原有的启示教育作用。另一方面，它掩盖了革命先辈流血牺牲的史实，使大众陷入历史虚无主义的泥潭，破坏中华民族的精神图谱。

除夸张创作之外，当前还有一股热潮，就是运用数字技术追求光电的视听美学，像一些 VR 技术、3D 影像技术等，这些技术能够构建虚拟场景，制作虚拟人物，将历史事件重现，受到大学生的喜爱，对传播红色文化起到了正面作用。但与此同时，在运用这些技术的过程中也产生了一些问题，例如，过度夸大场景的宏大和美观，忽视了对历史事实的真实构建，过度追求人物形象的美感，忽略了人物塑造的核心特点。这种过于追求美学而忽略真实的现象，使得红色文化特别是红色精神的核心内容在这一传播过程中失真。

以上种种现象凸显了我们在红色文化传播过程中内容不聚焦的问题，过于追求形式而导致红色文化的内核在传播环节中失真。在传播红色文化的过程中避免这种现象的发生，一方面要提高思想认识，解决好形式与内容的关系问题；另一方面要加强对数字技术的指导和监管，使之更好地服务于红色文化的传播。

二 紧贴现实

媒体融合环境中紧贴现实面向大学生传播红色文化具有现实意义。红色文化不仅拥有文化的普遍特性，还有超出常规文化界定的独特范畴，其融合了文化和政治的双重属性。鉴于此，在社会中广泛传播红色文化具有重要的时代价值和启示。红色文化可以激活历史记忆，赓续红色血脉。历史呈现了一个国家与民族成长的轨迹和脉络，对于强化国家认同感、增强民族凝聚力以及鼓舞民众为国家繁荣而团结奋斗，具有不可估量的作用与深远意义。红色文化能够维护意识形态安全，夯实执政基础。红色历史与革命精神深刻反映了中国共产党艰辛的奋斗轨迹，生动描绘了中国人民在历史进程中坚定选择马克思主义、拥护中国共产党、走中国特色社会主义道路的历史过程，强有力地证明了中国共产党的领导地位是历史和人民的必然选择。因此，红色文化为中国共产党长期执政提供了深厚基础，展现了中国特色社会主义演进的内在逻辑。红色文化能够引领社会风尚，匡正价值取向。它蕴含着革命先驱们的高尚革命理想以及坚定不移的政治信仰，展现了他们不顾个人利益、全心全意为国家和民众福祉不懈努力的高尚情操。在新时代背景下大力弘扬红色文化，有利于公众弘扬并践行以民为本、求真务实、团结协作、坚韧不拔、积极奉献的价值观，从而带动整个社会风气的好转，重塑正面的社会行为准则与规范，营造奋发向上、团结奉献的新时代社会风貌。

在媒体融合的环境中，红色文化传播遇到了一些风险和挑战，要使之紧密关联现实并得到有效传播，就必须正视且解决这些现实问题。

首先是传播内容的空泛化以及影响力不足的问题。具体表现在以下几个方面。第一，红色文化社会传播同质化。红色文化的传播内容趋同，往往都围绕革命历史中的典型红色故事展开，过分强调"高、大、上"的形象塑造，忽略了将红色文化语境与当下时代相结合，缺乏鲜活生动的现实感。第二，传播方式过于单一枯燥，往往采用灌输式宣传的形式，缺乏动态、立体的展示和呈现。空泛且趋同的传播内容以及单一乏味的传播方式，导致大学生群体对红色文化产生了情感疏离和审美厌倦。第三，红色文化传播逐渐由系统化走向碎片化。社会生活节奏的加快促使人们倾向于选择"快消"的文化产品，而市场为迎合大众对"快餐式"文化的消费需求，时常在进行文化传播时将系统的信息拆解为片段化的信息，从而使其失去了内在连贯性，这种行为极易使大学生对红色文化"断章取义"而错误解读。红色文化在社会传播中遇到的信源失真、内容趋同以及形式枯燥固化的问题，严重阻碍了其深入人心的效果，进而削弱了红色文化传播的影响力与感染力。

其次，面临社会变迁和多元文化冲击，传播环境恶化。如今的大学生群体，出生于改革开放的春风中，成长于物质充裕与幸福感提升的社会环境下，这使得他们很难从亲身经历中深刻体会到红色文化所承载的民族危难、人民生活疾苦以及革命先辈的牺牲精神。随着全球化进程的不断推进，中国正处于由传统向现代社会快速转变的关键阶段，大众的思想束缚逐渐松绑，价值观的变迁有时甚至超越了社会变革的速度。在此背景下，青年一代重视个人价值的实现和个性解放，常常质疑传统规范与权威。同时，西方观念与文化交织出现，其中夹杂着诸如享乐主义、个人主义等错误思潮，导致价值观念复杂且混乱，尤其是自由主义、历史虚无主义思潮正悄然侵蚀着大学生的信念根基。

时代的发展赋予了红色文化新的内涵和意义，在新时代下，脱贫攻坚、抗击疫情、生态保护、铸牢中华民族共同体意识等都在丰富着红色文化的内涵，红色文化的现实发展也对红色文化的传播提出了新的要求。面向大学生传播红色文化能够解决一些现实问题。

因此，紧贴现实面向大学生的红色文化传播要直面问题，解决问题。一是明确界定红色文化的深层含义与核心精神，构建清晰的理论框架，确保红色文化的内核与结构既严谨又饱满，既系统又细致，从而使传播内容立体、生动、骨肉兼备。同时，要紧密结合当下的时代特征与现实生活，做好红色文化内容、精神及话语表达方式的现代化转换，让红色文化的传播生根发芽，更接地气。二是探索挖掘新颖的传播素材，打破内容同质化的壁垒，尝试通过讲述鲜活的红色故事、打造沉浸式的红色情感体验、引导参与红色实践活动等多元化路径来传播红色文化。三是大力发展红色文化主题公园、红色纪念馆以及红色教育基地，不仅要丰富红色革命文物的宣传内容与形式，还要拓宽传播渠道，规划高质量的红色文化旅游线路，打造依托特色地域的红色文化主题公园，加大爱国主义教育基地建设的力度，以此扩大红色文化传播的辐射范围以及影响力。同时，优化红色文化传播的空间布局，加强对网络红色文化传播的监管，维护积极健康的网络生态；建立健全红色文化保护与传播的政策法规体系，推动红色文化传播步入法治化轨道。

三 仪式感受

大学生更青睐生活中的仪式感，同时也更喜欢观赏传播中的仪式内容。在典礼和各种仪式中，大学生能够体会红色文化、红色精神的厚重感和庄严感，增强使命感和光荣感。以中华人民共和国国家勋章和国家荣誉称号颁授仪式为例，在哔哩哔哩视频平台上，截至 2024 年 9 月 8 日，人民网发布的《钟南山被颁授共和国勋章》视频获得 171.8 万播放量；截至 2024 年 9 月 25 日，浙江共青团发布的《习近平为共和国勋章获得者颁授勋章》视频获得 145.6 万播放量。这充分说明了典礼仪式对于大学生的影响力、感染力。

面向大学生传播红色文化，要抓住大学生的仪式感受。一要充分挖掘红色文化中有关仪式感的素材，大到一些宏大的场面如朱毛红军胜利会师，小到一些入党宣誓，甚至一面红旗、一个党徽，都可以成为具有仪式感的传播素材。二是增强大学生日常接触红色文化的仪式感，如在参观红色展览时重温入党誓词。三是营造红色文化的仪式感氛围。例如，仪式是内心虔诚与情感认同的外在映射，如果大学生党员缺失这种深层次的心理联结，那么其在参与组织生活时可能仅流于表面，仅做到形式上的到场，甚至会有被动参与的无奈与不悦。因此，大学生的支部组织要注重组织生活的仪式感。首先，要强化教育引导环节的投入，确保每位党员都能深刻理解党内组织生活的重大意义以及庄严性质，激励他们以饱满的热情参与到组织生活中来，做好充分准备，到场即能迅速融入讨论，确保组织生活成为提升党性修养、增强政治意识和提高政治能力的实效平台。其次，必须严格执行纪律规定，明确参与组织生活不仅是党员的义务，更是必须遵守的纪律，以此来确保组织生活规范有序进行。最后，应重视环境布置的重要性。通过巧妙运用色彩、灯光、音响等手段，营造一个庄严而肃穆的氛围，以增强教育的感召力和影响力。四是注重重大仪式对于当代大学生的重要教育作用。应当组织大学生集体观看阅兵式、庆祝中国共产党成立 100 周年大会等重大仪式的直播或者回放并交流发言，通过共祝重大节日感受红色文化的魅力。

第三节　多样化形式

既要传播好又要保证传播内容的正确性，这的确是一项十分有难度的挑战。红色文化传播，基本处于"人云亦云"的状态，普遍缺乏"匠人精神"，对红色文化在实用方面的研究严重不足。例如，目前红色历史故事普遍使用展馆讲解、故事讲述等形式进行传播。这种传播形式对于讲解员的水平、环境、氛围等要求很高，稍受影响就难以达到预期效果，此外，从记忆角度来看，纯粹地听和看，很难达到深层记忆，且容易忘记。再加上各种外在因素的影响，很难触及受众内心。学习认知不是目的，学习认知后的感悟再加上正向的行为改变才是目的。因此，应从正向的行为改变反推怎么使受众内心产生触动，再反推通过什么样的形式与方法能够使受众内心产生触动。这一整个过程的核心就在于形式方法。

一　传统媒体与新兴技术相结合

2019 年，在中共中央政治局第十二次集体学习会议上，习近平总书记着重强调："要运用信息革命成果，推动媒体融合向纵深发展，做大做强主流舆论，巩固全党全国人民团结奋斗的共同思想基础，为实现'两个一百年'奋斗目标、实现中华民族伟大复兴的中国梦提供强大精神力量和舆论支持。"[1]

将传统媒体与新兴技术相融合，巧妙整合两者之所长，互补短板，催生出别开生面的传播形态，为媒体领域注入全新活力。即便在当今时代，传统媒体依然具有不可或缺的独特价值与优势，其中，内容制作实力是传统媒体最根本、最关键且最具竞争优势的特质，尽管新媒体的兴起对传统媒体构成了挑战，但不可否认的是，大量具有开创性的独家报道仍然源于传统媒体。在我国，重要的权威消息的发布主要集中在新华社、《人民日报》、央视网等传统官方媒体，俗称"官媒"。红色文化的内容生产也主要依靠这些"官媒"。传统媒体拥有专业化的新闻传播理念和运作机制，在发展中逐渐形成了自己的价值准则、行业规范，这些成熟的机制使得传统媒体的内容更加权威和可靠。此外，传统媒体具有品牌和知名度的优势。新兴技术则在即时性、交互性、传播性等方面具有长足的优势，除此之

---

① 《习近平在中共中央政治局第十二次集体学习时强调 推动媒体融合向纵深发展 巩固全党全国人民共同思想基础》，《人民日报》2019 年 1 月 26 日，第 1 版。

外，新兴技术以其良好的体验感深受大学生的喜爱。面向大学生的红色文化传播必须将传统媒体与新兴技术相结合，实现传播内容、传播形式的多样化，更好地满足大学生的文化需求。

于 2019 年上线的"学习强国"学习平台，是由中共中央宣传部主管，以习近平新时代中国特色社会主义思想等为主要内容，立足全体党员，面向全社会的优质平台。"学习强国"学习平台是传统媒体和新兴技术结合的代表性案例。在"学习强国"平台上，《人民日报》、央视新闻、新华社等"央媒"，以及"广西新闻网"（广西学习平台）等地方媒体都开设了"党史学习"专栏。其中，天津学习平台制作录制了党史综艺节目《同学去哪里》百年党史特辑，带领学生游历了嘉兴南湖、井冈山、遵义、延安等红色景点。广西学习平台制作录制了党史学习教育节目《打卡吧！年轻人》，这是广西首档沉浸式党史学习教育节目，节目中的青年嘉宾在南宁、桂林、北海、贵港、柳州、贺州、梧州、河池等城市依次打卡红色地标，寓教于乐，在游戏和比赛中领略了红色文化的魅力，学习了党史的相关知识。四川学习平台制作的党史微电影《永远十九岁》获得了两万多播放量。可见，传统媒体在新兴技术的支持下，焕发了新的活力，以更加多样的形式向大学生传播了红色文化。

二　经验传承与方式创新相结合

面向大学生的红色文化传播应当注重将经验传承和方式创新相结合。一是在创新经典人物形象时，要学习传统的经典人物形象的塑造。二是在创新经典场景时，要学习传统经典场景对核心要素的演绎。三是在传播红色故事时，要学习传统红色故事的叙事逻辑。

在创新经典人物形象时，要学习传统的经典人物形象的塑造。以经典的英雄人物"董存瑞"为例证，其形象建构历经了三个关键阶段，分别是由赵寰、郭维等人接力创作的，最初是在 1951 年《解放军文艺》上发表的歌剧《舍身炸碉堡》，随后是 1954 年中国青年出版社出版的长篇小说《董存瑞的故事》，最后是 1955 年由长春电影制片厂推出的电影《董存瑞》。这三个阶段循序渐进，通过"累积式"的方式，共同构筑并巩固了"董存瑞"这一经典英雄形象。在歌剧《舍身炸碉堡》中，董存瑞的形象依托于中国革命史的长篇叙事；在长篇小说《董存瑞的故事》中，董存瑞的形象表现在从"孩子王"到"见习八路"再到"战斗英雄"的成长过程中；而电影《董存瑞》则将个体在历史进程中的成长轨迹紧密地编织进人物个性的塑造中。在这部电影中，董存瑞手托炸药包的形象成为经典，也成为这个红色人物的典型特征。传统的红色人物形象的塑造往往摒弃复杂的因素，用单调的行为烘托人物形象，但是这种单调往往利于复刻和传播。如今，对董存瑞形象再度创作和传播时，手托炸药包的姿势总是成为其经典特征。除此之外，还有电视剧《觉醒年代》中的人物形象的经典塑造，在张勋复辟时，剧中的鲁迅扶着"不干了"的牌匾站在当局"教育部"的门口，这是在鲁迅辞职的史实基础上进行的艺术加工，却成为经典的荧幕形象，被复刻创作出素描版、Q版等多种风格的形象，促进了形象以及背后的红色精神的传播。值得一提的是，在创作和加工红色文化时，传统的经典人物形象会遭遇"恶搞"，这一方面是大学生面对长久单调的政治宣传和革命叙事而出现的一种"告别革命"的逆反心理，另一方面也不乏别有用心者的幕后推动，面对这种尴尬处境，我们除了要对传播方式进行创新，还要更加旗帜鲜明地弘扬主流、捍卫英雄。

在创新经典场景时，要学习传统经典场景对核心元素的演绎。如"开国大典"的场景塑造。在开国大典的历史照片中，天安门城楼上人物众多、难以辨别，而1952年董希文创作的油画《开国大典》，主次分明，人物刻画细腻，成为开国大典的经典景象，此后的展馆和影视剧中大多沿用了油画的场景，《开国大典》也曾一度成为油画的代名词。

在传播红色故事时，也要学习传统红色故事的叙事逻辑。以小说《红岩》为例，该作品结构丰富，层次感强，精于内心世界的细腻描绘及氛围的巧妙营造，语言质朴无华，情感悲壮激昂，自面世即刻引发了广泛反响。尤其是书中脍炙人口的"江姐绣红旗"章节，更是跨越文学边界，被改编为京剧、影视、话剧等多样艺术形式，广为传颂。无独有偶，央视系列节目《国宝档案·人民的胜利》以红色文物为切入点系统展现解放战争的历史画卷，将经验传承与方式创新相结合，体现了红色叙事的典型逻辑。节目点面结合，相辅相成，视角多维，角度多元，共同构成了完整的解放战争历史画卷。节目巧妙地确定内容与切入点，寻找与青年群体的接近点。在"千名号兵出太行"一集中，讲述了太行山深处陵川县的号兵训练班的招生和训练的故事。号兵学员年龄仅 15~18 岁，要年龄小，人机灵，能打能跑还会吹号。节目展示了当时炮兵训练营的学员名单和登记表，还介绍了号兵战士陈连喜的爱情故事，风趣活泼，令人忍俊不禁。

红色文化是中华民族的宝贵精神财富，但红色文化的传承创新存在一些问题，包括对红色文化物质载体保护不当、精神内涵研究不力、资源开发不足且利用率不高以及创新力度有待加大等。为了解决这些问题，相关部门需要采取相应措施，如加大资金投入力度、强化专业人才培养、多角度开发与教育宣传、加大创新力度等，在红色文化的传承创新中，筑牢文化自信根基，进一步推动红色文化的发展。

习近平总书记指出："文化是一个国家、一个民族的灵魂。"① 任何国家和民族的崛起，都必须以文化的传承创新和文明的发展进步为基础。红色文化，就其核心概念以及本质而言是指在中国共产党领导下中国各族人民在革命、建设及改革各个阶段积累的宝贵资源，其核心精髓为中国化马克思主义理论。而从其外在层面理解，红色文化涵盖了自近代以来赓续红色血脉及推动中华民族伟大复兴的精神力量的总和。传承与创新红色文化是中华民族增进文化认同、培养文化自信、扩大文化影响力的重要途径，也是把握时代发展脉搏、筑牢文化自信根基的重要手段，对号召全国人民艰苦奋斗、开拓进取，为实现中华民族伟大复兴添砖加瓦具有不可替代的作用。

三　内容教育与沉浸体验相结合

沉浸体验在积极心理学领域是指，当人们在进行活动时如果完全投入

---

① 《习近平谈治国理政》第 2 卷，外文出版社，2017，第 349 页。

情境当中，注意力专注，并且过滤掉所有不相关的知觉，即进入沉浸状态。沉浸体验是一种正向的、积极的心理体验，它会让个体在参与活动时获得很大的愉悦感，从而促使个体反复进行同样的活动而不会厌倦。当前，在媒体融合环境中，沉浸式体验已经成为文化传播不可缺少的重要组成部分。在面向大学生的红色文化传播中，沉浸式体验能够激发大学生对红色文化的兴趣，加深其对红色文化的印象和理解。目前来说，红色文化内容传播中的沉浸式体验主要有以下三种。

（一）传统的实践型的沉浸式体验

比如，四川大学的大学生基于平时在专业学习中的思考，以"川大师生为马克思主义早期传播做出的贡献"为主题展开调研活动。他们根据史料充分研究革命任务的活动轨迹和革命历程，实地走访 5 个市级区域，调研活动总程约 1200 公里，了解到无数革命先辈勇立潮头、敢为人先，将思想的火炬、革命的火种播撒到四川各地，为早期党组织的建立奠定了重要的思想、组织和群众基础。"川大师生"作为四川地区最早接受马克思主义的一批人，大多将他们的一生都献给了马克思主义信仰，很多人甚至因此而牺牲。

（二）基于新兴技术打造沉浸式体验

比如，第二届中国国际文旅博览会的红色文旅主题展区，创新性地串联起一系列标志性的革命历史事件、旅游景点及遗址，运用微缩景观、翔实图文、声光电和 VR（虚拟现实）技术，构建出一种深度参与的展示环境，旨在增强访客的体验感和互动性，推动红色旅游与文化的深度融合及创新拓展。在重现铁道游击战士的展区，特设"实战射击体验区"，参观者可以亲身体验射击活动，近距离感受那段激情燃烧的岁月。更引人注目的是，展区引入最新的三维电影技术，易于让观众完全融入电影情节，正如影片《战狼 2》运用 3D 技术逼真重现中国海军执行利比亚撤离任务的紧张时刻，深刻阐述了人民军队忠诚为民的红色主题。

（三）红色游戏的沉浸式体验

比如，《隐形守护者》这款游戏以视觉小说《潜伏之赤途》为蓝本，讲述一名留学日本归来的爱国青年，在抗战年代潜伏在敌后，周旋各方势力之间，最终为中国革命事业做出巨大贡献的红色故事。玩家需要在游戏中扮演主角肖途。两年前，肖途还是上海一个慷慨激昂的爱国学生，在街头奔走疾呼"抗日救亡"，却因年少血气方刚，被逮捕入狱。释放后老师安排他去日本留学，两年后，他当年的爱国学生形象早已被人们遗忘，老师与组织决定让他打入敌人内部，玩家需要机智地扮演好这个"碟中谍"。

又如红色党建剧本杀的沉浸式体验。2021 年 4 月 29 日，由广西广文创意数字科技有限公司、广西南宁聚象数字科技有限公司联合推出的"沉浸式红色剧目体验"新型党建教育活动在南宁剧场广西党建文化教育基地开放体验，来自广西大学商学院的青年党员、入党积极分子应邀参与了体验。与传统的"被动式"党建教育方式不同，沉浸式红色剧目体验通过场景打造、声音烘托、演员演绎来营造时代背景环境和故事氛围，把体验者带回到故事发生的那个年代，让体验者按照剧本的设定并结合自己的理解进行角色扮演来沉浸式推动故事的发展。这是一种全新的主动式、探索式党建教育形式。

沉浸式体验是面向大学生传播红色文化的重要创新点，媒体融合环境中创新红色文化传播要从沉浸式体验入手，挖掘能够打造沉浸式体验的红色旅游资源、红色故事资源、游戏资源，寓教于乐，增强红色文化面向大学生的传播力。

第四节　互动性机制

现代社会承认人之多元主体性，通过协商对话凝聚社会共识、维护公共秩序、促进社会和谐发展。传播是社会主体之间互动交往的纽带，也是凝聚共识、整合社会的有效途径，传播主体、客体、本体、渠道、方式及目标等要素之间具有融通之处。构建公共传播互动机制，有利于激活社会多元主体能动性、整合各方力量、推动社会革新进步。

一 推进党政军民学之间的协同互动

当前媒体融合环境下，面向大学生的红色文化传播存在传播主体协同创新不足、传播合力尚未形成的问题。在推动红色文化社会传播的过程中，众多的传播主体参与其中，除了公共服务性主体如各级党政机关、共青团、人民解放军、事业单位、群团组织、各类教育机构、非政府社会组织，还包含市场化传播主体如文化传媒公司，还有为数众多的个人借助网络传播平台开展红色文化传播。这表明多元传播主体都在推动红色文化广泛地进行社会传播。但是红色文化多元传播主体性质有别，传播的出发点和目的各不相同，传播效力的评价机制迥异，传播内容的侧重点和着力点有较大差异。举例来说，各级党政机关、群团组织在传播红色文化时，秉持严格审慎的态度，其内容富含理论深度且偏向抽象，表达形式正规、肃穆，渗透着浓烈政策宣传特质。这类主体确保了红色文化内涵及精神的权威性和纯洁性，但在表现手法上可能不够鲜活生动。相反，以市场为导向的传播主体会利用电影、电视剧、短视频、文化创新项目等形式推广红色文化，这些方式充满活力、趣味且极具吸引力。不过，这类主体往往将盈利置于首位，红色文化传播则退居次要位置，甚至偶尔会牺牲红色文化的正面形象以换取经济利益。

简而言之，各类传播主体在推广红色文化时会展现各自独特的影响力和感召力。教育机构的传播方式偏重思想理论的传授，党政会议的传播则强调严谨与实效，红色纪念场馆或者主题乐园的传播方式注重实践与体验，而文化传媒公司以市场为导向的传播方式富有吸引力与灵活性。但目前这些传播主体之间存在割裂，缺乏协同与融合机制，从而阻碍了红色文化传播合力的形成。构建红色文化传播协同机制，旨在汇聚各方优势，形成协同传播效应，强化红色文化的全社会传播。基于此，红色文化的社会传播需要党与政府扮演主导角色，依托中国共产党的宣传部门，联合共青团、教育部门、政府文物保护与管理部门、党史文献研究部门等共同参与红色文化传播，从而建立全国红色文化保护与传播领导体系，来统领全国的红色文化研究与传播工作；还要集结各相关专业的顶尖专家学者，共同规划全国统一的红色文化教育传播蓝图，打造区域特色鲜明的传播矩阵，引导从各教育机构到群众团体乃至各非政府组织积极且规范地参与红色文化传播。明确各类主体职责与传播机制，整合各类资源，跨越界限，促成"馆与馆""馆与校""校与地"等合作模式，构建协同创新平台，形成传播合力。同时，积极推动家庭、学校、社区及网络四位一体的红色文化传播生态，强化红色家风传承与校园实践活动，全面提升传播效果。此外，加速媒体融合进程，开创"全媒体"红色文化传播新时代，可以使大学生在这一动态传播环境中，对红色文化的创新性与魅力有更深的体会与理解。

二　建立主客体之间的双向互动

认知是一个主客体双向互动的过程，面向大学生的红色文化传播也是如此。这种传播过程本身就包含了传播的主体—中介—客体这一链条，因此，不仅要注重传播主体和传播中介的创新作用，还要主动关注客体的实时感受，注重主客体之间的良性互动。

首先，在新媒体特别是即时性、互动性极强的社交媒体如此发达的今天，传播机制和传播关系已经发生了深刻的变化，自媒体方兴未艾，所谓"人人都是媒体"，因此人人都是传播客体的同时又都是传播主体。在媒体时代，人们在主体和客体的双重身份中实时转换。大学生群体，作为媒体平台的狂热爱好者，在这一巨变中更为活跃。因而，在面向大学生的红色文化传播中，要更加注重运用新媒体的技术以增强互动性，增强大学生群体的交互体验。2018 年 4 月 25 日，在第一次全国劳动大会旧址，"新时代红色文化讲习所"开展了宣讲活动，该活动通过互联网、移动软件等新媒体平台进行在线直播，365 天全天开课，这一活动宣告广州红色文化讲习迈入全媒体传播时代。2021 年，共青团中央宣传部联合快手、中国青少年新媒体协会、中国青年出版总社开展"跟着主播看中国"大型国情采风直播系列活动。主播团深入探访云南、西藏等地，采用"主播+达人+青年代表"的模式，开展"1 次党史教育+N 场全景直播+1 部书籍"活动，多层次、宽视角展现了中国现代化进程的多彩画卷。"跟着主播看中国"大型国情采风活动开创了主播进行红色文化传播的新模式。在顺利举办"五四"青年节前夕的云南之行后，一场为纪念"西藏和平解放 70 周年"的直播活动于 5 月 18 日至 23 日在西藏自治区隆重展开。此次活动集结了多位青春大使和助力官，如青年演员于朦胧、知名国防军事节目主持人俞洁、快手平台上的公安自媒体影响力人物"肥肥小警"、致力于推广中华服饰文化的快手主播"听月掌柜"、95 后非物质文化遗产代表性传承人"郎佳子彧"等。通过他们的第一人称视角，向万千青年网友讲述在中国共产党领导下的西藏在经济、社会等方面的非凡进步，以及西藏民众生活前所未有的变迁，深刻诠释党的领导能力与中国特色社会主义的制度优势，鲜活展示了新时代党的治藏方略的实践伟力。这个主播团队涵盖了社交媒体红人、文化艺术青年才俊和各领域的杰出青年代表，以往他们分享的是地域风情和个人日常，而今，在"团团"的带领下，他们转变为国家方针的"传递者"与社会发展成就的亲历者、见证者。而广大青年只需一键接入网络直播，就可跟随主播的镜头遍览祖国河山，学习党的历史，享受一场全角度、多感官的崭新视听旅程。直播作为新媒体传播的新兴形态，其核心优势在于即时互动性，它消除了传统意义上传播者与接收者之间的时间差。通过这种形式传播红色文化极大地促进了双方的互动，进而实现更佳的传播效果。

其次，主客体之间的互动不仅体现在实时互动上，延时互动仍然是当前媒体互动中的主要形式，延时互动包括点赞、评论、转发、发送弹幕等，甚至包括二次传播。延时互动对传播内容有着更高的要求，传播内容要注重制造"梗"点，从而制造互动契机。例如，截至 2024 年 10 月 28 日，哔哩哔哩平台 UP 主木鱼水心制作的名为《全网爆哭！延乔路的尽头，是繁华大道！9.3 高燃民国历史剧，〈觉醒年代〉》的《觉醒年代》二次制作长视频获得了 578 万多的播放量，5.2 万条弹幕，35.8 万点赞，21.8 万投币，被哔哩哔哩平台收录进第 112 期每周必看目录。其在标题中就隐含着一个爆火的"梗"点，即"延乔路的尽头，是繁华大道！"。延乔路是为纪念烈士陈延年、陈乔年而设立的，陈延年、陈乔年是陈独秀的长子和次子，先后为中国革命而牺牲，人们为了纪念他们，将那条路命名为延乔路，如今的延乔路尽头同繁华的大道相连接。"延乔路的尽头，是繁华大道！"一语双关，既描写现实中的延乔路，也寓意革命先辈用鲜血和生命铸就了今日富强的中国，这种内容的制作为受众参与互动提供了契机。

三　搭建机制化的传播平台

现如今，传播平台发展迅速，数量增多，包括社交媒体微信、QQ、微博等，包括视频平台抖音、快手、西瓜视频、哔哩哔哩等，包括音频平台如喜马拉雅、荔枝等，还包括一些学习平台如"学习强国"、慕课等，形形色色的主体在不同的平台上进行创作。为促进平台之间共建共享，增强红色文化传播效果，要搭建机制化的传播平台，这种机制化的平台搭建包括以下几个方面。一是要建立各平台共享的红色文化资源数据库，方便内容生产和传播。二是要开通红色文化传播的绿色通道，完善绿色通道机制，保证红色文化内容的传播效果。三是建立健全平台的监管机制，保证红色文化内容创作的质量和效果。四是要建立健全红色文化内容从创作到传播，再到监管的贯通机制，打通三个环节，形成各平台之间的资源共享、内容竞争、监管有力、传播有效的局面。

首先，要建立各平台共享的红色文化资源数据库。以山东省为例，有数据显示，山东省2449处革命遗址中目前保存较好的只有433处，约为总数量的17.7%。由于没有建立数据库，红色文化资源的储藏和管理面临困境。除此之外，各媒体平台也拥有不同种类的丰富的资源，由于存在行业竞争，资源互不共享，这使得红色文化的再创作形成了壁垒。只有整合线上线下的、各种平台之间的资源，建立数据库，才有利于红色文化资源的再创作和保护。

其次，要搭建红色文化传播的绿色通道，这主要包括几个方面。一是有关红色文化的板块应当设立专门的栏目和分区；二是有关红色文化的内容应当专门审核推送，以提高效率增加流量；三是要运用大数据对大学生进行精准化、定制化传播。

再次，要建立健全平台监管机制。红色文化的创作质量良莠不齐，有时甚至出现错误内容，这就要求一方面要对平台加强监管，另一方面要出台相应的创作细则加强指导。

最后，要建立健全贯通机制。机制的成效在于运行顺畅环环相扣，创作—传播—监管三个环节密不可分。对于红色文化的传播来说，任何一个环节的间断都会影响传播效果，因此，贯通联合机制不可或缺。这主要包括两方面，一是建立各平台之间的协调共享机制，二是成立专职部门负责全流程的工作。

第五节　全媒体链条

全媒体产业链融合是指整个传媒生态链的融合。产业链的上游部分，着重于数据的深度开采与综合信息内容的创造，为整个链条奠定基础。中游部分，则致力于内容的多屏转换与跨平台传播，打破屏幕界限，实现媒介之间的无缝对接。至于下游部分，则聚焦于多渠道成效的汇总分析与策略整合，确保传播效果的最大化。这一自上而下的产业链整合的过程，能够促使全媒体产业链不断拓宽内容的范畴与界限，并在商业层面上实现增值。平台的构建是驱动这一产业链条整合的关键，其优劣直接映射出产业链的整体竞争实力。平台商业模式的本质在于打造一个精力充沛且健全的"生态系统"，该系统不仅能够有效促进各方参与者的互动合作，还能激发网络连锁反应，跨越增长的临界点，促成多方利益共同体的共赢态势。

一　跨媒介联动

媒介融合早已不是一个新名词，其正以改革者的姿态在媒体生态领域掀起一场汹涌澎湃的变革浪潮。随着新媒体平台的爆炸式扩张，传统电视媒体的霸主地位遭受挑战，却给其跨界整合与创新求变注入新的动力。历经五载的媒介融合实践，央视新闻在通往新型主流媒体的转型征途上愈发稳健，于2019年再度拓展版图，正式入驻哔哩哔哩网站。哔哩哔哩网站，作为一个以大学生为主要用户、被誉为大学生亚文化盛宴的平台，此番央视新闻的入驻，特别是记者王冰冰能迅速捕获年轻人的关注，无疑是央视在背后精准施策，并付出了不懈的努力，这无疑是央视培育大学生受众群体、对话青年群体，积极推动媒介融合深化的战略性尝试的成果展现。不同于传统主流媒体所强调的正统叙事，哔哩哔哩网站的青年用户群体倾向于运用拼接、模仿等手段，对主流文化符号进行意义解构与重新阐释，通过娱乐化的表现形式，营造出独特的青年亚文化氛围，并在这一文化的创造与传播过程中获得乐趣与认同感。而新的媒体概念诸如元宇宙、区块链、云计算、大数据、交互媒体等层出不穷，跨媒介融合是时代所需。红色文化传播的跨媒介融合应当从以下三个方面入手。

一是要开发红色文化多媒体信息互动平台，发挥融合传播优势。红色文化多媒体信息以媒体融合传播平台为主要载体，通过多媒体信息互动将红色文化资源与网络传播有机结合，充分利用媒体融合的互动性、开放性、迅捷性等优势，运用多种手段为红色文化传播开辟新途径。首先是深入挖掘红色文化内涵，开发建设红色文化主题网站，开辟特色栏目、开展互动参与活动等，实现对红色文化的网络学习和交流。其次是加强对微信、微博、短视频、网络直播等各类"微平台"的应用，及时上传和推送与红色文化相关的文字和视频、音频信息。再次是要重视对自媒体平台传播红色文化相关信息进行管控，使红色"微文化"在引导公众更好地认同革命文化、增强文化自信方面发出"好声音"、释放正能量。最后是围绕宣传主题和受众需求，设计制作展现红色文化精神力量的影视文化文学作品，并通过加强与通讯社交平台（微信、QQ等）、音视频服务平台（优酷、爱奇艺等）、基于数据挖掘的推荐引擎产品平台（今日头条等）等的合作，加大对红色文化优秀作品的推介推广力度。

二是要重视新兴媒体与传统媒体的相互融合，在此基础上建立新型网络信息传播系统。媒体融合时代，包括文化信息在内的各种信息的媒介融合传播是大势所趋。因此，要借力新媒体与传统主流媒体的各自优势，加强新兴媒体与传统媒体的交互融合，形成红色文化传播的新型系统和格局。首先是加强和推动传统主流媒体的数字化、网络化建设，加强传统广播和电视媒体的网络平台建设，强化红色文化网络化信息数据的制作、上传和发布，不断加快报纸与网络的融合进程，以及电视台与互联网平台的整合步伐。其次是促进传统媒体与新兴媒体在传播渠道、服务平台以及内容创作上的深度融合与互相联通，形成线上、线下全面覆盖的传播网络，实现红色文化信息资源共享。最后是加强红色文化传播宣传人才队伍培育，要不断提升其政治、历史和文化素养，提高政治敏锐性和鉴别力，还要具备一定的文字图片编辑、视音频拍摄剪辑、动态网页制作美化等专业技能。

三是要加强红色文化资源保护利用，促进红色文化产业融合发展。在红色文化传播中应合理利用和充分发挥已有的网络技术和媒体融合传播优势，使红色文化资源既能够得到科学、有效的利用，又能够得到完善、永久的保护。首先是创建红色文化数字化体验馆。结合 AI、VR、3D 等前沿科技手段，将声光电的展示和体验与互联网传播相结合，提供红色文化视、听、触多维体验，增强红色文化的生动性和感染力。其次是加大红色文化网上虚拟展览馆、教育馆的建设应用力度。网上虚拟展览馆、教育馆具备更强的自主性、便捷性、交互性等特点，并且在空间容量、呈现方式、成本、效率等方面都远远超越实体展览馆、教育馆，因此，应积极打造基于虚拟场景技术的全方位、立体式并具备较强互动性的互联网三维展示平台，使"参观者"足不出户，只需通过电脑、鼠标，就可以浏览、学习和体验，使部分受条件限制不能开放展示的濒危、珍贵的红色文化资源，也能够在动态、活态传承中保持传承的旺盛生命力。最后是加强对红色文化资源富集的革命老区、偏远山区等区域的红色文化产业开发，拓展现代信息技术应用在红色文化产业中的融合发展路径，催生更多新产业新业态。结合本地区红色文化资源特色，制定完善乡村红色文化信息化产业发展整体规划，重点抓好红色文化教育培训的信息化、网络化建设，充分利用 5G、AI、VR 等新技术手段，开展线上线下融合的重走革命路、体验战斗实景、参与情景活动等爱国主义和革命传统教育，精心打造乡村红色教育基地品牌，提升品牌影响力和教育培训效果。

二　人格化传播

人格化传播指的是利用真实或虚构的媒介代表，通过融合人格化的言语表达与视觉元素，在信息传递过程中着重强调人的情感、个性和吸引力的一种内容传播策略。人格化传播是对传播主体的要求，它要求传播主体具有成熟的"人设"，具有人格魅力和吸引力，这种魅力可能由跨界人设所带来，但本质上要符合受众的审美需求。大学生在文化方面的审美需求更唯美、更多元，这就要求传播主体依据自身条件进行人格化传播。

除人设之外，其他人格魅力同样具备人格化传播的条件，比如声音。《2020 中国网络视听发展研究报告》[①] 显示，截至 2020 年 6 月，我国网络视听用户规模已超过 9 亿人，网民使用率为 95.8%。在网络视听用户中，超过 60% 为 29 岁以下的年轻群体。互联网视听已演变成广大网民特别是青少年群体极为流行的社交娱乐方式。鉴于此，对青少年进行红色教育成为网络视听媒体不可推卸的时代使命。庞大的青少年网络视听受众群体，为红色文化传播提供了一个广阔的施展空间。视听媒介以生动直观的内容表现形式，加之网络固有的实时互动功能，共同构成了增强红色文化吸引力、感染力及扩大其影响力的强大工具。面对青少年群体的特定需求，如何有效地发挥网络视听媒介的特长，激发他们对红色文化的兴趣，使之易于接受、理解透彻，并能触动心灵、受到启迪，成为网络视听媒体亟待攻克的重要课题。近年来，音频互动平台荔枝 App（原名"荔枝 FM"）聚焦广东著名革命老区及红色旅游胜地，紧密贴合网络音频听众的实际需求，从传播的队伍建设、传播的内容创新、传播平台以及传播场景营造等

---

① 《〈2020 中国网络视听发展研究报告〉发布：我国网络视听用户破 9 亿 短视频推动行业变革》，央视新闻客户端，2020 年 10 月 13 日，http://m. news. cctv. com/2020/10/13/AR-TIjGsTSZwmSTqIFPR4adb0201013. shtml。

多个维度，积极促进红色文化在网络音频领域的创新传播。在荔枝 App 中，《「党史跟读」农民武装运动先驱——周其鉴》和《「党史跟读」南路英雄：黄学增》一经上线就广受关注。不同的人有不同的声音条件，能够吸引不同的听众，因而具有了人格化传播的效果。

三　叙事视角转化

随着当今大众信息碎片化阅读习惯的养成，红色文化呈现样式也要随之调整，需要逐渐采纳更多娱乐化手法来替代传统的严肃叙事，以此作为吸引受众注意力的有效包装手段。出镜记者作为媒介形象的直接展示者，其报道风格往往受限于官方话语框架，在新闻报道上也正式有余而活力不足，表达方式由于缺乏针对性和互动性而偏重职业化，给人一种置身"象牙塔尖"的距离感，这无形中在出镜记者与在网络文化熏陶下成长的大学生之间竖起了一道高墙，阻碍了相互的交流。

诚然，严谨的"硬"新闻要求庄重与精确的语言风格，但在处理那些更富趣味性和娱乐性的"软"新闻时，传播主体则有广阔的创意空间去展现其灵活性。在媒体融合的环境下，通过采用网络流行词语和贴近生活的表达方式，传播主体能够有效缩小官方与网络社群之间的语言差距，新颖的交流方式能够快速拉近传播者与接收者之间的心理距离，建立起共鸣。例如，《沿着高速看中国》节目预告片就巧妙融入了哔哩哔哩网站用户钟爱的鬼畜元素，将预告内容以歌唱形式呈现，摒弃了传统刻板的官方说辞，贴近年轻观众的喜好，运用他们热衷的流行文化进行沟通互动，于潜移默化间转变了年轻人对于传统宣传的固有印象。为适应日新月异的媒体生态环境，央视新闻勇于探索，其创新举措如《主播说联播》等节目受到观众一致好评。在最新的《两会你我他》的特辑中，王冰冰大胆实践了"新闻+vlog"的新型展现模式，成功由传统记者转型为 vlogger，她将镜头转向自身，运用第一视角亲述"两会"现场，通过"自我叙述"的手法，以亲身经历传递信息，增强了观众的沉浸感与参与感，而情感共鸣的加深进一步拓宽了传播的深度和广度。"新闻+vlog"的模式颠覆了传统的新闻叙事模式，其强调"以我为主"的表达策略更加契合"90后""95后"等互联网及移动互联网时代"原住民"的信息互动习惯。

2021年，以"红色足迹"系列作品为蓝本的系列纪录片《曙光里的红色上海》正式启动，该项目汇聚了一群上海戏剧学院的青年学子，他们通过走访革命旧址，回顾并讲述党的历史，将文学作品转化为视觉叙述。该系列计划共发布五集，采用竖屏拍摄手法，每集大约三分钟，内容从校园访谈的提问出发，引导至对革命地点的探索和对革命故事的再现。在项目开机仪式上，上海戏剧学院电影学院的老师们说道，百年前的革命先驱正值青春年华，他们为理想英勇奋斗。现今，我们让学生执掌镜头，因为他们有自己独特的观察角度、审美偏好和叙述方式，借助他们年轻、活泼且新颖的视角重新演绎红色历史。《曙光里的红色上海》系列纪录片就是将叙事视角成功转化，以青年学生为第一视角，着重表现这一部分群体的感受，更好地传播了红色文化。

四　打破圈层壁垒

圈层是指人们在特定范围内接收信息、选择文化娱乐内容以及社交互动的过程，这一范围通常由具有相似特征或兴趣的固定群体构成。不同圈层间，必然存在着相互区分的界限和壁垒。"出圈"（或"破圈"）就是某种文化、作品的传播突破圈层的壁垒，被固定受众人群之外更多的人所了解。按照不同的标准，可以划分出不同的圈层，哔哩哔哩网站上的用户根据兴趣爱好，就形成了涵盖动画、音乐、舞蹈、游戏、科技、时尚、生活等7000多个多元化的垂直兴趣圈层。不过，就审美而言，大致可分为两类：生活于现实世界的成年人和在二次元（对动漫、游戏等作品中的虚构世界的一种称呼用语）文化中成长起来的青少年。长期以来，我们的文化市场一直以现实主义文化为主导（它也代表了社会的主流文化），二次元圈层文化一直处于"圈地自萌"的状态。不同文化圈层间的审美差异引发的碰撞，在这个看似多元的网络时代愈发频繁。而探寻普罗大众审美的共通之处，实质上就是在努力消弭这些文化圈层间的隔阂，搭建起双方审美共赏的桥梁。

在网络环境中成长起来的二次元文化群体，在接触历史与现实时，通常展现出三种特性：他们并不缺乏主动探求历史知识的动力，但对于机械呆板、强行灌输的教育方式感到厌烦；他们并不缺乏获取历史信息的途径，但欠缺引导他们深入历史细微之处探索的触发点或通道；他们不在意现实生活复杂的一面，但易于被现实中的挑战所困扰。对于那些脱离实际、内容浅薄的"空洞之作"，不仅难以跨越文化圈层进行有效传播，即便是在其所属的圈层内部，也很难获得认可和受到欢迎。

观察近几年火"出圈"的主流文艺作品，它们都没有刻意对青少年观众进行说教式的"大水漫灌"，也没有刻意突出历史的某种必然性或正确性，而是通过对历史现实的精准描写，通过人物与故事来展现个体命运与时代洪流的激荡，从而在个体生命历程中烘托出一种史诗感。《大江大河》如此，《我和我的祖国》亦如此。以《我和我的祖国》为例，不同于以往的献礼作品，它将视角从伟人、英模人物转移到普通人身上，以平凡人反映大时代的叙事手法，去表现中国人心中最真挚的家国情怀，最终再现历史瞬间，缔造全民记忆，形成集体共情的艺术魅力和传播效果。

影视剧也好，综艺节目也好，都是综合艺术，观众在对其欣赏的过程中通过对该作品进行不同角度的感受、理解和"再创造"，从而达到高度的兴奋状态，并因此获得巨大的、不可言喻的审美享受，这就是艺术共鸣，而艺术共鸣是打破圈层壁垒的利器。

参考文献

［1］习近平：《决胜全面建成小康社会 夺取新时代中国特色社会主义伟大胜利——在中国共产党第十九次全国代表大会上的报告》，人民出版社，2017。

［2］习近平：《论党的宣传思想工作》，中央文献出版社，2020。

［3］《习近平关于网络强国论述摘编》，中央文献出版社，2021。

［4］渠长根主编《红色文化研究与实践》，红旗出版社，2020。

［5］刘润为：《当代思潮论集》，研究出版社，2018。

［6］张忠家等：《红色文化学概论》，人民出版社，2022。

［7］杜向民、郗波、王立洲：《高校红色文化教育传承研究》，中国社会科学出版社，2021。

［8］张爱芹、王以第：《红色文化与道德建设研究》，中国海洋大学出版社，2008。

［9］崔保国、徐立军、丁迈主编《中国传媒产业发展报告（2019）》，社会科学文献出版社，2019。

［10］崔保国、徐立军、丁迈主编《中国传媒产业发展报告（2021）》，社会科学文献出版社，2021。

［11］邓建国：《媒体融合：基础理论与前沿实践》，复旦大学出版社，2017。

［12］强月新等：《主流媒体"三力"研究》，社会科学文献出版社，2022。

［13］张淑华主编《新媒体公共传播》（第 4 辑），社会科学文献出版社，2021。

［14］林小勇主编《中国未来媒体研究报告（2021）》，社会科学文献出版社，2021。

［15］宋建武、黄淼、陈璐颖：《中国媒体融合转型》，中国人民大学出版社，2022。

［16］蔡雯主编《融媒体建设与创新》，中国人民大学出版社，2020。

图书在版编目（CIP）数据

红色文化媒体融合传播研究／卜令全，马晓娜著．
北京：社会科学文献出版社，2025.3. --（新疆大学马
克思主义理论学科建设与理论研究系列丛书）.--ISBN
978-7-5228-5045-0

Ⅰ. D642

中国国家版本馆 CIP 数据核字第 20251BH519 号

新疆大学马克思主义理论学科建设与理论研究系列丛书
红色文化媒体融合传播研究

著　　者／卜令全　马晓娜

出 版 人／冀祥德
组稿编辑／曹义恒
责任编辑／刘同辉
文稿编辑／赵一琳
责任印制／岳　阳

出　　版／社会科学文献出版社·马克思主义分社（010）59367126
　　　　　地址：北京市北三环中路甲 29 号院华龙大厦　邮编：100029
　　　　　网址：www.ssap.com.cn
发　　行／社会科学文献出版社（010）59367028
印　　装／三河市龙林印务有限公司

规　　格／开　本：787mm×1092mm　1/16
　　　　　印　张：14.25　字　数：212千字
版　　次／2025 年 3 月第 1 版　2025 年 3 月第 1 次印刷
书　　号／ISBN 978-7-5228-5045-0
定　　价／88.00 元

读者服务电话：4008918866